AF332632

LES
PIANISTES CÉLÈBRES

PAR

A. MARMONTEL

PROFESSEUR AU CONSERVATOIRE

PARIS

AU MÉNESTREL, 2 bis, RUE VIVIENNE

HEUGEL ET FILS

ÉDITEURS DES SOLFÉGES ET MÉTHODES DU CONSERVATOIRE

1878

LES

PIANISTES CÉLÈBRES

AU MÉNESTREL, 2 *bis*, RUE VIVIENNE

HEUGEL ET FILS

ÉDITEURS DES SOLFÉGES ET MÉTHODES DU CONSERVATOIRE

LES
PIANISTES CÉLÈBRES

Silhouettes et Médaillons

PAR

A. MARMONTEL

PROFESSEUR AU CONSERVATOIRE

PARIS

IMPRIMERIE CENTRALE DES CHEMINS DE FER

A. CHAIX ET Cⁱᵉ

RUE BERGÈRE, 20, PRÈS DU BOULEVARD MONTMARTRE

1878

AVANT-PROPOS

L'accueil bienveillant fait par le public à mes études sur les pianistes célèbres, m'a décidé à réunir en un volume cette première série de trente esquisses. J'ose espérer qu'en changeant de publicité, ils ne changeront pas de fortune et que, sous une forme en quelque sorte plus reposée, le livre trouvera les mêmes encouragements que les articles du *Ménestrel*.

Quant à l'œuvre prise en elle-même, je n'ai rien voulu y changer avant de lui donner ce cadre définitif. J'y avais mis, dès la première heure, le meilleur de ma pensée, de mes souvenirs, — de ma bonne foi. J'y ai tour à tour raconté et expliqué, montré les hommes et démontré les talents ; mais, si l'on trouve dans ces commentaires indispensables, de constantes préoccupations esthéticales, on n'y rencontrera, en revanche, aucune critique de parti pris, aucune intention malveillante. J'ai travaillé pour la vérité seule — et à la seule lumière de cet idéal qui ne disparaît jamais du ciel artistique.

Mes collègues pourront s'étonner de ne pas trouver dans ce premier recueil, les noms des grands symphonistes et compositeurs dramatiques qui ont doté l'orgue, le clavecin, le piano, de nombreux chefs-d'œuvre, et illustré tout particulièrement la musique instrumentale. J'ai préféré garder, pour une série intermédiaire, les études spéciales réservées à ces grands maîtres de l'art ancien et moderne. Je reviendrai plus tard aux pianistes en m'occupant des virtuoses contemporains, des compositeurs et des professeurs qui méritent une place spéciale, mais importante dans la galerie des musiciens célèbres.

Ce volume est donc à la fois un témoignage de bon vouloir, et une promesse. A ce double titre, je le livre au public en toute sécurité de conscience, m'estimant heureux si j'ai pu mieux faire connaître dans leur sentiment intime et avec leur cachet personnel, des maîtres dont le nom est inséparable de l'histoire et des progrès de l'art musical.

MARMONTEL.

LES
PIANISTES CÉLÈBRES

I

F. CHOPIN

C'est par ce nom, qui rappelle tant de doux et tou-
chants souvenirs, tant de grandes et nobles inspirations,
qui a gardé à travers les années la double auréole de
la poésie et de la souffrance, qu'il convient d'ouvrir
cette galerie. Physionomie touchée du rayon divin et
pourtant si profondément humaine, nature supérieure
éprise de l'idéal, marquée du sceau du génie, mais ren-
due plus attrayante et plus sympathique par ses épreuves
mêmes, par les affinités d'angoisses et de tristesses qui
la rattachent à la terre.

Frédéric-François Chopin est né le 8 février 1808, à
Zelazowa-Wola, près de Varsovie. Sa famille, d'origine

française, était peu fortunée; quant à lui, d'une complexion très-délicate, faible même et débile, il traversa une enfance pénible et donna souvent de vives inquiétudes; mais sa gentillesse, sa grande douceur, ses traits fins et distingués lui attiraient déjà toutes les sympathies. A l'âge de neuf ans, sa santé s'étant un peu fortifiée, ses parents se décidèrent à lui faire commencer la musique et le piano. Ses progrès furent rapides; quelques années suffirent pour donner le premier relief aux qualités individuelles qui devaient s'affirmer plus tard avec tant d'éclat: la délicatesse, la sensibilité et cette exquise morbidesse, l'essence même de la nature de Chopin.

Cette distinction extraordinaire du grand artiste, qui devait s'accroître avec le temps, mais qui déjà s'accusait assez pour attirer l'attention et charmer l'oreille des connaisseurs, tenait à la fois à son organisation et à une éducation première très-soignée, grâce à la protection généreuse du prince Radziwil. Il avait fait placer son petit protégé dans le meilleur collége de Varsovie, et n'avait cessé de suivre ses progrès avec la plus vive sollicitude. Ce milieu où Chopin passa sa première jeunesse devait exercer une précieuse influence sur son tempérament impressionnable. Ses relations constantes avec une société d'élite appartenant aux sommités des sciences, des lettres et des arts, l'initièrent aux charmes poétiques des chefs-d'œuvre de l'imagination. Plus tard, lorsque les malheurs de sa patrie le conduisirent à Paris, — où il ne devait que passer cette fois, mais où il vécut les dix-sept années qui précédèrent sa mort, — Chopin y retrouva cette brillante aristocratie, la fleur de cette émigration polonaise qui avait protégé son enfance et deviné son génie. Ce fut là, au milieu de l'empressement général, dans une atmosphère douce faite d'affection et de dilettantisme intelligent, qu'il perfectionna son goût exquis, mais un peu raffiné pour les œuvres d'imagination, pour les poëmes chastes et passionnés, pour les chants d'amour et d'héroïsme, suaves parfums poétiques de la race slave, alors aussi souvenirs de la patrie absente.

En 1832, Chopin vint à Paris et se produisit dans le monde artiste. Cette même année, date mémorable pour moi à plus d'un titre, j'obtenais le premier prix dans la classe de Zimmermann. J'eus l'honneur d'être présenté à Chopin et à Liszt dans la même soirée musicale, de jouer devant ces deux grands artistes avec toute l'audace du jeune âge, et d'apprécier pour la première fois leur merveilleux talent. Sous les doigts agiles et nerveux de Chopin, les traits les plus ardus, les plus subtils, les contours les plus fins, étaient nuancés, modulés avec une exquise délicatesse. Sous sa main à la fois émue et savante, les phrases de chant élégantes ou expressives se détachaient lumineuses, colorées ; en l'écoutant, on restait sous le charme d'une émotion communicative, qui prenait sa source dans l'organisation délicate, le tempérament maladif et impressionnable de l'artiste : véritable sensitive musicale, qu'Auber définissait d'un mot en disant « qu'il se mourait toute sa vie ».

Le talent de virtuose de Chopin s'était formé dans le

principe aux excellentes leçons d'un musicien bohême, Zywony, admirateur passionné de Bach. Grâce à l'habile direction donnée aux études de piano du jeune virtuose, grâce surtout à sa nature délicate et sentimentale, l'exécution de Chopin offrit dès le début ce charme original, ce cachet individuel de rare élégance qui devaient affirmer si triomphalement sa supériorité dans le genre expressif. Elsner, savant musicien et directeur du Conservatoire de Varsovie, enseigna à Chopin, alors âgé de seize ans, la théorie de l'harmonie et l'art d'écrire. Nous parlerons bientôt du compositeur ; revenons d'abord au grand virtuose.

Comme égalité de doigts, délicatesse, indépendance parfaite des deux mains, Chopin procédait évidemment de l'école de Clementi, maître dont il a toujours recommandé et apprécié les excellentes études. Mais où Chopin était tout à fait lui-même, c'était dans l'art merveilleux de conduire et de moduler le son, dans la manière expressive, mélancolique de le nuancer. Chopin avait une façon toute personnelle d'attaquer le clavier, un toucher souple, moelleux, des effets de sonorité d'une fluidité vaporeuse dont lui seul connaissait le secret.

Nul pianiste avant lui n'a employé les pédales alternativement ou réunies avec autant de tact et d'habileté. Chez la plupart des virtuoses modernes, l'usage immodéré, permanent des pédales est un défaut capital, un effet de sonorité qui produit sur les oreilles délicates la fatigue ou l'énervement. Chopin, au contraire, en se servant constamment de la pédale, obtenait des harmonies ravissantes, des bruissements mélodiques qui étonnaient et charmaient. Poëte merveilleux du piano, il avait une manière de comprendre, de sentir et d'exprimer sa pensée que, à de rares exceptions près, on a souvent essayé d'imiter sans réaliser autre chose que de maladroits pastiches (1).

Si nous cherchons un point de comparaison entre les effets de sonorité de Chopin et certains procédés de peinture, nous dirons que ce grand virtuose modulait le son comme les peintres habiles traitent la lumière et l'air ambiant. Envelopper les phrases de chant, les arabesques ingénieuses des traits dans une demi-teinte qui tient du rêve et de la réalité, c'est le comble de l'art, et c'était l'art de Chopin.

Romanesque et impressionnable à l'excès, l'imagination de Chopin aimait à hanter le monde des esprits, à évoquer les pâles fantômes, les chimères effrayantes. Le poëte musicien se complaisait à improviser dans une pénombre dont les lueurs indécises ajoutaient un élément plus saisissant à ses pensées rêveuses, plaintes élégiaques, soupirs de la brise, sombres terreurs de la nuit.

La mort, souvent si prompte à briser les plus fortes organisations, mit douze ans à détruire fibre à fibre la frêle nature de Chopin. Dès 1837, l'illustre artiste fut atteint d'une maladie de poitrine. Les soins empressés de ses amis et de ses élèves de prédilection conjurèrent

---

(1) Nommons pourtant, parmi les artistes privilégiés qui ont eu le bonheur de s'assimiler les précieuses qualités du virtuose, M⁰ᵉ PLEYEL, MM. GOTTSCHALK et F. PLANTÉ.

un instant les progrès du mal; puis il fallut, sous le coup de crises nouvelles, quitter la France pour un climat plus égal. Mme Georges Sand, la femme de génie et de grand cœur, qui fut pour Chopin une amie dévouée, l'accompagna à Majorque, dont les médecins recommandaient la douce atmosphère. Une amélioration sensible se produisit, mais ce fut seulement une étape marquée dans l'inévitable destruction. A partir de 1840, les symptômes du mal reparurent, plus intenses; la phthisie continua son œuvre en ruinant chaque jour davantage l'énergique volonté et les forces vitales du grand artiste.

Pendant cette longue période des dernières années, de 1845 à 1848, les souffrances de Chopin devinrent plus vives, les étouffements presque incessants ; et pourtant je me rappelle l'enthousiasme indescriptible produit par ses dernières auditions à la salle Pleyel. Franchomme et Allard, ses amis, ses fervents admirateurs, prêtèrent leur concours à ces mémorables soirées. Chopin, surexcité par la présence de ses intimes, par cet entourage d'élite qui formait autour de lui un cercle magique, une féerie où le charme, la grâce, la beauté semblaient réunis pour célébrer le retour à la vie du grand artiste, fut parfait de sensibilité, de tendresse et de passion.

Les conseils et les leçons de Chopin étaient très-recherchés de la haute aristocratie parisienne dont l'incomparable virtuose était l'idole. Ses manières distinguées, sa politesse exquise, sa recherche un peu précieuse, apportée en toutes choses, faisaient de Chopin le professeur modèle de la noblesse élégante. Il y trouvait avec l'enthousiasme sans réserves toutes les démonstrations de la plus affectueuse amitié.

Malgré les tendances très-accusées vers le romantisme où l'attirait sa personnalité rêveuse, mélancolique, malgré ses écoles buissonnières dans l'azur si opposées aux allures froides et compassées de l'art scolastique, Chopin aimait passionnément les grands maîtres classiques. Mozart était son Dieu, Séb. Bach, un des maîtres préférés recommandés à tous ses élèves.

Parmi les pianistes compositeurs qui ont eu l'immense avantage de prendre des leçons de Chopin, de s'imprégner de son style et de sa manière, nous devons citer Guttmann, Lysberg et notre cher collègue G. Mathias. Les princesses de Chimay, Czartoryska, les comtesses Esterhazy, Branicka, Potocka de Kalergis, d'Est, Mlles Muller et de Noailles, furent ses disciples affectionnées. Mme Dubois, née O'Meara, est aussi une de ses élèves de prédilection, et compte au nombre de celles dont le talent a le mieux conservé les traditions caractéristiques, les procédés du maître.

Les élèves de Chopin avaient pour lui plus que de l'admiration : une véritable idolâtrie. Dans les dernières années de sa vie si éprouvée par la souffrance, les femmes des plus grandes familles polonaises ambitionnaient d'être ses gardes-malades, et jalousaient dans leur admirable dévouement la tâche pénible mais si digne de respect des sœurs de charité. Aussi faut-il regarder comme inexact le jugement sévère de Fétis sur Chopin et son caractère, sur l'homme qui doublait l'artiste. Comment admettre qu'une nature capable d'inspirer de semblables dévouements fût fausse, égoïste, dissimulée? Chopin avait l'âme de son talent, le cœur, les sentiments élevés et délicats d'un grand artiste, et nous aimons à voir cette poétique figure briller comme une fine médaille d'un métal précieux, pur de tout alliage.

Ce qu'il faut reconnaître c'est l'inégalité du caractère de Chopin et surtout son dédain prononcé pour la plèbe artiste qui n'était pas de son monde. Il y a loin de cette aristocratie de sentiment aux appréciations et aux sous-entendus de Fétis. On nous montre Chopin doucereux jusqu'à la dissimulation, gardant toute sa vie un masque hypocrite, entier, absolu, tyrannique envers ses meilleurs amis. Il serait plus simple et plus juste de dire que Chopin nerveux, impressionnable, maladif, irritable, s'abandonnait trop facilement aux caprices fantasques d'un enfant gâté par les complaisances dociles d'affections trop généreuses. De là des boutades parfois cruelles, des amitiés sincères et profondes blessées dans leurs replis intimes, de justes susceptibilités vivement froissées. En cherchant bien dans mes souvenirs, je pourrais trouver deux ou trois atteintes du même genre ; mais ces fâcheux mouvements d'humeur noire ne partaient pas du noble cœur de Chopin, et trouvent leur excuse naturelle dans son état chronique de souffrance aiguë.

Nous avons toujours eu une profonde admiration pour le talent de Chopin, et, disons-le aussi, une vive sympathie pour sa personne. Aucun artiste, sans en excepter les disciples intimes, n'a plus étudié et fait jouer ses compositions ; et pourtant nos relations avec ce grand musicien n'ont été que rares et fugitives. Chopin était entouré, adulé, gardé à vue par un petit cénacle d'amis enthousiastes qui le défendaient contre les visites importunes ou les admirations de second ordre. Son accès était difficile ; il fallait, comme il le disait lui-même à cet autre grand artiste qui a nom Stephen Heller, *s'essayer* plusieurs fois avant de parvenir à le rencontrer. Ces *essais* n'étant pas plus de mon goût que de celui de Stephen Heller, je ne pouvais appartenir à cette petite église de fidèles dont le culte tournait au fanatisme.

J'ai cependant assez connu Chopin pour esquisser sa physionomie ; de plus, j'ai sous les yeux son admirable portrait par Delacroix : c'est le Chopin des dernières années, souffrant, brisé par la douleur ; la physionomie déjà marquée du sceau suprême, le regard rêveur, mélancolique, flottant entre ciel et terre, dans les limbes du rêve et de l'agonie. Les traits allongés, étirés sont fortement accentués ; le relief ressort et s'accuse ; mais les lignes du visage restent belles, l'ovale de la figure, le nez aquilin et sa courbe harmonieuse donnent à cette physionomie maladive le cachet de poétique distinction particulier à Chopin.

Les compositions de Chopin forment un ensemble important et du plus grand intérêt, car ce maître, qui avait horreur du banal et peu de goût pour le genre populaire, n'a jamais rien écrit en vue des succès faciles. Sa musique, pensée, composée, avec un soin extrême, d'une harmonie toujours élégante, touchant parfois à l'excès de recherche, ses traits ingénieux, admirablement ciselés, sa phrase mélodique, chantante, expressive, d'un sentiment élevé ou mélancolique, ne pouvaient plaire qu'à des musiciens d'un goût raffiné, ou à des virtuoses séduits par les contours fins de ses traits nouveaux et ardus. D'année en année, Chopin a donné à son style, si personnel dès le début, plus de force, plus de corps, une individualité encore plus marquée, sans jamais sacrifier aux influences passagères, aux fluctuations de la mode. Très-sensible aux éloges des lettrés de la musique, il se montrait indifférent aux bravos de la foule ; un public nombreux n'avait aucun attrait pour sa nature aristocratique, et il restait tout à fait en dehors des succès populaires, maintenu d'ailleurs dans sa résolution par quelques essais relativement malheureux.

Il y a quelque audace à tenter un choix dans l'œuvre de Chopin ; j'aurai pourtant cette témérité nécessaire : j'indiquerai en première ligne ses deux belles sonates, op. 35 et 58 ; ses deux magnifiques concertos pour piano et orchestre, *mi* mineur et *fa* mineur, op. 11 et 21 ; une polonaise pour piano et violoncelle ; un trio pour piano, violon et violoncelle ; les nombreux recueils de mazurkas, op. 6, 7, 17, 24, 30, 33, 41, 50, 56, genre de musique nationale dans lequel Chopin a mis tout le charme de son imagination, pièces ravissantes, par l'originalité des rhythmes, l'imprévu des modulations et les contrastes habilement ménagés.

La collection des nocturnes porte aussi l'empreinte du

génie tendre et gracieux de Chopin. Nous ne connaissons rien de comparable à ces élégies sentimentales. Citons les op. 9, 15, 27, 32, 37, 48, 54, 62, les grandes variations sur *La ci darem la mano*; les belles polonaises, op. 22, 26, 40, 53, 61, œuvres de grande allure, où l'élégance de la forme et la noblesse du style se fondent dans un parfait accord, où passe, en notes vibrantes, l'écho des sentiments dramatiques, énergiques et sombres.

Les ballades op. 23, 38, 47, 52, sont des compositions poétiques et mouvementées, à grand effet. Le boléro, la barcarolle, la berceuse, la tarentelle, pièces caractéristiques d'un genre tout particulier, demeurent originales malgré le déluge des pastiches modernes. Les op. 29, 36, 51, 1er, 2e et 3e impromptus et l'impromptu posthume, sont des pièces élégantes, fantaisistes et d'un sentiment exquis. L'allegro de concert, op. 46, a toute la noblesse de style des concertos. La collection des valses offre aussi dans ses détails un charme extrême dû au choix des idées, à la contexture des traits, à l'imprévu des modulations; le sourire y succède aux larmes, l'enjouement à la tristesse. Terminons cette liste glorieuse par les trois célèbres recueils d'études et de préludes qui assureraient seules à Chopin une place à part dans l'art musical, et lui donneraient son véritable rang de compositeur inspiré, créateur *génial*, comme diraient les Allemands, s'il n'avait déjà conquis cette place par tant d'œuvres du plus grand mérite.

Soit profond amour de l'art, soit excès de conscience personnelle, Chopin ne pouvait souffrir qu'on touchât au texte de ses œuvres. La plus légère modification lui semblait une faute grave qu'il ne pardonnait même pas à ses intimes sans en excepter Liszt son admirateur fervent. J'ai maintes fois, ainsi que mon maître Zimmermann, fait jouer comme pièces de concours les sonates, concertos, ballades et allegros de Chopin ; mais restreint à un fragment de l'œuvre, je souffrais à la pensée de blesser le compositeur qui considérait ces altérations comme un véritable sacrilége.

Chopin s'est éteint, le 17 octobre 1849, dans les bras de sa sœur, accourue de Varsovie à son appel pour l'aider à franchir cette sombre porte qui s'ouvre sur le rayonnement de l'éternité. Ses funérailles eurent lieu à la Madeleine, le 30 octobre, devant une foule d'élite comprenant toutes les illustrations parisiennes et la grande famille de l'émigration polonaise. Malgré le temps écoulé, je me souviens encore avec émotion de l'impression immense produite par la messe de *Requiem* de Mozart et aussi par la Marche funèbre de la sonate op. 35 de Chopin, orchestrée par Reber pour cette triste solennité. Le cœur était serré sous l'effet navrant du mouvement persistant de la basse contrainte à la première reprise ; mais la phrase adorable en majeur, qui suit sous forme de trio, faisait oublier bien vite les poignantes douleurs de la réalité et rêver aux joies éternelles.

Nous avons souvent, entre artistes, agité la délicate question du classement de l'œuvre de Chopin, comme compositeur de musique de chambre. L'importance et la réelle influence de son style échappaient à toute contestation ; mais, unanimes dans notre admiration pour le virtuose, nous étions très-divisés sur la valeur musicale de ses productions. Compositeur expressif, original pour beaucoup, — élégant, gracieux, « charmeur » pour plusieurs, — excentrique, incompréhensible pour les pauvres d'esprit, — Chopin restera un des maîtres les plus discutés de notre époque, et cependant maître de génie, dans la sérieuse acception du mot.

Je n'entends pas établir de comparaison entre Chopin et les aigles au vol puissant que leurs premiers coups d'aile ont portés aux cimes les plus hautes. Il n'a jamais eu ni ces sublimes audaces, ni ces témérités heureuses. La tendresse, l'émotion, le charme intime ou poignant de ses compositions ne remplacent pas le grand souffle, absent ou intermittent ; l'inspiration de Chopin s'élève parfois, mais pour retomber brisée sur le sol, elle n'a pas le vol égal, libre, dégagé qui seul peut soutenir dans les régions éthérées. Mais le génie ne consiste pas seulement à trouver des formes encore inconnues dans le domaine de l'art ; il consiste aussi à raffiner ce métal précieux, le minerai introuvable pour le vulgaire, l'idée, l'inspiration avec leur enveloppe rugueuse ou diaphane.

C'est dans ce sens que Chopin restera un compositeur de génie, — grand poëte en de courtes strophes, — grand peintre en de petits cadres.

II

BERTINI

La mort a ses caprices. De deux artistes presque contemporains par la gloire, Bertini et Chopin, c'est l'aîné
qui succombe trente ans après le jeune. Henri Bertini, le grand artiste qui vient de mourir à
soixante-dix-huit ans, après avoir depuis longtemps
dit adieu au monde, ferme le livre d'or des Bertini,
en y laissant la plus belle page. Il aura résumé, concentré sur son nom, les réputations éparses de toute
une généalogie musicale; mais cette généalogie même
fait partie de son illustration personnelle, l'encadre
et la complète.

Salvator Bertini, né à Palerme en 1721, était un des
plus brillants élèves du compositeur Léo. Célèbre en
1746, il écrivit vers cette date pour le théâtre et pour
l'église un grand nombre d'ouvrages très-appréciés du
public. C'est le premier Bertini qu'ait enregistré l'histoire musicale. Quant au père de notre illustre pianiste,
né à Tours en 1750, il y fit ses études musicales à la

maîtrise de la cathédrale. Bon organiste, compositeur de musique sacrée, sa vie se passa à donner des leçons et à faire l'éducation de ses deux fils, Benoît et Henri. Le premier, virtuose très-habile, devenu l'élève de Clementi pendant près de six ans, devait transmettre à son jeune frère les excellentes traditions du célèbre fondateur de l'école moderne du piano.

Henri Bertini naquit le 28 octobre 1798, à Londres, où sa famille séjourna quelque temps. Ramené à Paris, il fut élevé sous les yeux de son père qui lui fit commencer les études musicales dès l'âge le plus tendre. Les heureuses dispositions de cet enfant précoce, secondées par les soins assidus de son frère aîné, lui firent acquérir, tout jeune encore, un très-remarquable talent de pianiste. Suivant la destinée habituelle aux petits prodiges, Henri Bertini dut voyager sous la tutelle de son père, qui le conduisit successivement en Belgique, en Hollande, en Allemagne, pour donner des concerts, où sa brillante exécution, son goût parfait firent la plus vive impression.

Après un séjour à Paris consacré aux études d'harmonie et de composition idéale, Bertini se rendit en Angleterre où il habita assez longtemps. Ce fut seulement en 1821, à l'âge de vingt-trois ans, qu'il revint à Paris, qui devait être, sinon son asile définitif du moins une grande étape prolongée jusqu'à l'époque de sa retraite dans le midi de la France, en l'année 1840.

Bertini laisse une grande réputation de pianiste, et

cette renommée était justifiée par son beau style, son exécution irréprochable et magistrale. Son jeu tenait de Clementi par la régularité et la clarté dans les traits rapides, mais la qualité du son, la manière de phraser et de faire chanter l'instrument participaient de l'école de Hummel et de Moschelès. Moins virtuose que Kalkbrenner et Henri Herz, Bertini avait pourtant un ensemble de procédés, une exécution toute personnelle, d'une rare valeur et d'un excellent modèle. C'était d'ailleurs un professeur hors ligne, donnant ses leçons avec un soin sévère et la plus vive sollicitude. Quand il a renoncé à l'enseignement, j'ai dirigé plusieurs de ses élèves, et j'ai pu apprécier toute la sûreté des principes puisés à son école.

Le vénérable Louis Adam, professeur de la classe des pianistes femmes au Conservatoire, avait pour Bertini une sympathie déclarée, jointe à une très-haute estime pour son mérite de compositeur. Plusieurs solos de concours ont été spécialement écrits pour sa classe par Bertini. L'œuvre du maître est considérable : près de deux cents numéros, dont beaucoup d'une grande importance. Par la nature et la franchise de ses conceptions musicales, Bertini se rattache à l'école des mélodistes. L'idée première, toujours distinguée, s'expose clairement, et n'affecte jamais ces contours cherchés qui déguisent souvent des redites banales ; rien de prétentieux ni d'affecté, l'horreur du maniérisme, le cachet d'un musicien maître dans l'art de bien dire, ayant la conviction tranquille de son talent, et formulant sa pensée avec la liberté d'allures que peuvent seules donner la connaissance parfaite du sujet et la vision directe du but.

Mais les compositions pour piano et les œuvres concertantes de Bertini, duos, trios, quatuors, quintettes, sextuors, nonettos, etc., ne sont pas seulement des œuvres mélodiques dans l'acception étroite du mot. Bertini a l'inspiration et la forme. Chez lui, la pensée musicale, naturellement heureuse, se développe dans d'habiles et sages proportions. Les épisodes, variés et pleins d'intérêt, montrent une imagination souple et féconde appuyée sur de fortes études. Les harmonies chaudes et colorées de ce grand maître pourraient à la rigueur le faire classer parmi les romantiques modernes, s'il n'avait su conserver, mieux qu'eux tous, le sentiment de la tonalité, ce grand point de repère, cette véritable boussole, égarée par l'école dite de l'avenir, — et aussi cette parfaite logique dans la conduite et les développements des motifs choisis, tous reliés à la pensée mère, qui maintient à son œuvre l'unité dans la variété.

Nature sobre et puissante, tempérament concentré, Bertini ne s'est jamais épris des abstractions musicales ; il n'a jamais vagabondé au pays des chimères, dans ce septième ciel du rêve, qui n'a rien de commun avec la patrie sévère du grand art. Intéresser, charmer, émouvoir dans une langue correcte, s'attacher au choix des idées et à la pureté de l'inspiration, telle était sa pensée dominante ; amoureux du beau idéal, l'œil fixé sur le type qu'il s'était formé, il ne s'est jamais écarté de sa voie pour suivre les fluctuations du goût et de la mode.

C'est surtout au genre spécial des études et caprices que se rattache l'immense popularité de Bertini, c'est là qu'il a pris une place à part et ouvert la grande route où les jeunes compositeurs devaient se précipiter après lui. Bertini s'est appliqué dans ses nombreux recueils d'études, qui embrassent tous les degrés de force, à donner à chacune de ses pièces, faciles ou difficiles, courtes ou développées, un type mélodique bien déterminé. La difficulté à vaincre se présente sous une forme chantante ; lors même que l'étude appartient au genre plus spécial de la vélocité, le trait continu affecte toujours un contour mélodieux : première et notable cause du succès universel de ces pièces, d'un rhythme d'ailleurs très-franc et d'une harmonie très-soignée.

Bertini a écrit plus de vingt cahiers d'études, préludes, recueils spéciaux d'exercices, embrassant tous les degrés de force, du plus élémentaire jusqu'au transcendant. Les études caractéristiques, les caprices-études, les études artistiques sont des œuvres du plus grand mérite. Les études faciles et de moyenne force sont connues de toutes les personnes qui s'occupent de l'enseignement du piano ; elles instruisent les élèves tout en les intéressant. Nous estimons beaucoup les études à quatre mains ; les deux recueils publiés par l'éditeur Lemoine sont d'un charme exquis.

Bertini a recommencé la collection de ses études, à tous les degrés de force, pour la maison Schœnenberger. Cette concurrence personnelle, — tentative doublement délicate, — n'a fait qu'ajouter au succès de l'auteur.

Le célèbre compositeur a laissé encore un grand nombre de duos à quatre mains, qui tous ont une réelle valeur par l'habileté de l'arrangement, et la manière concertante dont ils sont traités. Parmi les nombreuses pièces de salon, rondos, nocturnes, variations, divertissements, caprices, fantaisies, etc., nous signalerons tout particulièrement comme des œuvres magistrales les deux solos de concours spécialement écrits pour le Conservatoire, la grande polonaise (op. 93), les variations de concert (op. 69), le rondo de concert (op. 105), la fantaisie dramatique (op. 118), la marche brillante (op. 161), etc. Malheureusement pour le succès de la musique de salon et de concert de Bertini, la popularité de ses études lui a créé dans l'esprit routinier du public une spécialité à la fois brillante et dangereuse. Les nombreux admirateurs de ce genre de compositions ont fermé les yeux et les oreilles à l'appréciation d'œuvres de plus grand mérite.

La musique concertante de Bertini, trios, quatuors, sextuors et nonettos, n'indique pas seulement un compositeur à la main ferme, habile dans l'art de bien écrire, mais un maître au style élevé, un mélodiste dans la belle acception du mot : car, il faut bien le répéter, Bertini, musicien d'imagination et de savoir, ne s'est jamais jeté dans les recherches de l'impossible ; il s'est contenté d'écrire des œuvres distinguées par le choix des idées, bien conduites, de proportions parfaites, aux harmonies saines et vigoureuses. Nous ne craigons pas d'affirmer que sa musique de chambre soutient vaillamment la comparaison avec celle des maîtres.

Bertini a publié une grande méthode de piano où les principes de son enseignement sont coordonnés avec un rare esprit de logique. Chaque fait nouveau est présenté au moment voulu, expliqué avec une grande clarté. Tout s'enchaîne dans un sentiment progressif parfait, et nous tenons cet important ouvrage pour l'une des méthodes les plus complètes et les mieux réussies de l'art moderne du piano.

Fuyant le monde, ayant peu de goût pour les amitiés banales, quelque peu misanthrope, Bertini a trouvé au déclin de sa vie, dans l'affection éprouvée de quelques intimes, les trésors d'attachement et de tendresse dont son cœur ne pouvait se rassasier. Le grand musicien que nous avons eu l'honneur de connaître dès le début de notre carrière, il y a quarante-cinq ans, était alors une nature vaillante, enthousiaste, occupant dignement sa place dans cette nombreuse pléïade de poëtes et d'artistes, qui représente la forte génération de 1830. On se rappelle quelle fièvre généreuse avait envahi la société tout entière. C'était l'époque glorieuse, l'apogée triomphante de Lamartine, d'Hugo, de Musset, d'Eugène Delacroix, de Lamennais, de Lacordaire, d'Hérold, d'Auber, d'Halévy, etc. On croyait voir l'aurore d'une grande rénovation artistique, illuminant les merveilles d'une vaste réforme politique et sociale. Splendeurs éteintes, tentatives audacieuses; il n'en est pas moins resté quelques idées nouvelles et surtout de nobles souvenirs.

Il y a près de trente ans que Bertini, las des agitations de la vie, désireux d'un repos qui semblait incompatible avec sa nature inquiète, s'était fixé à Meylan, près d'amis chers à son cœur. Depuis longtemps déjà il se tenait pour ainsi dire sur le seuil de l'éternité, et s'absorbait dans la contemplation de ses horizons infinis ; il aimait à en sonder les mystères, il voyait venir la mort avec le calme de la foi, trouvant aux souvenirs du passé une sorte de mélancolique amertume et se reposant d'avance dans la lumière éternelle ; revenu en un mot, à l'extrême limite de l'existence, à ces croyances, à ces aspirations des jeunes années, à cette exaltation de l'âme, à cette philosophie chrétienne plus indispensables peut-être aux natures artistiques qu'à tous les autres tempéraments. Les agitations de la vie, les déceptions qui brisent leurs rêves de gloire et de bonheur, les soumettent en effet à de fréquentes et dures épreuves ; il leur faut une patrie plus haute, devinée ou rêvée, qui leur serve de consolation et de retraite.

Dans ses dernières années, Bertini aimait à visiter la Grande-Chartreuse de Grenoble ; il y improvisait à l'orgue des mélodies inspirées du sentiment religieux, et offrait à Dieu les vœux d'un cœur confiant en sa miséricorde. Ce long recueillement a duré jusqu'à soixante-dix-huit ans, sans que rien en vînt démentir le calme et la sérénité.

J'ai vu Bertini dans la force de l'âge : belle et noble figure, profil énergique de penseur, front vaste et découvert, regard profond et méditatif. De fortes moustaches et un bouquet de barbe donnaient à cette physionomie virile, un caractère décidé en harmonie avec le moral. C'est qu'en effet, sous des dehors de réserve correcte, Bertini cachait un fonds d'exaltation qui s'épanchait dans l'intimité, lorsqu'on parlait d'art ou de politique. Esprit droit mais nature nerveuse, il rendait hommage au talent des artistes célèbres, virtuoses ou compositeurs ; mais le bruit des applaudissements l'affectait péniblement ; il lui arrivait alors de quitter la salle de concert ; j'ai pu constater maintes fois ce fait singulier qu'il faut attribuer à l'impressionabilité du système nerveux et non à un mesquin sentiment de jalousie. A peu près vers la même époque, n'avons-nous pas été témoins du jugement peu bienveillant porté par Liszt sur son émule en succès, L. Thalberg ? Faiblesse regrettable, mais phénomène commun, concevable chez les grands artistes, dont l'amour-propre surexcité acquiert une sorte de sensibilité morbide, irritable.

Bertini laisse un nom glorieux dans l'histoire de l'art. Son œuvre considérable restera comme un des monuments caractéristiques de la génération qui nous a précédé. Les compositeurs modernes font autrement, mais ne font pas mieux que lui, et tous, maîtres ou disciples, nous devons nous incliner devant la supériorité de ce grand musicien.

Bertini est mort à soixante-dix-huit ans, sans avoir été décoré : mystère difficile à pénétrer, énigme qu'il convient sans doute de laisser sans réponse, mais fait que l'on constate avec tristesse, surtout en réfléchissant que nous sommes à une époque où l'on est bien prodigue de ces sortes de faveurs. Disons d'ailleurs que, si cette juste récompense du talent n'est pas venue réconforter le cœur du célèbre pianiste, Bertini aura du moins emporté en mourant la certitude d'avoir utilement rempli une belle et laborieuse carrière. Glorifions donc l'artiste, et disons, sur le bord du tombeau, un dernier adieu à l'homme de bonne volonté.

III

Stephen HELLER

Envers toutes les figures éminentes qui dominent l'école contemporaine et qui s'imposent par la puissance du talent, par la hauteur de la situation, à l'estime et à l'admiration de leurs émules, la justice est un devoir. Envers les physionomies particulièrement sympathiques qui ajoutent, comme Stephen Heller, tous les charmes du souvenir personnel à la vivacité de l'impression artistique, c'est plus qu'un devoir, c'est un plaisir. Mais celui-ci se complique de quelque embarras, si l'on veut échapper au plus léger reproche de partialité, paraître ne pas céder aux influences d'école, dégager en un mot le portraitiste de l'artiste lui-même et de ses préférences intimes.

Voilà le côté délicat de la tâche, quand on veut toucher, comme nous allons le faire, à un nom qui réveille nécessairement tant d'échos personnels et tant d'impressions ineffaçables. On peut, il est vrai, s'en tirer comme Berlioz le fit un jour à l'égard d'un compositeur ami, en accentuant dans le sens de l'impartialité... sévère, en malmenant à plaisir son modèle, et en répondant, comme il n'hésita pas à le faire : « Il n'y a plus de critique possible, s'il faut se gêner avec ses amis ». C'est le paradoxe et c'est aussi l'excès contraire. Tels sont les deux écueils difficiles à éviter. J'entreprends cependant avec confiance ce crayon rapide d'un grand artiste ami, rassuré contre mes propres entraînements par la haute valeur et la franche célébrité du maître, à la fois le plus modeste et le moins contesté de notre époque.

Stephen Heller est né le 15 mai 1814, à Pesth, en Hongrie. Comme certaines natures, exceptionnellement douées, il devait être enfant précoce et virtuose remarquable, à l'âge où tant d'autres épèlent encore l'alphabet de l'art. Ses progrès furent si rapides qu'ils décidèrent son père à dominer ses goûts personnels pour lui laisser entreprendre la carrière musicale et obéir à une vocation irrésistible. Nous ne suivrons pas le jeune pianiste dans ses nombreux concerts, nous contentant de rappeler que ses brillantes qualités d'exécution furent appréciées dès ses premiers débuts dans la vie militante du virtuose, à l'âge de neuf ans.

Les professeurs de piano de Stephen Heller furent Bauer, à Pesth, et plus tard Czerny et A. Halm, à Vienne. Chelard et un vieil organiste, du nom de Cibulska, initièrent le jeune artiste aux études d'harmonie et de composition ; mais c'est surtout par la lecture attentive des maîtres, par l'analyse réfléchie de leurs œuvres, la comparaison des styles et des inspirations dominantes, c'est en creusant profondément la pensée qui a guidé leur génie, que Stephen Heller a pu acquérir cette sûreté de main, cette expérience dans l'art de formuler et de développer l'idée première, un des caractères distinctifs de son talent de compositeur.

Stephen Heller a, pendant dix années consécutives, dépensé sa jeunesse et son énergie à donner des concerts dans toutes les villes importantes de Hongrie, de Pologne et d'Allemagne. Mais, en dépit des applaudissements et des ovations, ces pérégrinations incessantes, cette vie nomade, contrastaient avec la nature calme, tranquille, méditative de l'artiste. Il avait besoin d'un écho plus fort et d'un milieu plus tranquille. Le désir de connaître Paris, d'y faire consacrer sa réputation de compositeur, le décida, en 1838, à quitter Augsbourg, sa ville préférée, remplie des plus chers souvenirs.

Il entreprenait une nouvelle lutte, pleine de fatigues et de périls, dans notre Paris, centre de la civilisation, foyer de lumière et d'intelligence, patrie de la gloire définitive, mais aussi asile de la vogue et des modes passagères, la ville du monde où s'affiche le plus audacieusement le mauvais goût, où le succès n'est pas toujours la récompense du talent, mais le résultat de l'intrigue. Heller, confiant en sa force, a courageusement lutté, travaillé sans relâche, et s'est imposé, par un ensemble d'œuvres transcendantes, à la foule même des indifférents. Double succès pour l'artiste et pour l'art, qui a fait ainsi un pas considérable. En aidant à faire connaître, apprécier, aimer les compositions de

Stephen Heller, nous pensons avoir nous-même sérieusement contribué à élever le goût musical et à compléter l'éducation des générations contemporaines.

Stephen Heller appartient à cette race d'artistes vaillants, aux sentiments élevés, à la conscience prédominante, ayant un profond respect pour l'art et une rare dignité personnelle, âmes fortement trempées, intelligences d'élite, faisant leur loi suprême du culte de l'idéal. Qu'importent pour elles le succès et la popularité éphémères, s'il faut les acheter au prix de défaillances ou de compromissions et sacrifier au mauvais goût en poursuivant la vogue? Les artistes qui aiment l'art pour ses jouissances intellectuelles et morales se préoccupent peu de la foule; ils ont un but plus élevé, ils poursuivent sans cesse la pureté de l'inspiration, et le charme de la forme. Stephen Heller est de ce petit groupe de chercheurs consciencieux et infatigables. La fermeté de style, la forme naturelle et saine, qui caractérisent ses compositions, tiennent d'abord à sa probité intellectuelle, à cette rare et sereine loyauté qu'on ne saurait trop applaudir en ce temps de productions faciles. Elles tiennent aussi à son étude assidue des grands maîtres anciens et modernes, à ses facultés de méditation profonde et de puissante concentration. Voilà les causes multiples auxquelles les compositions de Heller doivent ce cachet de distinction et de noblesse qui est le véritable passe-port des œuvres d'imagination auprès de la postérité.

Stephen Heller a toujours eu pour son art l'amour pur et désintéressé, la passion à la fois fertile et chaste d'un

travailleur infatigable, n'ayant au cœur que de hautes
pensées ; il a marché convaincu dans sa voie, négligeant
les inspirations banales, les effets faciles et vulgaires ;
et c'est ainsi qu'il a pu réaliser cet ensemble de compositions originales, poétiques, d'un charme pénétrant et
individuel, où passe seulement, comme un parfum délicat
et subtil, l'écho des maîtres préférés, Schumann, Mendelssohn et Chopin. Tel est en effet ce qu'on peut appeler
le culte intime de Stephen Heller. Il n'en a pas moins
pour les dieux de la musique, Bach, Haydn, Mozart,
Gluck, Weber et Beethoven, une passion et un respect
qui égalent l'admiration de Ingres pour ces hommes de
génie.

Ses compositions pour le piano forment un ensemble
considérable. Toutes offrent un mérite supérieur de
facture ; les idées distinguées, d'un sentiment élevé,
sont présentées et développées avec un rare talent ; on
y retrouve la main d'un symphoniste plus encore que
celle d'un virtuose. Heller a des rhythmes à lui, une
façon toute personnelle d'encadrer la phrase musicale
avec des traits ingénieux, brillants ou légers. Ses
harmonies sont irréprochables jusque dans leurs recherches les plus grandes ; on sent une nature saine, une
inspiration franche, loyale, exempte des mièvreries et
de la préciosité, un tempérament sobre, puissant,
craignant l'emphase et pouvant se passer de la décla-
mation.

Heller, ainsi que Mendelssohn, Chopin et Field, a
créé un moule nouveau pour les pièces caractéristiques.
Ses *Promenades d'un solitaire, Dans les bois*, ses *Nuits*

blanches, son *Voyage autour de ma chambre* sont de véritables poëmes exquis et sobres, où l'inspiration musicale, d'une incomparable élévation, rivalise avec la poésie et la peinture de genre. Plusieurs de ces pièces sont de petits chefs-d'œuvre de sentiments variés et de caractères différents. Vibrations sonores, où toutes les cordes de l'âme donnent leur note tendre, mélancolique, émue; décor profond où passe le monde fantastique des esprits. Grâce, énergie, tendresse, douleur, calme, désespoir, toutes les fièvres du cœur, toutes les antithèses de la passion, tous les tons qui constituent la gamme immense de nos sensations, trouvent leur écho rapide ou prolongé dans ces œuvres saisissantes, dont l'inspiration ne s'égare jamais et se domine elle-même, tout en planant à d'incomparables hauteurs.

Les Arabesques, Scènes vénitiennes, la Sérénade, le Boléro, sont des pièces caractéristiques très-originales. Quant aux nombreux *recueils d'études* et aux *préludes* de Stephen Heller, ils ont leur place à part dans l'enseignement. Les *Études préparatoires à l'art de phraser, l'Art de phraser (nouvelles études),* sont des merveilles de goût et de style. Il s'est produit depuis quarante ans, à la suite du succès considérable des recueils de Bertini, un si grand nombre d'études de salon, de genre, d'expression, de vélocité, qu'il faudrait un volume pour classer ces œuvres plus ou moins musicales. Mais on doit distinguer au milieu de ce déluge les compositions de valeur transcendante. L'énergique individualité d'Heller n'a pu que gagner à ces rivalités ; elle se détache en relief plus puissant sur le fond des médiocrités contemporaines.

La supériorité du compositeur devait s'affirmer avec une force nouvelle dans ses trois grandes sonates, œuvres magistrales où l'on ne peut saisir une seule défaillance d'inspiration ni dans l'ensemble ni dans les détails. L'originalité n'en est pas moins incontestable ; ces belles compositions, largement développées, appartiennent entièrement par la nature des idées, les rhythmes et la contexture des traits au style personnel de Stephèn Heller. Le compositeur n'y relève que de lui-même, ne procède directement d'aucun des grands modèles, Beethoven, Weber, Schumann, Mendelssohn ; mais il a su les égaler tout en restant lui.

Les Scherzi (op. 7, 24) et tout particulièrement celui qui est dédié à Liszt (op. 57) sont des œuvres de la plus grande valeur et d'un type très-original. Le caprice symphonique se distingue par la vigueur et l'entrain ; les Tarentelles (op. 53, 61, 85), ont un brio, un éclat, une verve toute napolitaine ; les valses (op. 43, 44, 93), sont des bijoux ciselés par la main d'un grand artiste. Tout en appréciant le mérite de facture des trois ouvertures pour une pastorale, pour un drame, pour un opéra comique, nous en aimons moins le parti pris. Les grandes études sur le *Freyschutz* montrent sous un nouveau jour le talent si varié d'Heller. Ces sortes de paraphrases sur la pensée de Weber sont du plus vif intérêt ; les variations sur un thème de Beethoven et celles sur un thème de Schumann sont des œuvres magistrales ; les caprices populaires sur *la Truite, l'Alouette, la Vallée d'amour, la Poste, la Fontaine* ont aussi un cachet particulier. *Improvisata*, op. 18 et 98, sont deux compositions ravissantes.

On a souvent comparé et opposé l'une à l'autre les belles et riches organisations musicales de Chopin et d'Heller ; on a, suivant la sympathie du critique, accordé tantôt à l'un, tantôt à l'autre, la première place dans ce classement. Nous aimons peu les comparaisons, presque toujours à côté de la vérité ; nous ne voulons pas savoir qui, de Chopin ou d'Heller, a plus de droits à notre admiration ; tous deux ont notre plus vive sympathie, mais, sans amoindrir la gloire de Chopin, nous croyons être juste en disant que ces deux grands artistes, poëtes tous les deux, ayant les mêmes aspirations vers les sublimités de l'art, représentent deux natures différentes, deux tempéraments essentiellement distincts. Heller et Chopin n'en doivent pas moins se donner la main dans l'histoire de l'art musical : ils sont frères par la hauteur du génie et la fécondité de l'inspiration.

Stephen Heller, dont la modestie égale le talent, ne veut plus se reconnaître virtuose ; il l'a été pourtant dans la plus belle acception du mot ; il l'est encore quoiqu'il s'en défende. Nous avons plus d'une fois entendu Heller nous donner dans l'intimité les prémices de ses œuvres inédites. Son jeu fin, délicat, sa manière naturelle et simple de phraser nous a toujours charmé. Il procède des grands maîtres allemands, Hummel et Moschelès ; il serre de près le clavier ; la sonorité douce, harmonieuse ne vise jamais aux effets de force, aux exagérations, mais intéresse, captive, attache par des qualités plus intimes.

Les leçons d'Heller sont très-recherchées des amateurs de goût et des artistes qui apprécient à sa juste valeur l'immense mérite de ses œuvres. De plus, ses compositions éminemment originales ont, dans leur interprétation, certains côtés individuels que l'auteur seul peut indiquer et détailler avec tout leur relief. Heller, d'ailleurs, n'accepte pour élèves que les musiciens capables de comprendre et d'interpréter ses œuvres dans le sentiment voulu ; il n'a ni l'amour du gain, ni la passion matérielle de l'enseignement. En échappant à la tâche aride et quelquefois ingrate du professorat, il aura privé bon nombre de ses admirateurs de conseils précieux, mais l'art a bénéficié de productions nouvelles, et c'est là un résultat plus conforme aux vues de Stephen Heller, nature désintéressée, n'ambitionnant pas la fortune, mais voulant avant tout continuer en paix sa carrière de compositeur.

Stephen Heller est un lettré dont la mémoire richement meublée, l'esprit fin et délicat s'intéressent vivement à toutes les questions d'art, et n'ignorent rien du monde littéraire. Sa conversation est attachante, pleine de saillies heureuses, dès que l'intimité est assez complète pour qu'il parle avec abandon et laisse lire au fond de sa pensée. Sa vie, très-solitaire, s'est passée dans le travail et la lecture ; son abord est poli mais réservé, il accueille toujours les jeunes artistes avec bienveillance et ses amis avec une cordialité dont personne n'ignore le prix. Je ne l'ai jamais entendu parler avec sévérité ou amertume des artistes que la vogue ou le caprice de la foule ont paru favoriser. D'une modestie réelle qui n'exclut pas le sentiment de sa valeur, Heller reçoit avec satisfaction les compliments motivés de ses amis, mais un éloge fade et banal lui est antipathique et le déconcerte comme une sorte d'injure.

Voilà l'esquisse de l'artiste et du compositeur. Quelques traits suffiront pour peindre l'homme : figure aux lignes distinguées, traits réguliers, d'un dessin large et puissant. Le front est découvert, le nez fin, la bouche sourit avec bonté. Les yeux saillants, au regard profond, se voilent souvent sous la paupière, s'estompent dans une lueur rêveuse et mélancolique où passe de temps en temps un rayon doucement moqueur. Les années ont argenté une chevelure abondante et soyeuse qui encadre le vaste développement des tempes.

Tel est Stephen Heller, une des belles figures de l'époque, le frère de Chopin en poésie musicale, et aussi le proche parent des grands maîtres de la symphonie, de Mendelssohn et de Schumann, par la nature des idées, l'art parfait de l'exposition et la science du détail.

IV

Henri HERZ

Voici un artiste qui compte parmi les plus sympathiques, les plus grands et aussi les plus utiles : c'est un doyen et c'est toujours un maître. L'immense succès de ses œuvres, si françaises par la grâce et l'esprit, a puissamment contribué à répandre le goût musical, à populariser les motifs heureux de nos opéras. Virtuose et compositeur éminent, Henri Herz aura été encore un vulgarisateur dans le sens élevé du mot. En vain certains pianistes modernes, injustes envers un passé dont le plus grand tort, à leurs yeux, est de ne les avoir pas connus, traitent-ils Henri Herz et ses disciples de compositeurs démodés, frivoles et de valeur superficielle : Henri Herz et son vaillant frère, Jacques, n'en restent pas moins deux personnalités hors ligne, deux maîtres dans l'art de bien dire, deux compositeurs de premier ordre, qu'il est absolument interdit de comparer à la foule des arrangeurs actuels.

Henri Herz est né, dit Fétis, à Vienne (Autriche), le

6 janvier 1806. Nous mentionnons la date sans en discuter l'authenticité. Merveilleusement doué pour la musique, Henri Herz affirma ses dispositions tout enfant. Cette nature précoce devait rapidement s'élever dans un milieu propice au sein d'une famille d'artistes. Comme Mozart, Henri Herz écrivait des sonates dès l'âge de huit ans, et se faisait applaudir dans les concerts. Mais son père, musicien de bon sens, sinon grand musicien, eut l'heureuse inspiration de venir s'établir à Paris, pour faire donner à son fils une forte éducation technique et développer ses brillantes facultés dans le sens d'une méthode sérieuse. Admis, à dix ans, au Conservatoire, Henri Herz obtint rapidement un brillant premier prix dans la classe de Pradher, qui, malgré sa grande sévérité, témoignait une vive sympathie, un intérêt tout paternel à son merveilleux élève. Le jeune virtuose continua, sous la direction de Dourlen et de Reicha, ses études d'harmonie et de contre-point déjà ébauchées à Vienne sous la tutelle de l'organiste Hunten.

Nous n'avons pas à faire ici la biographie du célèbre pianiste, à suivre pas à pas cette existence si laborieuse et si bien remplie ; nous laisserons à d'autres le soin d'écrire cette intéressante monographie, d'un grand exemple pour les jeunes artistes si désireux de succès, mais trop souvent négligents de l'étude. C'est par un travail journalier, incessant, qu'Henri Herz s'est élevé au rang de grand maître ; la volonté a joué un rôle capital dans l'inspiration première de ses compositions si originales, si variées de caractère et de forme, mais toutes marquées d'un cachet d'élégance, de distinction,

que bien peu de pianistes possèdent au même titre.
Nul virtuose compositeur n'a conquis aussi jeune une
popularité aussi légitime, et pourtant, disons-le bien haut,
jamais l'artiste n'a sacrifié ses convictions musicales,
altéré son style pour flatter le mauvais goût, complaire
à la mode, entrer plus avant dans la voie du succès. Si
Henri Herz, dans la maturité de son talent, a légèrement
modifié sa manière, s'il a élargi son cadre, il est resté
fidèle à ses principes de compositeur, tout en suivant
ses modèles préférés, Moschelès, Field, Hummel.

Revenons maintenant au portrait de l'artiste célèbre,
et laissons aux biographes le soin d'écrire la vie du
musicien. La physionomie d'Henri Herz appartient au
type israélite ; le front est proéminent, le nez aquilin ;
les yeux, clairs et bien ouverts, indiquent la lucidité et
la bienveillance. La bouche est accentuée, encadrée de
lèvres fortes, le menton arrondi. Rien que de simple
et de franc dans cette figure aux lignes arrêtées ; aucun
signe particulier, si ce n'est l'habitude de tenir la tête
légèrement penchée et d'interroger du regard. La taille
est un peu au-dessus de la moyenne ; la démarche
cadencée accuse une légère oscillation traînante.

Henri Herz a voulu justifier jusque dans la dernière
période de sa longue et brillante carrière musicale son
titre d'Henri Herz jeune. Les années semblent n'avoir
eu aucune prise sur cette nature active, sur cette organisation vaillante. Ici encore la volonté n'a pas faibli,
et a pour ainsi dire vaincu la nature. Comme notre regretté marquis de Saint-Georges, Henri Herz s'est pour
ainsi dire condamné à l'éternelle jeunesse, et il la

maintient de gré ou de force. Et nous parlons moins encore de l'homme que de l'artiste. Le compositeur a conservé vivaces ses facultés créatrices ; le talent du virtuose n'a rien perdu de sa grâce ni de son éclat ; le brillant causeur est resté comme par le passé prompt à l'attaque, prompt à la riposte, fécond en répliques fines et délicates. Il demeure dans sa manière d'être, dans l'habitude de sa vie, le parfait gentleman, correct, soigné dans sa tenue, qui a traversé deux générations sans rien perdre de sa distinction élégante.

Ce décorum aristocratique, ce « comme il faut » particulier, qui caractérise les Anglais de race, Henri Herz semble l'avoir acquis dans ses nombreuses relations avec nos voisins d'outre-Manche. Mais le naturel affectueux et bienveillant de l'artiste en a corrigé les côtés froids et guindés. Henri Herz a fait aussi un long séjour en Amérique ; c'est à ce voyage, qui devait durer six mois et qui s'est prolongé quatre ans, que je dois l'honneur d'avoir suppléé Henri Herz à sa classe du Conservatoire, en 1845. Confiant dans mon amitié et fort de l'assentiment d'Auber, Henri Herz me laissa le soin de maintenir ses élèves dans les données habituelles de son enseignement, jusqu'en 1848 où je succédai à mon maître Zimmermann.

Il faut lire, à propos de ce voyage, le charmant ouvrage d'Henri Herz sur ses souvenirs d'Amérique, pour apprécier sous un jour tout spécial cet esprit fin, humoristique, cette entière bonne foi, cette sincérité rare dans la manière de conter. L'œuvre a une véritable valeur littéraire, comme étude de mœurs, comme album de croquis, pris sur le vif, comme ensemble de types tour à tour amusants et étranges, depuis le chef de bande, voleur mélomane, détroussant les voyageurs en dilettante, enlevant les onces d'or, mais respectant la montre d'Henri Herz par amour de l'art, jusqu'aux missionnaires patronant et honorant de leur présence des concerts où les fantaisies et les airs variés du virtuose tenaient lieu de cantiques.

Henri Herz a parcouru à plusieurs reprises et dans tous les sens l'Amérique du Nord et celle du Sud, le Mexique, le Pérou, le Chili, le Brésil, la Californie, la Havane, la Jamaïque, New-York, la Nouvelle-Orléans, Baltimore, Philadelphie, la Vera-Cruz. Il a donné plus de quatre cents concerts, sans épuiser l'enthousiasme des auditeurs, partout acclamé et regretté partout. Succès incomparables, dont nous avons le droit d'être fiers, car il n'est pas d'artiste plus Français que Henri Herz par le cœur, l'esprit, la nature fine et distinguée du talent.

Le temps est encore proche où Henri Herz, revenu de ses grands voyages, consacrait ses journées à l'enseignement, et ses veilles à la composition. De nombreux élèves sollicitaient ses conseils; il fallait se faire inscrire longtemps à l'avance pour obtenir la faveur de quelques leçons. Quelle joie pour les jeunes filles qui se croyaient appelées à devenir virtuoses, de se dire les élèves préférées du professeur en renom! et pourtant ce n'était pas sans un certain sentiment de crainte et d'émotion qu'elles se rendaient à la leçon du maître; non que Henri Herz fût redouté pour sa sévérité, sa

trop grande exigence ; mais, sous les dehors d'une politesse exquise, d'une tenue réservée, le professeur cachait
une pointe de fine et malicieuse raillerie, un trait caustique à l'égard des défauts mignons de ses disciples.
Légères atteintes, malices ironiques qui ne manquaient
jamais leur but, et faisaient sinon de cruelles blessures
du moins des brûlures longtemps cuisantes.

Le nombre des pianistes femmes formées à l'école de
Henri Herz est considérable et compose une phalange
brillante. Malheureusement pour l'art, la plupart des
jeunes filles qui se vouent à la virtuosité y renoncent
un peu plus tard pour les devoirs austères de la famille.
MM^{mes} Jaell, Montigny, Szarvady, Massart, Pleyel, Joséphine Martin, sont de grandes individualités, de brillantes exceptions, mais confirment la règle générale.

Il y a quelques années, Henri Herz, fatigué du
professorat, a pris sa retraite et quitté sa classe du
Conservatoire, en laissant dans cette école, témoin de
ses premiers succès, de brillants souvenirs et de précieuses traditions, que Mme Massart a su continuer.
Depuis sa retraite, l'artiste éminent a consacré son
activité et son expérience éprouvée à la direction de
son importante manufacture de pianos. Cette maison, dont la fondation date de plus de quarante ans,
a eu des fortunes diverses : malheureuse à son début,
elle a conquis progressivement le premier rang dans
la facture française. C'était pour réparer les revers dus
à des causes diverses que Henri Herz avait quitté la
France en 1845. Enfin, grâce à une direction bien
entendue, à l'adjonction d'ouvriers habiles, de méca-

niciens ingénieux, grâce surtout aux soins minutieux, incessants apportés aux perfectionnements divers de la facture, la maison Henri Herz se trouve maintenant placée à la tête de cette brillante industrie artistique. Les pianos qui sortent des ateliers de Henri Herz peuvent soutenir la comparaison avec les instruments français et étrangers provenant des maisons les plus en renom ; ils ont obtenu successivement aux expositions universelles toute l'échelle des récompenses, jusqu'à la mise hors concours, comme ceux des maisons Erard et Pleyel.

Ajoutons à l'actif du grand artiste et du célèbre facteur l'initiative prise par lui dans la création d'une salle de concerts, type d'élégance et d'intelligente appropriation aux auditions musicales. L'artiste éminent, le chef apprécié d'une grande industrie a été justement récompensé par la croix d'officier de la Légion d'honneur.

Les compositions de Henri Herz sont nombreuses, très-variées de style, et embrassent tous les degrés de force. Il faudrait un long catalogue pour énumérer celles qui méritent d'être signalées plus particulièrement. L'œuvre du maître comprend deux cent cinquante numéros ; tout choix dans cette immense collection nécessite d'inévitables et douloureux sacrifices. Signalons parmi les morceaux les plus populaires, les variations sur *la Cenerentola*, sur *la Violette*, sur *ma Fanchette*, sur la romance de *Joseph*, *le Petit Tambour*, *la Famille suisse*, *le Siége de Corinthe*, les fantaisies sur *l'Ambassadrice*, *le Domino*, *la Fille du régiment*, *Otello*, *le Pré aux clercs*, *le Landler viennois*, etc. Les huit concertos sont une œuvre considérable, où la noblesse du style s'unit à une grande habileté de facture. Les traits, distingués et variés de forme, sont toujours brillants et de belle allure; la sonate dédiée à Auber est aussi une composition magistrale. Henri Herz a écrit huit cahiers d'études depuis le degré très-facile, jusqu'à la difficulté transcendante. Ses dix-huit dernières grandes études resteront comme un modèle de goût et de grande bravoure; il a également composé plusieurs duos concertants pour piano et violon, en collaboration avec Lafont.

J'ai souvent entendu H. Herz à l'apogée de sa popularité de virtuose; j'ai même essayé de m'approprier par l'audition attentive de ses œuvres quelques-unes des qualités caractéristiques de son école, et l'on m'a souvent cru son élève. Je puis donc apprécier en pleine connaissance de cause la manière et le style de ce maître, le plus populaire des pianistes compositeurs, celui dont on a dit, avec raison, qu'il était l'Auber du piano.

Mme de Girardin, dans un des spirituels feuilletons du vicomte de Launay, s'est appliquée à chercher des points de comparaison entre les pianistes célèbres et certaines positions sociales. Le type choisi pour Henri Herz était celui d'avocat pianiste, brillant causeur musical, brodant à volonté, sur tous les thèmes, d'incessantes variations. Appréciation plus spécieuse que juste. Henri Herz n'est pas un causeur superficiel, un avocat à l'heure, mais un brillant improvisateur parlant avec une merveilleuse facilité et une incomparable élégance la belle langue musicale, l'idiome des grands maîtres. Son style, toujours correct et brillant, atteint sans peine la noblesse et souvent l'élévation. Les andantes de ces concertos renferment de très-belles pages où passe le souffle inspiré d'un compositeur de premier ordre.

L'individualité d'exécution de Henri Herz a toujours consisté dans l'élégance, l'esprit, une grande distinction, une expression contenue. Sa virtuosité irréprochable a pu aborder les difficultés transcendantes sans rien perdre de cette netteté merveilleuse, de cette clarté dans les traits les plus ardus, qualités indispensables aux grands exécutants. Henri Herz a une excellente main gauche, qui prend une part active et très-intéressante au discours musical. De nos jours, beaucoup de pianistes négligent, et pour cause, cette main gauche, sœur jumelle et auxiliaire naturel de la main droite.

Comme exécutant et compositeur, Henri Herz procède bien certainement de la grande école de Clementi, Hummel, Moschelès ; il exécute avec une rare perfection, un grand fini de détails les fugues de Bach et Haendel, les élèves de sa classe pourraient affirmer sa prédilection marquée pour ces grands maîtres. Ses nombreuses compositions de salon et de concert semblent au premier abord en contradiction marquée avec cette forte et sévère musique ; mais un lecteur attentif qui voudra approfondir l'œuvre entier de Henri Herz retrouvera dans le tissu harmonique de ces compositions, d'apparence légère, la forte trame du contrepointiste formé aux grandes traditions de l'art.

La sonate, le thème varié et les grandes fantaisies

ont vécu ; les nocturnes, paraphrases, etc., commencent à dater. Seul, un petit groupe d'artistes vaillants cherche l'expression et le grand style dans le concerto symphonique. La mode est à la musique dite de genre, aux pièces caractéristiques, expressives, imitatives, etc. ; et aussi aux transcriptions vocales et orchestrales. On veut l'idée pure, dégagée d'ornements. L'art a-t-il réellement gagné à cette modification du goût, à ce changement dans la forme adoptée ? En fait, à part quelques rares et puissantes individualités qui ont su conserver la pureté et l'élévation du style, unir le genre pittoresque et descriptif aux traditions de l'école, l'art du compositeur a subi une décadence marquée. Les musiciens de tout ordre, ceux-là même qui ignorent l'orthographe de notre langue, s'évertuent à chercher des titres pompeux, prétentieux, ridicules, pour servir d'étiquettes à des pauvretés musicales dénuées de sens et d'intérêt, écrites dans un idiome incorrect qui outrage la grammaire et le bon goût.

Quant à Henri Herz, il n'a pas sacrifié aux modes nouvelles, et en même temps il a échappé au reproche mérité par tant d'artistes, d'avoir toute la vie refait les mêmes variations, fondu les mêmes sujets et les mêmes thèmes dans un moule invariable. Aucun compositeur n'a plus inventé, ne s'est plus consciencieusement appliqué à innover dans ce genre, et nous pourrons un jour, dans un traité spécial, passer en revue les broderies variées, les mille traits ingénieux créés par Henri Herz et tombés dans le domaine public, où sont allés les prendre d'innombrables *pasticheurs*.

Les grands artistes inventent et les gens de métier exploitent. C'est la loi commune, mais une loi qui aide au progrès et dont les esprits supérieurs ne daignent pas se plaindre.

Henri Herz appartient à cette grande famille des initiateurs qui trouvent leur récompense dans l'œuvre même et dans ses résultats. Tant d'honneurs réunis, le succès international du virtuose, la popularité du compositeur, la haute considération du chef d'industrie, une fortune importante laborieusement acquise, l'estime de tous, l'admiration des connaisseurs, une place à part dans le monde des arts, ont laissé Henri Herz simple, modeste, bienveillant comme par le passé. Cette belle et intelligente figure d'artiste a résisté aux épreuves de la bonne fortune comme aux atteintes du temps; elle a gardé ses lignes sobres et sévères, mais d'une franchise toute sympathique, et la pureté de profil qui en fait une des physionomies les plus hautes et en même temps les plus aimées de notre temps.

V

CLEMENTI

La galerie des pianistes qui ont illustré leur art contient des physionomies plus attrayantes et plus sympathiques ; elle n'offre pas de personnalité plus complexe,
de tempérament plus riche, d'influence plus haute et
plus indiscutable. Compositeur de premier ordre, virtuose incomparable, chef d'école, industriel, mécanicien,
Clementi a tenu tous ces rôles avec une égale supériorité ; il a su pendant sa longue et laborieuse existence,
acquérir l'admiration des dilettantes et la vogue du
public, faire entrer l'art dans une voie nouvelle, et, —
fortune rarement réservée aux inventeurs, — atteindre
la richesse, sans rien laisser de son cœur aux broussailles
du chemin. Il a eu tout à la fois l'imagination et le
savoir, l'inspiration et la volonté persévérante, l'originalité et la souplesse. Et, si la gloire du chef d'école
lui assure le premier rang dans l'histoire du piano, cet
ensemble de qualités spéciales, cet assemblage merveil-

leux font de l'homme un type absolument à part, une figure curieuse et instructive entre toutes.

Muzio Clementi naquit à Rome en 1752. Son père était un orfévre passionné pour la musique. Dès l'âge de six ans, il faisait commencer à son fils l'école du solfége et du clavecin. Les grandes dispositions du jeune Clementi activèrent ses progrès et l'amenèrent bientôt à une virtuosité remarquable. Suivant la méthode italienne, il étudiait les *partimenti* et l'accompagnement de la basse chiffrée en même temps que les pièces spéciales de clavecin. Son maître d'harmonie, de contrepoint et de clavecin fut un organiste du nom de Cordicelli. A quatorze ans, Clementi était en pleine possession d'un talent hors ligne et d'une forte éducation musicale basée sur les traditions des grands maîtres. Un amateur enthousiaste, sir Beckford eut alors occasion de l'entendre et offrit sur-le-champ au père du jeune virtuose d'emmener son fils en Angleterre et d'assurer son avenir.

Installé dans un domaine du Devonshire, Clementi qui avait pour l'étude une ardeur infatigable put se consacrer au travail et à la lecture des œuvres classiques. Entouré de soins, d'égards, d'affections, traité en fils adoptif, trouvant dans une riche bibliothèque, littéraire et musicale, tous les éléments d'instruction que n'aurait pu lui offrir la maison paternelle, assuré non-seulement du confort de l'existence, mais aussi de ses libres entrées dans le monde aristocratique, Clementi avait la plus brillante et la plus féconde des indépendances.

Comme certaines plantes rares transplantées dans un

terrain spécial, son organisation s'épanouit au chaud rayonnement de cette vie nouvelle, faite de tendresse et de dévouement. Mélodiste par sentiment, Clementi put allier, grâce à une constante étude des grands maîtres, le génie italien aux harmonies colorées et puissantes de l'art allemand. Sébastien Bach, Hændel, Scarlatti étaient ses auteurs favoris, ceux qu'il étudiait chaque jour avec une ferveur qui devait rester entière jusque dans sa vieillesse. Son exactitude laborieuse et son emploi raisonné du temps étaient tels qu'il s'imposait l'obligation rigoureuse de remplacer par des heures supplémentaires celles que les devoirs de société le forçaient à distraire du programme quotidien. Il soignait en même temps son instruction littéraire, remplaçant l'éducation du collége par des lectures choisies et répétées.

Ce fut ainsi que grâce à sir Beckford, à cette vie de famille toute patriarcale et à ses relations avec le monde aristocratique, Clementi devint un gentleman accompli en même temps qu'il atteignait les dernières limites de la virtuosité. Aucun artiste ne possédait au même degré cette égalité merveilleuse des deux mains, cette clarté et ce fini dans l'art d'exécuter les pièces fuguées, d'en faire valoir les détails ingénieux. Le jeune maître pouvait sans crainte, sinon sans hésitation, aborder l'existence militante de compositeur et de virtuose.

Bien peu d'artistes de la génération contemporaine ont eu le bonheur d'entendre Clementi : pourtant j'ai pu me renseigner exactement près de plusieurs de mes devanciers sur les qualités d'exécution de ce maître illustre. Son mécanisme, merveilleux de correction et de régularité, laissait la main immobile ; les doigts seuls, souples, agiles, indépendants, d'une égalité incomparable, tiraient du clavier une sonorité harmonieuse et d'un charme exquis. Personne n'exécutait avec cette perfection idéale les œuvres de Bach, Hændel, Martini, Marcello, Scarlatti ; la clarté exceptionnelle de son jeu et la variété de ses nuances mettaient en lumière, avec une finesse d'intention sans pareille, tous les détails de ces belles pièces fuguées. John Field et Cramer, les deux élèves de prédilection de Clementi, que j'ai souvent entendus, possédaient au suprême degré la diction de leur maître ; ils détaillaient, comme lui, les fugues de Bach ; chaque partie distincte avait la sonorité, l'accent, le timbre correspondant à son degré d'importance et d'intérêt dans le discours musical.

C'était par l'étude approfondie du style sévère que Clémenti avait su acquérir cette indépendance de doigts, cette égalité parfaite, ce jeu lié, serré, harmonieux, qui faisaient de lui le maître des maîtres. Homme d'invention et même de génie, Clementi a pu dégager sa riche individualité des formules scolastiques, de tout le bagage personnel des grands compositeurs qu'il avait pris pour modèles. Avec lui, comme avec Em. Bach, le cadre de la sonate s'est élargi ; l'élément mélodique, expressif et vocal a pris forme dans ses nombreuses œuvres de piano ; enfin Clementi est devenu à son tour chef d'école en unissant l'art ancien à l'art moderne.

Transformation féconde, qui ne s'est opérée du reste ni en un jour, ni par la seule influence de Clementi. Haydn, Mozart, Dussek, ont aussi leur part glorieuse dans cette période de transition ; mais Clementi, par ses nombreuses compositions, par les virtuoses qu'il a formés et qui ont perpétué ses traditions, garde encore la plus belle part et l'on peut, à juste [titre, lui donner le nom de fondateur de l'école moderne du piano.

A dix-huit ans, Muzio Clementi publia sa première sonate, op. 2. Le succès fut immense, et décida le jeune compositeur à s'établir à Londres ; on l'y appelait pour tenir le piano d'accompagnement du Théâtre-Italien. Il quitta donc ses bienfaiteurs, pour qui il devait garder une reconnaissance aussi durable que la vie. Ce poste important d'accompagnateur dirigeant permit à Clementi d'accroître ses connaissances musicales, d'entendre les plus célèbres chanteurs, et de perfectionner son style par l'étude des grands modèles de l'art vocal. Les oratorios de Hændel, les opéras de Porpora, Sacchini, Pergolèse germèrent dans son imagination ; et, sans élever son inspiration aux sublimes hauteurs atteintes par ces génies, il eut du moins l'heureuse pensée de conserver à ses œuvres spéciales de musique de chambre les belles formes mélodiques dont il avait gardé l'empreinte. Il put ainsi continuer à allier le sentiment naturel du mélodiste italien au tissu harmonique qui caractérise plus particulièrement le génie allemand. Comme l'illustre Haydn, Clementi a étudié à fond, analysé avec un soin minutieux les œuvres d'Emmanuel Bach, ce grand artiste dont la vie modeste, calme, recueillie, n'a jamais eu l'éblouissement du succès, mais que l'élégance des idées, la forme neuve donnée aux œuvres scolastiques, l'ingéniosité de ses traits légers, brillants, mettent au rang des créateurs de la musique moderne.

Le premier recueil de sonates, op. 2, publié par Clementi en 1770, produisit une grande sensation dans le monde dilettante de l'époque. Ces pièces étaient écrites pour clavecin ou piano-forte ; le nouvel instrument introduit en Angleterre par le facteur Zumpe, en 1760, n'avait pas encore détrôné les clavecins et les clavicordes. Ces instruments, chers à nos ancêtres, gardaient de nombreux admirateurs.

Il faut le reconnaître : le clavecin, sous les doigts habiles des virtuoses harmonistes du temps, produisait des effets charmants ; aujourd'hui les amateurs de curiosités artistiques s'intéressent seuls à ces merveilles d'une autre époque, et pourtant il y a un grand plaisir, une sensation toute particulière à interroger ces instruments délicats, qui parlent avec tant de précision et de netteté, ont des timbres si charmants et si clairs. Mais il faut comprendre la langue figurée du temps, oublier les effets modernes de sonorité, de puissance, les contrastes de force et de douceur, suppléer à l'absence complète de la prolongation du son par des harmonies très-serrées et une ornementation incessante de la phrase.

L'idée première du marteau substitué au bec de plume ou de métal pinçant la corde, doit être attribuée au Florentin Bartolomeo Christofori, mais, l'essai ne donnant que des résultats incomplets, les clavecins conservèrent leur suprématie. En 1716, un facteur français, Marius, et un Allemand, Schroler, firent une nouvelle tentative infructueuse ; mais de plus habiles mécaniciens finirent par appliquer d'une façon pratique les découvertes de leurs devanciers. Zumpe en Angleterre, Silbermann en Allemagne, Sébastien et Jean-Baptiste Érard en France, fondèrent d'importantes fabriques de pianos qui assurèrent la défaite du clavecin. La faculté de modifier le son par la diversité de l'attaque du clavier, de rendre la touche sensible à l'action du doigt en transmettant au marteau la volonté intelligente de l'artiste, était une invention souverainement ingénieuse. L'étendue du clavier s'accrut en même temps que la puissance de sonorité (1).

En 1780, Clementi fit un premier voyage à Paris. L'accueil qu'il y reçut fut assez chaleureux pour lui rappeler l'enthousiasme italien et lui rendre un reflet de sa patrie, toujours vivante dans son cœur. Admis à se faire entendre à la cour, la perfection de son jeu charma la reine Marie-Antoinette, qui lui témoigna une bienveillante sympathie, et l'engagea à visiter Vienne, en l'assurant de sa protection auprès de son frère l'empereur Joseph, le célèbre mélomane. En 1781, Clementi se rendit à Munich, puis à Vienne, où il se lia avec Haydn, son aîné de vingt ans, et Mozart, plus jeune que lui de quatre ans. Ces hommes de génie apprécièrent les rares qualités du compositeur-virtuose,

____

(1) On pourra lire avec grand intérêt le chapitre spécial consacré par Méreaux à l'histoire du clavecin et du piano dans son volume d'introduction aux *Clavecinistes.*

et les dilettantes allemands firent à l'artiste de véritables
ovations.

L'empereur Joseph, qui aimait les soirées intimes, prenait le plus vif plaisir à entendre alternativement Mozart et Clementi. Nous n'établissons aucun
parallèle entre le génie puissant du premier et le rare
talent de compositeur du second, mais, Mozart, merveilleux improvisateur, claveciniste hors ligne, n'avait
pas la sûreté de main, la virtuosité transcendante si
patiemment cherchées par Clementi. Italiens tous deux
par leur tempérament mélodiste, ils suivaient des
routes différentes : Mozart planait déjà dans les hautes
sphères et pouvait abandonner à son émule les palmes
de l'exécution.

Ce séjour en Allemagne fut pour Clementi une suite
de triomphes. Il revint à Londres en 1782 pour entreprendre bientôt une nouvelle excursion à Paris, où il
retrouva le même enthousiasme, mais son voyage en
Allemagne resta le plus profitable au point de vue de
l'art ; ses relations directes avec les grands maîtres,
dont il appréciait le génie, ne pouvaient manquer
d'exercer une salutaire influence sur le style du compositeur. En étudiant attentivement et chronologiquement
les œuvres de Clementi et la date de leur publication,
on peut facilement contrôler notre pensée à cet égard
et constater les modifications progressives apportées
dans sa manière d'écrire.

De 1781 à 1802, Clementi ne quitta pas l'Angleterre,
où son activité prodigieuse se dépensait soit à composer,
soit à donner de nombreuses leçons, très-recherchées

et rétribuées à haut prix. Victime d'une banqueroute qui lui enleva une somme considérable, fruit de ses économies, Clementi, vivement encouragé par ses amis, aidé de leurs capitaux, fonda une importante fabrique de pianos, à laquelle il consacra son expérience, ses soins et les connaissances spéciales de mécanique qu'il eut la courageuse volonté d'acquérir. Cette maison de facteur à laquelle Clementi devait associer plus tard son ami Collard, acquit, grâce à son activité, une renommée européenne, et fut pour lui la source d'une nouvelle fortune, d'autant plus précieuse qu'elle faisait faire à l'art du piano un pas considérable, en fournissant aux artistes, avec des instruments plus parfaits, la possibilité d'en tirer des effets variés répondant à toutes les exigences du toucher, à toutes les modifications du son.

En 1802, Clementi fit son troisième voyage à Paris avec son élève préféré, John Field, qu'il produisit dans de nombreux concerts. Le disciple était digne du maître et fut admiré. Auber, dont les souvenirs étaient si riches et si précieux à recueillir, m'a dit avoir entendu Clementi à chacun de ses voyages en France, de ses séjours dans ce Paris qu'il aimait, et où il reçut toujours le même accueil enthousiaste. Il y fit exécuter plusieurs symphonies qu'il dirigea au piano. Le succès du virtuose ne pouvait diminuer, mais le symphoniste ne fut pas classé parmi les maîtres du genre. Haydn et Mozart le primaient de toute la puissance de leur génie. Clementi était très-lié avec le célèbre harpiste Nadermann, qui fut un des protecteurs de mon enfance. Nadermann dirigeait aussi une importante maison de commerce de musique et de facture, et Clementi lui vendit la propriété de plusieurs de ses œuvres. J'ai donné, il y a quelques années, des leçons à l'une des filles de Nadermann sur un exemplaire du *Gradus* enrichi des nombreux doigtés de Clementi.

. John Field, Cramer, Zeuner, Kleugel, Bertini, Kalkbrenner furent les élèves favoris du célèbre fondateur de l'école moderne du piano; mais les virtuoses du siècle qui avaient pu connaître Clementi et lui demander ses conseils se comptaient par centaines. Nul professeur n'a été aussi recherché; Henri Herz a pris lui aussi quelques-unes de ses leçons; Méreaux nous a souvent parlé avec une admiration reconnaissante de plusieurs heures passées dans l'intimité de l'illustre maître; mais c'est John Field qui doit rester une des expressions les plus parfaites de l'école. Clementi l'emmena avec lui donner des concerts à travers l'Allemagne et la Russie. De 1802 à 1810, Clementi parcourut ainsi l'Europe, acclamé comme compositeur et comme virtuose, recherché comme professeur, vivant au sein d'une atmosphère fébrile avec une force de volonté que rien ne pouvait abattre.

Emmanuel Bach et Muzio Clementi, en modifiant le caractère rigoureusement scientifique de la sonate, en transformant les formules en traits mélodiques, en substituant l'inspiration idéale aux recherches exclusivement harmoniques, en mettant en œuvre des pensées musicales réservées jusque-là aux compositions dramatiques, ont créé, pour la musique de chambre, et tout particulièrement pour le piano, un art nouveau, procédant, à vrai dire, des maîtres anciens, mais où l'inspiration musicale émancipée des formules scolastiques se meut librement, affirme victorieusement son individualité par la souveraine variété des formes.

Compositeur au style correct et très-mélodiste, inspiré, mais toujours maître de lui, Clementi a écrit toutes ses œuvres, depuis les petites sonatines pour les commençants jusqu'aux grandes et belles sonates, op. 42, 48, 50, depuis les formules mesurées sur les gammes, les préludes et points d'orgue, jusqu'au *Gradus ad Parnassum*, avec un soin, une conscience, un art incomparables. Le *Gradus* reste le plus parfait ouvrage d'enseignement écrit jusqu'à ce jour. L'art de jouer du piano y est démontré en cent études dont le plus grand nombre sont de véritables chefs-d'œuvre, tant comme études spéciales de mécanisme, d'indépendance de doigts, que comme modèles de goût et de style. Le *Gradus* est un monument musical, la clef de voûte du .temple consacré à l'art moderne du piano.

Des biographes, dont l'appréciation nous semble sévère, reprochent à Clementi des incorrections de style et un excès de recherche dans les idées. Mélodiste pur et de la famille des grands maîtres, Clementi, dans la généralité de ses œuvres, allie la sûreté de main au style élevé, à l'inspiration saine, à la verve et à l'entrain d'Haydn et de Mozart. Son œuvre est considérable et d'une valeur indiscutable, quand on tient compte de l'époque de transition où il a écrit. Sans pouvoir se comparer et sans avoir voulu, en aucun cas, s'égaler aux grands musiciens ses contemporains, Clementi occupe la première place parmi les pianistes compositeurs. Il est, avec Emmanuel Bach, le créateur de la sonate moderne, le fondateur de la grande école de piano dont Field, Cramer, Hummel, Moschelès, Kalkbrenner et les frères Herz ont continué après lui les glorieuses traditions.

Le catalogue des œuvres de Clementi comprend cent six sonates dont quarante et quelques avec accompagnement de violon, flûte et violoncelle, un grand duo à deux pianos, quatre duos à quatre mains. Nous citerons parmi les nombreuses sonates les op. 2, 7, 8, 9, 10, 11, 14, 17, 22, 26, 33, 40, 42, 46. Si l'on se reporte à l'époque où ces œuvres ont été écrites, on reconnaîtra dans presque toutes ces compositions un grand mérite de facture, beaucoup de fraîcheur d'imagination, une grande diversité d'idées mélodiques, enfin un arsenal de traits brillants, parcourant le clavier dans toute son étendue, disposant la sonorité d'une façon ingénieuse, abandonnant les vieux errements, non par mépris de la forme, mais pour adapter à un instrument nouveau, le piano, les progrès réalisés par les clavecinistes célèbres.

Clementi peut donc passer à juste titre pour le grand promoteur de l'art moderne du piano. Kimberger, Steibelt, Dussek, Cramer, etc., ont suivi la voie tracée, mais c'est à lui que revient l'honneur d'avoir changé le courant musical qui depuis cent ans se renfermait presque exclusivement dans le genre fugué, airs de danse à fioritures, variations, préludes, ouvertures d'un tissu harmonique très-serré, très-ferme, très-riche, mais d'une grande uniformité, où l'accent vocal et la phrase mélodique pure tenaient une place très-minime. Il va sans dire que nous exceptons de cette nomenclature les œuvres de Bach, de Hændel, Scarlatti, Couperin, Rameau, Martini. Ces grands inventeurs ont tout essayé, tout osé. En lisant attentivement leurs œuvres, on retrouve, non-seulement en germe, mais plus souvent encore en entier des phrases, des mélodies, des récits colorés et dramatiques que les habiles se sont appropriés.

Citons encore une sonate devenue célèbre, op. 50, un thème varié ravissant sur l'air : *J'ai vu Lise*, une fantaisie sur le thème populaire : *Au clair de la lune ;* plusieurs pièces caractéristiques dans le style des maîtres célèbres, vingt-quatre valses et douze montférines, préludes et exercices enfin l'*Introduction à l'art de jouer du piano* (le *Gradus*). Cet ouvrage, véritable monument artistique, nous le répétons, suffirait à lui seul pour rendre impérissable le nom de Clementi. C'est le résumé le plus complet qu'on puisse imaginer du style ancien modifié, transformé, s'unifiant au style moderne. La pensée mélodique, au contour plus vocal, se présente colorée, s'accuse franchement sans l'accompagnement incessant des fioritures si chères aux clavecinistes. Le *Gradus* offre aux élèves sérieux, à tous les artistes amoureux du grand art, les plus beaux modèles de goût, les exemples les mieux choisis dans tous les genres, style noble, sévère, gracieux, expressif, pathétique. Les études plus spéciales de mécanisme, de rhythme ou d'ornementation sont aussi admirablement conçues pour donner aux deux mains cette indépendance des doigts, cette liberté d'allures dont Clementi a formulé les règles avec tant de précision.

Clementi a publié en quatre volumes in-8° une précieuse collection des chefs-d'œuvre des grands maîtres du clavecin : cet ouvrage est devenu très-rare. Quant aux symphonies et ouvertures de Clementi, je n'ai pas eu l'occasion de les entendre, mais Auber m'a affirmé que ces œuvres orchestrales n'avaient qu'un mérite relatif, manquaient d'originalité et paraissaient très-pâles à côté des œuvres colorées, ingénieuses, mouvementées de Haydn et de Mozart. Laissons donc à Clementi sa grande et belle physionomie de compositeur virtuose; il est le premier du genre, celui qui en a écrit les lois, formulé le code, et tous les pianistes modernes sont les disciples de sa grande école.

Clementi avait un désir immodéré de la richesse; pour conquérir la fortune et réparer les pertes considérables que lui avait fait subir, au milieu de sa carrière, la faillite où s'étaient englouties ses importantes économies, aucun sacrifice ne lui coûtait. Travailleur infatigable, il donnait quinze heures de leçons par jour à des prix très-élevés, trouvant le temps de composer dans les intervalles et de surveiller sa fabrique de pianos. Il capitalisait avec une joie peu dissimulée les recettes des nombreux concerts donnés en France, en Allemagne, en Russie. Ses voyages lui étaient d'autant plus productifs qu'il évitait avec un soin rigoureux toute dépense personnelle, économisait la table, le logement et le feu, et poussait même la parcimonie jusqu'à faire sa correspondance chez des intimes pour éviter les menus frais d'achat de papier. Henri Herz m'a dit avoir été témoin de ce fait amusant : Clementi arrivant à l'hôtel du Petit-Carreau où déjà l'attendaient des élèves fanatiques de son talent, et remettant au commissionnaire, chargé de monter ses malles au troisième étage, dix centimes pour tout salaire.

On a expliqué diversement cette étroitesse d'esprit, ce travers d'une belle intelligence. La jeunesse de Clementi passée chez son père, habile orfévre, avait sans doute développé chez l'enfant l'amour de l'or et des métaux précieux. Adolescent, la vie confortable de la maison de sir Beckford avait dû lui donner le goût et le désir de continuer cette existence large et aussi de se ménager une vieillesse dorée. Telles sont les influences auxquelles on attribue cette âpre manie du gain que nul artiste, Paganini excepté, n'a poussée aussi loin que Clementi.

Né à Rome en 1752, Muzio Clementi est mort à Londres le 10 mars 1832. La fortune lui était venue du reste plus considérable encore qu'il ne pouvait l'espérer, grâce à sa fabrique de pianos dont Collard, son associé, avait pris la direction ; Clementi devait laisser en mourant un avoir de plusieurs millions. Sur la fin de sa carrière il avait recherché les conditions d'existence de sa jeunesse ; il s'était retiré à la campagne, près de Londres, dans une de ses propriétés, au sein d'un comfort très-sérieux, entouré d'hommages et de respects, vénéré comme un des patriarches de la musique. Il recevait dans l'intimité ses amis et ses admirateurs, mais ne se faisait pas entendre ; pourtant il conserva jusqu'au dernier jour cette saine habitude du travail qui fait seule les grands artistes.

Les biographes citent une anecdote touchante de la dernière période d'existence de Clementi. Dans une de ses rares apparitions à Londres, un banquet lui fut offert par Cramer, Moschelès et plusieurs autres célébrités musicales. A l'issue du repas, Clementi fut prié de se faire entendre, et, malgré ses quatre-vingts ans, émerveilla l'auditoire par des improvisations où la jeunesse des idées, les audaces du virtuose, la couleur et la fermeté de son style s'affirmaient comme à l'apogée de ses grands succès. Véritable fête des adieux, car Clementi mourut peu de temps après, le 10 mars 1832.

VI

E. PRUDENT

La première enfance de Prudent n'offre aucune particularité saillante : rien en lui ne faisait présager une de ces natures privilégiées appelées à prendre rang parmi les artistes célèbres. Prudent (Émile Beunier), naquit à Angoulême le 4 avril 1817. Admis comme élève de solfége au Conservatoire de Paris, il entra, le 12 juillet 1826, dans la classe de Larivière et y obtint un deuxième prix. Il ne fit que passer dans la classe de Laurent, alors professeur-adjoint, pour être ensuite admis dans la classe de piano de Zimmermann. Notre maître regretté avait la main heureuse dans le choix de ses élèves, et, du premier coup d'œil, il avait reconnu chez Émile Prudent un pianiste d'avenir.

J'étais alors le camarade et l'émule de Prudent. Nous avions pour condisciples notre futur directeur Ambroise Thomas, Potier, le petit-fils de Piccini, Ravina, Codine, Besozzi, Lacombe. Prudent obtint un second prix en 1831 et le premier en 1833. Après ce succès, il entra dans la vie militante d'artiste et y eut de pénibles débuts, ne comptant qu'un petit nombre d'élèves, souvent forcé de « faire des bals », d'exécuter des quadrilles pour éviter d'être trop à charge à ses parents. Prudent eut occasion d'entendre plusieurs fois Thalberg en 1836; comme tous les pianistes de notre génération, il fut frappé des qualités de cette nouvelle école, émerveillé des effets produits, et n'eut plus qu'une pensée, qu'un désir, s'assimiler les procédés du célèbre pianiste-compositeur.

Tous les artistes qui ont entendu Thalberg ont pu apprécier sa large et belle sonorité, sa manière toute particulière de disposer les phrases de chant dans le médium du piano, de diviser souvent la mélodie aux deux mains en confiant l'accentuation aux pouces, enfin cet admirable arsenal de traits nouveaux, brillants, légers, tantôt s'élançant en fines arabesques, en fusées sonores, éclatantes, tantôt parcourant dans toute son étendue l'échelle musicale du clavier, enveloppant l'idée principale comme d'un réseau harmonieux, brillant et diaphane. Cet art merveilleux de faire chanter le piano, soit par la belle conduite du son, soit en tirant de l'instrument des effets de sonorité inconnus jusque-là, toutes ces qualités réunies éblouirent, subjuguèrent amateurs et artistes.

L'influence fut naturellement considérable sur la manière d'exécuter et d'écrire du groupe des jeunes pianistes français. Prudent, Goria, Gottschalk, Osborne, etc., s'éprirent de ces formes nouvelles, et leurs œuvres de cette époque procèdent directement du maître viennois. Ces imitations, souvent très-réussies, ne sont pourtant pas des copies dans le sens absolu du mot; ces pastiches ne manquaient pas d'habileté et d'ingéniosité, mais l'influence du maître à la mode s'y fait trop vivement sentir. Plus tard, quand cette fièvre d'imitation fut passée, quand l'inventeur eut délaissé lui-même cette forme, la jeune école française, Prudent en tête, revint à la musique de piano, sans parti pris d'arrangements en arpéges et en accords brisés.

Ce fut à l'époque de l'enthousiasme excité par Thalberg, à l'époque de ses grands succès, que Prudent eut le courage de se retirer en province afin de s'y livrer dans le recueillement à un travail persévérant pour y acquérir la sûreté de mécanisme, l'exécution chaleureuse et colorée, qui depuis ont caractérisé son jeu, et aussi, disons-le, pour s'approprier les qualités séduisantes du maître nouveau qu'il avait pris pour modèle. Après plusieurs années d'un rude labeur, Prudent sortit de sa retraite et renonça à sa vie d'isolement pour se produire dans quelques concerts de province. Les succès qu'il obtint lui donnèrent confiance, et, désormais sûr de son avenir, il revint à Paris conquérir la célébrité, juste récompense de ses prodigieux efforts. Il se fit entendre d'abord chez Zimmermann, puis dans la maison Pleyel. Fêté, applaudi, acclamé, Prudent eut enfin la conscience de sa valeur et la certitude indiscutable des immenses progrès réalisés; mais ce fut seulement dans un concert donné au Théâtre-Italien par Thalberg alors dans tout l'éclat de sa réputation, dans le rayonnement de son merveilleux talent, qu'il fit sa rentrée véritable dans la carrière de virtuose.

Cette présentation du jeune pianiste français faite d'une façon si délicate, si gracieuse par l'illustre bénéficiaire, fut très-appréciée du public d'élite qui venait surtout entendre Thalberg en possession de la faveur générale. Les deux artistes firent merveille dans le duo pour deux pianos sur *la Norma* de Thalberg; ils furent chaleureusement applaudis. Prudent, rappelé par de nombreux amis devenus ses admirateurs, dut, à la demande des spectateurs enthousiastes, exécuter sa fantaisie déjà célèbre de *Lucie*.

A partir de cette soirée, la réputation et les succès de Prudent allèrent chaque jour en grandissant. Le jeune compositeur eut aussi la bonne fortune de trouver des éditeurs habiles, intelligents, dévoués, qui consacrèrent leur influence à produire et à faire valoir ses œuvres de piano. Le succès fut grand et mérité. Les facteurs en renom se disputèrent l'honneur de mettre leurs pianos sous le patronage du talent sympathique de Prudent, et les sociétés philharmoniques réclamèrent, à l'envi, son concours dans leurs solennités musicales.

Prudent a donné de très-nombreux concerts en France et à l'étranger; ses succès comme virtuose et compositeur lui firent obtenir, jeune encore, la croix de la Légion d'honneur. Quand, pour se reposer de ses fréquents voyages, d'un rapport fructueux pour son bien-être et la popularité de ses œuvres, Émile Prudent revenait à Paris, il y retrouvait toujours un groupe nombreux d'élèves empressés à recevoir ses conseils. J'ai eu dans ma longue carrière de professeur, plusieurs élèves formés à son école, et j'ai pu constater que son enseignement, basé sur les saines doctrines de l'art, visait un idéal très-élevé. Si Prudent avait été plus sédentaire, nul doute qu'il ne fût devenu professeur au Conservatoire. Sa place y était marquée; ses leçons et ses conseils auraient ajouté un élément de plus au progrès musical.

Les détracteurs de Prudent, — et quel est l'artiste en évidence qui n'a pas ses envieux? — reprochaient au virtuose l'habitude de « poser » en public et aussi une certaine manière affectée de provoquer les applaudissements aux fins de phrase, ou à certains passages, *soulignés à l'avance*. — Nous pensons que ce jugement repose sur une interprétation facheuse et une évidente exagération. Le virtuose qui, chaque jour, se trouve en contact avec le public, qui connaît sa bienveillance et se croit sûr de sa sympathie, peut bien, dans un sentiment de naïve confiance, lui demander du regard ou du geste si l'œuvre exécutée répond à tout ce qu'il attend de lui. Voilà, croyons-nous, la véritable explication de ces effets de tête et mouvements de mains au-dessus du clavier reprochés à Prudent; mais, les critiques n'ayant rien à reprendre à l'exécution correcte et brillante de l'artiste, à sa puissante sonorité, à la belle ordonnance de ses compositions distinguées, élégantes, à effet, il a bien fallu chercher et trouver de petites taches, de légères défectuosités, ou tout au moins certaines manies ou faiblesses d'artiste. Thème banal et inépuisable. Que de longues pages à écrire sur les excentricités de Paganini, de Servais ou de Liszt !

Nature énergique, Prudent, devenu homme, avait conservé les allures un peu brusques et sans façon de sa première jeunesse ; mais, sous ces dehors familiers, on reconnaissait vite un esprit, sinon cultivé, dans le sens habituel du mot, du moins fin, réfléchi, cherchant à s'assimiler par la lecture et l'observation les connaissances qui avaient manqué à sa première éducation. Prudent avait la figure régulière dans l'ensemble et dans les détails : la bouche petite, les yeux bien fendus ; la barbe châtain, abondante et touffue, estompait fortement le visage ; les cheveux soyeux, longs, mais rebelles, donnaient souvent au virtuose l'occasion de les rejeter en arrière par un mouvement de tête. Ce tic était très-habituel à Prudent pendant l'exécution des pièces de bravoure qui l'obligeaient à des traits un peu brusques.

Adolescent, j'ai beaucoup connu Prudent comme camarade de classe, émule généreux, nullement accessible à ces abominables défauts : l'envie, la jalousie, qui trop souvent gâtent le cœur des artistes. Dans deux circonstances importantes de ma vie, j'ai pu juger de l'excellente nature de Prudent. En 1832, je concourais avec lui pour le premier prix ; tous les deux nous avions déjà le deuxième prix. J'obtins le premier prix seul et à l'unanimité. Prudent me sauta au cou et m'embrassa sans le moindre dépit. En 1848, époque de ma nomination comme professeur de piano au Conservatoire, Émile Prudent et Valentin Alkan étaient avec moi sur la liste des candidats présentés au choix du ministre. Mes deux rivaux avaient une supériorité relative incontestable, Prudent comme virtuose et compositeur déjà célèbre, Alkan, comme pianiste de grand style et compositeur éminemment original ; mes succès dans l'enseignement, ma notoriété de professeur et les services rendus à l'école me firent choisir par le ministre. Je rencontrai Prudent le jour même de ma nomination, et, me serrant affectueusement la main, il me dit avec sa brusque franchise : « Je regrette de ne pas avoir été nommé, mais, puisque je ne suis pas le candidat préféré, je suis heureux du choix. »

Quant aux particularités caractéristiques, au petit grain de folie auquel d'après Auber, pas un artiste n'échapperait — la manie spéciale de Prudent était de traiter les questions sociales. Fourrier, Saint-Simon étaient ses prophètes. Esprit intelligent, chercheur amoureux de la science, croyant aux idées nouvelles, Prudent, comme toute la jeunesse de 1830, s'était éveillé à la vie morale au milieu du grand courant qui entraînait l'humanité vers des voies inconnues, et ce premier mirage l'avait impressionné fortement.

Prudent nous a quittés encore jeune, mais déjà en pleine possession d'une incontestable célébrité conquise par un long travail. L'œuvre de compositeur de Prudent est considérable. Nous citerons seulement les morceaux les plus connus des pianistes. Les fantaisies sur *Lucie*, *la Juive*, *les Huguenots*, *la Dame blanche*, *le Domino* sont de grands morceaux de concerts ; les caprices sur *Rigoletto*, *Don Pasquale*, *le Trovatore*, *Ernani*, *la*

Donna e mobile sont aussi des morceaux à grand effet et parfaitement écrits. *La Farandole, Séguidille, la Danse des fées, le Rêve d'Ariel*, de brillants morceaux de salon. Le concerto symphonique, *les Trois Rêves*, sont des œuvres de grand style où l'orchestre est traité de main de maître. Le cahier des études *lieder, l'Hirondelle, la Ronde de nuit, Feu follet*, offrent tout à la fois d'excellentes formules de légèreté et des idées gracieuses et pleines de charme.

Nous ne pouvons passer sous silence les remarquables transcriptions des trios de *Guillaume Tell* et de *Robert*, du *Lac* et de l'air de *grâce*, les études caprices des *Puritains* et de *la Somnambule*. C'est dans les pièces caractéristiques que Prudent a plus particulièrement affirmé son individualité. La musique descriptive et les tableaux de genre plaisaient surtout à son tempérament de poëte-musicien. Amant passionné de la nature dans le domaine du rêve, Prudent s'est souvent et très-heureusement inspiré de sujets champêtres, idylles, églogues. Les titres de ses compositions : *le Ruisseau, la Prairie, les Champs, les Bois, le Retour des bergers, les Naïades, Adieu, printemps, Solitude*, accusent le sentiment dominant de l'artiste, les prédilections du compositeur et sa réelle supériorité dans le genre pastoral.

Prudent affectionnait ces petits poëmes au tour simple et naïf, où domine le naturel, où la phrase musicale n'est jamais prétentieuse ni emphatique ; pourtant, contradiction singulière, que je tiens de l'artiste lui-même dans un moment de causerie intime, d'épanchement musical, Prudent n'aimait pas les paysagistes et comptait parmi les très-médiocres admirateurs des grands horizons. Les belles harmonies imitatives, les doux bruissements de la nature vibraient en lui ; son imagination de compositeur les évoquait aux heures de l'inspiration, mais l'homme n'éprouvait aucun désir de contempler en réalité ces merveilles de la création divine. Pour Prudent, l'idéal du bonheur champêtre était la pêche à la ligne. Sans doute, cet innocent passe-temps lui permettait de rêver à loisir à de plus séduisants mirages ; *les Naïades, la Danse des fées, Feu follet, les Trois Rêves* sont probablement sortis tout ailés du cerveau de l'artiste, tandis que son regard suivait attentivement les ondulations de la ligne et les mouvements de la mouche artificielle qui fascine le poisson.

La mort est venue surprendre Prudent le 5 juin 1863, au milieu de ses succès, lorsqu'il commençait à récolter les fruits de son rude et persévérant travail. Alité seulement quelques jours, Prudent a succombé aux atteintes d'un mal qui pardonne rarement, l'angine couenneuse. Cette maladie, rapide comme un accident, a privé les nombreux amis de Prudent de la satisfaction de lui dire adieu avant l'heure suprême du départ. Saluons dans l'éternité l'excellent camarade, l'ami d'enfance sitôt ravi à notre affection. C'est une belle mort, celle qui saisit l'artiste et le soldat en pleine mêlée, au seuil même de la victoire et dans son premier enivrement.

VII

Madame PLEYEL

Un préjugé trop généralement répandu n'accorde
aux femmes que des aptitudes relatives et d'un ordre
secondaire pour tous les travaux de l'esprit qui veulent
une réflexion soutenue, une volonté énergique, des
études persévérantes et des connaissances multiples.
Cette assertion, peut-être admissible pour les sciences
abstraites ou positives, se rapproche davantage du
paradoxe dès qu'il s'agit des œuvres d'esprit, d'imagination, et surtout des arts où le sentiment prédo-
mine. Du reste, de puissantes individualités féminines
contrediront victorieusement cette prétendue suprématie universelle d'un sexe sur l'autre. Pour nous bor-
ner à ce siècle, combien peu de célébrités viriles peuvent
primer les noms glorieux Mme de Staël, de George Sand,
de Rosa Bonheur, de Mlle Jacquemart, de la Malibran,
de Mlle Mars, de Rachel? A ces illustrations féminines
qui, chacune dans sa sphère, ont ajouté un rayon à l'éclat

littéraire ou artistique du siècle, il convient d'ajouter le nom de Mme Pleyel.

Physionomie sympathique et charmante, aux traits spirituels, aux contours séduisants, dont la silhouette est restée dans la mémoire de tous ceux qui l'ont connue, mais dont aucune plume ne saurait retracer la grâce rapide et légère, dont aucun souvenir ne saurait rendre l'animation et la vie débordante. Elle avait tout : charme, bienveillance, sensibilité ; et ces qualités de la femme, — ces véritables séductions de l'artiste, — ont disparu avec elle. Il ne reste plus qu'un nom justement célèbre et une page ineffaçable dans l'histoire de l'art.

Marie Moke, la future Mme Pleyel, naquit d'un père belge et d'une mère allemande ; tout enfant, elle annonça une vocation très-prononcée pour la musique, et ses parents, suivant son goût naturel, confièrent sa première éducation artistique à un maître habile. Quatre périodes très-distinctes ont marqué la progression du talent de virtuose de Mme Pleyel. Enfant prodige, la gentille Mlle Moke, la ravissante petite élève de Jacques Herz, émerveillait tout le monde par sa précoce habileté et ses audaces enfantines. Un peu plus tard, la jeune fille, après avoir reçu quelque temps les conseils de Moschelès, devint l'élève de prédilection de Kalkbrenner, l'illustre continuateur de l'école de Clementi. Sous la direction ferme et affectueuse de ce maître, Mlle Moke devint virtuose brillante et correcte, et fit bien souvent applaudir ses qualités d'exécution, et son beau style.

Quand Mlle Moke fut devenue Mme Pleyel, le jeu fin, délicat, indépendant de la jeune femme se modifia d'une façon sensible ; son exécution parut plus colorée, plus expressive, et les côtés féminins : la douceur, la grâce, l'expansion s'accusèrent plus fortement, mais sans diminuer cette réserve de bon goût qui est la chasteté de l'art. Transfiguration charmante, due bien certainement aux conseils de son mari et de Chopin, développement nouveau d'une riche et exubérante nature, d'un talent plein de séve, ayant toutes les séductions de la jeunesse et de la beauté.

Cet ensemble merveilleux de grâce et de force, cette rare organisation musicale devaient subir encore des transformations nouvelles, sous l'action vivace et puissante des émotions intimes, sous le contre-coup des péripéties de l'existence. Tous les virtuoses qui veulent perfectionner leur talent et atteindre les dernières limites de l'art savent qu'un travail opiniâtre, persévérant, de tous les jours, est le levier indispensable pour marcher en avant et développer les qualités acquises ; mais, pour s'élever jusqu'à l'expression, pour atteindre à la poésie de l'art, il faut suivre parfois des sentiers périlleux, escarpés, se lancer dans l'aventure, à la merci même des accidents ; pour parler sans métaphore, c'est une vérité vieille comme l'âme humaine, que presque tous les grands artistes n'ont atteint la perfection, n'ont puisé aux sources vives du sentiment expressif qu'à travers la dure, mais précieuse épreuve des grandes douleurs.

Mme Pleyel a connu ces amertumes, l'artiste y a

trouvé en inspirations tout ce que la femme y laissait en souffrances. Elle a connu aussi les lentes fatigues, les tristes énervements de l'exil volontaire, et cette existence nomade, loin de ses affections, a dû bien des fois lui donner le mal du pays, la fièvre du retour. Le sort en avait décidé autrement, et, pendant la plus grande partie de son existence, Mme Pleyel a eu la destinée habituelle des virtuoses célèbres; elle a parcouru l'Europe, donnant partout des concerts, excitant l'enthousiasme, fanatisant la foule des amateurs grâce à l'immense supériorité de son talent. Vienne, Dresde, Prague, Saint-Pétersbourg, Londres, acclamèrent avec délire la grande artiste. Mendelssohn et Liszt se firent les champions de Mme Pleyel; on les vit applaudir les premiers, et concourir à la série de ses triomphes.

Pendant la longue période de ses voyages en Allemagne et en Russie, l'audition fréquente de Liszt et de Thalberg exerça une action décisive sur son style et sur certains effets de haute virtuosité. Les traits de bravoure de Liszt, la belle et puissante sonorité de Thalberg fournirent à Mme Pleyel de nouveaux sujets d'étude. Fanatique de son art, elle eut l'énergique volonté de se recueillir pendant plusieurs années pour s'assimiler par un travail incessant les qualités transcendantes de ces maîtres de la virtuosité moderne.

C'est à cette époque, à l'un de ses voyages à Paris, que j'eus le plaisir de recevoir la grande artiste et de la faire entendre à mes invités. Mme Pleyel, avec une grâce parfaite, joua le trio en *ré* de Mendelssohn, un andante de Hummel, une étude de Jules Cohen, une fantaisie de Liszt et la tarentelle des Soirées de Rossini. Ce soir-là, son magnifique talent me parut réaliser toutes les perfections rêvées : expression, puissance, délicatesse exquise, sensibilité, passion, et, par-dessus tout, une pureté d'exécution incomparable. Je me rappelle encore un détail typique et qui prouve la toute-puissance du talent. J'avais près de moi la marquise de Saint-Aulaire qui avait déjà rencontré Mme Pleyel à Vienne et m'avait prié, pour un motif resté ignoré, d'éviter une présentation. Eh bien, ce fut la grande dame qui, sous le charme irrésistible, sous l'invincible fascination, se leva la première pour donner la main à l'incomparable virtuose et la complimenter chaleureusement.

Quant à Mme Pleyel, elle jouit modestement de ce triomphe : simple, naturelle, sans prétention à l'effet, elle quittait la conversation pour se mettre d'elle-même au piano, s'offrant, avec une grâce parfaite, à nous faire entendre les plus jolies pièces de son répertoire, et passant, avec une souplesse merveilleuse de style, d'une œuvre sérieuse à une fantaisie échevelée, jouant tour à tour Beethoven, Weber, Chopin, Mendelssohn et Liszt.

Nature impressionnable, ardente, exaltée, s'abandonnant sans réflexion à ses enthousiasmes, et glissant vite du rêve à la réalité, sans se douter qu'elle changeait de domaine, Mme Pleyel cachait sous un esprit charmant, un fond de fièvre, de mélancolie, de tristesse que déguisaient mal ses éclairs de gaieté. Sa distinction n'avait rien d'affecté ; sa conversation était pleine de saillies heureuses. Enfin, l'âme de la grande artiste était ouverte aux sentiments les plus généreux comme aux sensations les plus délicates. Mme Pleyel est demeurée jeune en ses années de maturité comme dans le rayonnement de ses succès ; amoureuse de son art, elle restait la muse inspirée du piano, quand elle voulait bien s'abandonner aux élans passionnés de sa merveilleuse exécution. En l'écoutant, il était impossible de résister à l'ascendant de son talent, et nous ne pouvons en fournir de preuve plus éclatante que le succès triomphal obtenu par l'incomparable virtuose au premier concert donné au Théâtre-Italien, lors de sa réapparition à Paris, après l'exil qu'elle s'était imposé.

Le public, si souvent oublieux, avait gardé souvenir du côté aventureux de son existence ; aussi l'accueil fut-il glacial. Je redoutais plus encore ; j'avais le cœur serré en pensant que cette jeune femme, cette artiste si admirablement douée, se trouvait exposée à l'affront d'un sifflet. Heureusement, il n'en fut rien ; Mme Pleyel obtint même un succès sans précédent. La grande charmeuse eut la joie de voir le public, froid jusqu'à la malveillance, s'animer par degrés et l'applaudir avec frénésie. Mais aussi quelle idéale perfection ! quelle maestria inspirée dans l'exécution des concertos de Weber et de Mendelssohn ! quelle grâce, quel charme inépuisable dans l'andante de l'op. 18 de Hummel ! et cette tarentelle de Rossini, fut-elle jamais dite avec un brio pareil, avec ce je ne sais quoi d'endiablé, de fantaisiste, d'imprévu, qui rappelait les improvisateurs italiens ?

A cette époque de sa vie, Mme Pleyel avait au suprême

degré le génie de l'interprétation. Sous ses doigts magiques, toute composition acquérait une valeur, prenait une importance auxquelles souvent les compositeurs eux-mêmes n'avaient pas songé. La merveilleuse virtuose réunissait dans son jeu toutes les perfections des chefs d'école ; son exécution avait la netteté de Kalkbrenner, la sensibilité exquise de Chopin, la spirituelle élégance de Herz, la belle et puissante sonorité de Thalberg, les audaces heureuses de Liszt.

Le deuxième concert excita le même enthousiasme ; jamais virtuose n'avait produit une sensation si profonde, si complétement électrisé le public. L'année suivante, Mme Pleyel récolta les mêmes ovations, puis revint à Bruxelles, cercle artistique où l'attiraient des rapports d'amitié et des liens de famille. Elle s'y fixa dès 1848 ; sa mère y vivait retirée depuis longtemps ; son vieil ami Fétis, le savant directeur du Conservatoire royal de musique, admirateur passionné de son talent, désirait vivement l'attacher comme professeur de piano à cette importante école. Mme Pleyel se rendit à ses instances, et fut nommée en 1848. Grâce à l'éclectisme de son enseignement qui résumait et condensait tout ce que les méthodes de ses différents maîtres avaient de remarquable, l'illustre artiste put organiser une classe très-suivie, très-appréciée, qui obtint en peu d'années les plus brillants succès.

J'ai eu le plaisir de continuer l'éducation musicale de plusieurs de ses élèves et j'ai reconnu l'excellence de son école, véritable synthèse de l'art, résumant dans un corps de doctrines tous les principes qui constituent les éléments du beau en musique. Les continuateurs de son enseignement, Dupont et Brassin, ont tenu à honneur de conserver à l'école belge du piano le rang élevé où l'avait placée leur devancière.

Mme Pleyel n'était pas compositeur, mais ornemaniste très-ingénieuse, brodant sur la phrase de chant des arabesques gracieuses, aux contours fins et délicats. Nous en donnerons comme exemple l'andante de Hummel, op. 18, publié par les éditeurs du *Ménestrel*, d'après les variantes charmantes qu'avait ajoutées la célèbre virtuose. Dans ce genre d'ornementation, Mme Pleyel procédait beaucoup de Chopin, dont elle excellait à interpréter les œuvres. Ses doigts légers, souples improvisaient, pour ainsi dire d'eux-mêmes et sans l'effort de la moindre réflexion, ces traits aériens, aux allures vives, d'une ténuité transparente, que Chopin aimait à placer dans ses nocturnes, ses ballades et ses impromptus.

Les biographes spéciaux, par excès de galanterie sans doute, sont presque tous muets sur l'acte de naissance et la date précise de la mort de Mme Pleyel. Fétis, par un soin de délicate courtoisie, se contente de dire que Mme Pleyel est née à Paris. Il n'y a plus aucune raison pour imiter cette prudente réserve. Nous dirons donc que Marie-Félicité Moke, née à Paris le 4 juillet 1811, est morte le 30 mars 1875 à Saint-Josseten-Noode (Bruxelles). La grande artiste, lasse des stériles agitations de la vie, blasée des succès, aimée de ses intimes, adorée de ses élèves, nous a quittés, calme, recueillie, pour goûter le dernier repos.

Mme Pleyel a laissé dans le monde musical une trace profonde, un rayonnement d'un grand éclat, mais, n'ayant rien écrit qui touche à son art de virtuose, la tradition seule peut en conserver les secrets. Nous nous estimerons donc heureux, si notre modeste pastel de cette belle et séduisante individualité, peut aider à conserver et à faire revivre l'ensemble des qualités réunies dans cette riche organisation. Les artistes qui auront l'ambition louable de suivre les traces de la grande virtuose, éviteront les redoutables écueils où son bonheur a sombré, mais s'efforceront de retrouver la perfection idéale de son exécution, en cherchant toujours, comme elle, la vérité d'expression dans tous les genres, dans tous les styles.

VIII

Amédée de MÉREAUX

Ce n'est pas sans une émotion légitime que j'écris
le nom de l'homme éminent, du rude travailleur, du
critique hors ligne dont je vais esquisser le portrait.
A ma sympathie confraternelle pour l'artiste se joint ici
un souvenir tout personnel, celui d'une coïncidence
singulière qui a fait un instant se croiser nos deux
existences à la même bifurcation de la route. Il y a
quarante ans, j'ai été sur le point de me fixer à Rouen,
et, en définitive, ce fut Amédée Méreaux qui, las de
ses voyages de virtuose nomade, prit la résolution de
s'établir dans la grande cité normande. Nous nous
sommes rencontrés ce jour-là au même tournant de la
carrière, et maintenant je me retrouve seul devant
une tombe pour rendre un dernier hommage à l'émule,
au compagnon qui n'est plus.

Jean-Amédée Lefroid de Méreaux, né à Paris, le 18
septembre 1802, appartenait à une famille d'artistes.

Son père, organiste à l'Oratoire, était un professeur de mérite, en relations suivies avec toutes les célébrités musicales de l'époque ; il a écrit des œuvres nombreuses pour l'orgue et le piano. Le grand-père d'Amédée Méreaux, né à Paris en 1745, était également un compositeur de haute valeur dont la carrière musicale va de 1767 à 1793 ; on lui doit les oratorios d'*Esther* et de *Samson*, des cantates, des opéras comiques et plusieurs grands opéras ; il fut professeur à l'Institut National de musique, premier type du Conservatoire. Quant à la mère d'Amédée Méreaux, c'était la fille du président Blondel, qui, à ses débuts d'avocat, plaida dans le procès du Collier de la reine et devint plus tard secrétaire des sceaux sous Lamoignon de Malesherbes.

Amédée Méreaux, que ses parents destinaient au barreau, reçut une éducation littéraire très-soignée, tout en commençant le piano avec son père et en prenant, dès l'âge de dix ans, les leçons d'harmonie de Reicha. Clementi, pendant son séjour à Paris, lui donna aussi des conseils. Le goût prédominant du jeune Méreaux pour la musique s'affirmait chaque jour davantage, mais ses parents surent conduire de front l'instruction classique et les études spéciales. Un jour de distribution de prix au grand concours, le collégien de Charlemagne attardé et refusé à la porte par une consigne rigoureuse, dut s'abriter sous la robe doctorale de Villemain pour passer et recevoir son prix.

Après avoir terminé ses classes, Méreaux reprit le

contre-point et la fugue avec Reicha, et sa jeune imagination eut occasion de s'affirmer par la publication de plusieurs œuvres chez Richault père : une polonaise, op. 3, eut plusieurs éditions. Les premiers succès de Méreaux comme virtuose et professeur permirent à son ami et camarade de collége, Charles Lenormant, l'archéologue célèbre, de lui faire obtenir le titre honorifique de professeur de musique du duc de Bordeaux. Pianiste aimé de l'aristocratie, Méreaux eut l'honneur d'être admis aux réunions si recherchées de Mme Récamier ; il fut même le professeur de la reine de l'Abbaye-au-Bois. La révolution de 1830 mit fin à ces relations. La noblesse du faubourg Saint-Germain dit adieu pour longtemps à Paris, se retira dans ses terres, et Méreaux, comme beaucoup d'artistes dont la clientèle avait été dispersée par la tourmente politique, abandonna la capitale pour voyager en Belgique et en Angleterre.

Pendant son séjour sur le sol anglais, Méreaux fit deux saisons de concert avec Mmes Malibran et Damoreau. En 1832, il eut occasion d'exécuter plusieurs fois avec Chopin un duo de sa composition sur le *Pré aux Clercs* ; c'est également à cette époque qu'il m'arriva d'entendre le virtuose éminent et d'entrer en relations avec lui. Son jeu, brillant et très-correct, tenait plus de l'école allemande que de l'école française, dont Henri Herz était alors la plus élégante expression. Méreaux, classique pur, ne faisait pas cortége aux romantiques, dont Liszt était déjà le prophète. A Londres, Méreaux eut pour élève miss Clara Loveday, dont le séjour à

Paris a laissé dans le monde artistique de brillants souvenirs.

En 1835, Méreaux renonça à sa vie mouvementée de virtuose pour se fixer à Rouen, où il conquit rapidement la sympathie universelle. Sa première pensée fut un hommage à la mémoire de Boieldieu, dont il avait été l'ami et dont il était resté le fervent admirateur; sous son inspiration, une pieuse cérémonie et une grande manifestation furent organisées pour enterrer le cœur du célèbre Rouennais. Lié d'amitié avec Hummel, Field, Moschelès, Kalkbrenner, Méreaux était estimé non-seulement pour ses qualités de pianiste, sa haute valeur de compositeur, mais aussi pour son érudition de musicographe, de bibliophile, pour ses connaissances multiples de littérateur et de savant musicien. Il sut en fournir des preuves irrécusables aux séances spéciales données au Conservatoire, où il traita de la musique historique et dont le souvenir est resté dans la mémoire des dilettantes de l'époque. Appelé plus tard à diriger le feuilleton du *Journal de Rouen*, Méreaux donna à cette revue spéciale une importance, une autorité toutes nouvelles. Ses critiques ou ses éloges étaient d'un grand poids auprès des artistes, dont il se trouvait le juge à peu près souverain.

Méreaux avait un goût très-prononcé pour l'enseignement, non par pédantisme, mais par intérêt au progrès de l'art. Sa grande expérience, ses souvenirs, sa profonde érudition, la connaissance raisonnée des différents styles, des diverses écoles, faisaient de lui un maître précieux à consulter. Il a laissé une nombreuse phalange d'artistes qui tous ont conservé les belles et sérieuses qualités de leur professeur. Plusieurs noms me sont particulièrement connus : Mme Tardieu, née Charlotte de Malleville, Mlles Clara Loveday, Charité, Lecomte, Vézinet, Mme Samson, Mme A. Méreaux, l'artiste de talent et de cœur, l'amie tendre et dévouée, qui a entouré de soins si délicats les dernières années de sa vie. MM. Maillot, Madoulé, Caron, Klein, Henri Martin, Lucien Dautresme, etc., ont également reçu les leçons de piano et de composition de Méreaux.

J'ai bien des fois entendu déplorer que la critique d'art fût confiée à des gens du métier, trop enclins, dit une partie du public, à préconiser une école au détriment d'une autre. On redoute l'influence, l'autorité prédominante que ces spécialistes peuvent acquérir à l'égard ou à l'encontre de leurs émules, parfois de leurs rivaux. Et cependant si le premier devoir d'un critique est d'être juste, bienveillant, de n'appartenir exclusivement à aucune école, ne faut-il pas encore que les critiques chargés de former ou de réformer le goût du public aient assez de connaissances pratiques et techniques pour donner la raison de leurs jugements et les baser sur des exemples indiscutables? L'appréciation des œuvres de l'esprit est généralement confiée à des .ittérateurs érudits.; les œuvres d'art demandent également à être jugées par des artistes expérimentés, dont les appréciations seront toujours préférables à celles des critiques superficiels plus disposés à juger avec leur esprit qu'avec le goût éprouvé et l'expérience acquise.

Méreaux aura été un des rares et excellents modèles du critique idéal, érudit sans pédantisme, savant sans affectation, appuyant toujours ses jugements sur des comparaisons concluantes. Écrivain à la fois spirituel et consciencieux, placé au-dessus des influences étrangères à l'art, il n'a jamais fait de compromis avec ses opinions, marchandé ses éloges, ni poursuivi certains artistes de son antipathie. Son nom, comme critique, prend place à côté de ceux d'Halévy, d'Adam, de Berlioz. De nos jours, la critique musicale compte aussi des spécialistes éminents : E. Reyer, Saint-Saëns, Joncières, Gevaert, Gautier, Comettant, d'autres encore qui tous appartiennent, on peut le dire, à la filiation de Méreaux et traitent les questions techniques avec l'autorité, l'impartialité nécessaires, sans tomber dans les excès, dans le parti pris d'Azevedo, de Fiorentino, de Scudo. On ne peut donc voir aucun inconvénient à ce que des artistes de talent, de savoir et de conscience traitent les questions d'esthétique se rattachant à leur art. Ingres, Delacroix, Fromentin, Rousseau ont, eux aussi, discuté *ex professo* les grands principes de la peinture. S'il y avait excès ou abus dans ce sens, le mal serait toujours moins grave que l'excès ou l'abus dans le sens contraire, le fait trop commun de dogmatiser sur un art dont on ignore les premiers éléments et les règles les plus simples.

Méreaux était, du reste, non-seulement un musicien lettré, mais un érudit dans toute l'acception du terme ; il avait cette culture intellectuelle qui manque à trop d'artistes, et dont l'absence nuit à l'élévation de leur style, alors qu'il n'est plus question des procédés de mécanisme, mais des sentiments qui constituent le beau idéal. Méreaux a traité avec une grande supériorité toutes les questions qui se rattachent à l'esthétique musicale. Ses considérations sur l'art, sur l'influence que la musique doit exercer à l'égard des mœurs et son action sensible sur le progrès social, ont été formulées dans plusieurs discours et brochures qu'il est bon de connaître pour bien saisir les hautes tendances du critique et du penseur.

Admis à l'Académie des sciences, belles-lettres et arts de Rouen, en 1858, il fut nommé président de cette Société en 1865 ; cet honneur très-rarement accordé à un musicien, était un double hommage rendu au caractère comme à l'érudition de l'artiste.

Les travaux littéraires et techniques de Méreaux sont nombreux et très-variés ; ils prouvent ses connaissances multiples et sa grande fermeté de jugement. Ses compositions comprennent plus de 120 numéros d'œuvres de caractères et de styles différents ; une messe solennelle, des cantates, un trio, un quatuor, plusieurs concertos, des chœurs pour l'Orphéon, plusieurs thèmes variés, des polonaises, des fantaisies, une belle sonate élégiaque, enfin les grandes études de piano, œuvre considérable que l'on peut placer comme importance et valeur musicale à côté du *Gradus ad Parnassum* de Clementi. Méreaux est d'ailleurs resté toute sa vie un classique pur. Jusque dans ses heures d'audace et d'exubérance harmonique, on sent en lui un élève fidèle de Clementi, de Cramer, d'Hummel et de Moschelès.

J'arrive maintenant à la publication des *Clavecinistes*, ce monument d'archéologie musicale élevé au grand art et d'un intérêt de premier ordre qui comprend les Clavecinistes de 1637 à 1790. Cette étude rétrospective des formules et du langage musical des maîtres ingénieux et de génie qui ont frayé la route aux pianistes modernes, était une œuvre nécessaire et reste une belle œuvre. On suit chronologiquement et, pour ainsi dire, pas à pas, les transformations progressives du style, et, en analysant avec soin ces compositions aux mélodies naïves, mais au fort tissu harmonique, on retrouve, non-seulement la génération des idées, mais encore les ornements si fort à la mode dans un siècle qu'il est utile de bien connaître.

La traduction en caractères usuels et en valeurs mesurées suivant l'usage de la notation moderne a été accomplie par Méreaux avec un soin minutieux. Cette patience infatigable, ce respect des règles traditionnelles dans un travail aussi délicat, font le plus grand honneur à l'artiste qui a su mettre en lumière cette belle langue presque oubliée, ou connue seulement des érudits. Il fallait un homme à la fois de science profonde et d'énergique volonté pour terminer une entreprise aussi considérable. Méreaux a accompli cette tâche en grand musicien. Les notices biographiques et historiques, les considérations sur le style des différents maîtres, les comparaisons judicieuses établies entre les procédés et les formules de chacun d'eux, font de ces volumes précieux une véritable histoire du clavecin et du forte-piano, et constituent un cours de haute littérature musicale que tous les artistes doivent connaître et s'assimiler dans la mesure du possible.

Je vois encore cette figure sympathique d'Amédée Méreaux où s'épanouissaient la force et la bonté, physionomie à la fois énergique et affectueuse, aux traits nettement dessinés, au regard ferme et clair-voyant, mais plein de bienveillance, et qui était le véritable reflet de cette âme vaillante. C'est le 25 avril 1874 que Méreaux fut enlevé à ses nombreux amis, à l'affection de ses élèves, à l'attachement profond d'une femme qu'il aimait avec passion. Une angine de poitrine minait depuis trois ans sa robuste constitution, mais il s'attachait à cacher à ses proches les progrès de la redoutable maladie. Toujours bon, aimable, sou-riant, il supportait avec un véritable stoïcisme les crises fréquentes du mal et avait des paroles rassu-rantes pour ceux qui l'entouraient.

Cette mort fut un deuil pour la ville de Rouen. L'ar-tiste aimé était devenu un fils adoptif de la cité nor-mande et l'Académie, en le choisissant pour son président, lui avait conféré le titre officiel de haute bourgeoisie. Tous les artistes rouennais s'unirent dans une fraternelle pensée pour faire à Méreaux les funérailles d'un grand musicien. Heureux ceux qui groupent de semblables affections autour de leur tombe et dont la mort semble une exaltation !

Les discours prononcés sur la tombe de Méreaux

rendent un hommage éclatant au virtuose, au compositeur éminent et à l'écrivain distingué, triple et précieuse auréole ; mais ce que nous voulons redire encore une fois, c'est qu'à toutes ces qualités qui font la célébrité, Méreaux ajoutait la droiture de cœur, un conscience ferme, l'amour vivace de son art, une âme virile avec toutes les délicatesses du sentiment. Aussi son nom mérite-t-il de rester parmi ceux des maîtres dont la vie entière est un long exemple, un noble enseignement.

IX

John FIELD

L'individualité musicale de John Field est trop importante, son originalité trop accusée, l'influence de son style et de sa manière trop évidente pour que nous passions sous silence, dans cette revue sommaire, l'action de ce maître sur les progrès de l'art musical et particulièrement sur l'école moderne du piano. Nous allons donc esquisser la curieuse physionomie du grand musicien, qui eut son heure de célébrité et dont l'impression profonde, comme virtuose, est restée dans notre souvenir.

John Field, fils d'un musicien attaché à l'orchestre du théâtre de Dublin, naquit dans cette ville en 1782. Son grand-père, organiste dans la même ville, l'initia tout enfant aux principes de la musique, mais la sévérité et la rudesse de ce vieillard lui rendirent peu attrayantes les premières études, si arides quand le professeur n'a pas l'affection de son élève. Une escapade de jeunesse l'éloigna un instant de sa famille, mais l'impérieux besoin de vivre l'y ramena bien vite; il avait alors seize ans. Quelques années plus tard, son père ayant obtenu une place dans un orchestre de Londres, il l'y accompagna, fut présenté à Clementi et devint son élève préféré. Ce maître illustre emmena avec lui son disciple favori dans les voyages successifs qu'il fit à Paris, en Allemagne et en Russie. L'audition de Field dans les concerts de Clementi produisit le plus grand effet. On admirait chez ce virtuose de vingt ans les brillantes et magistrales qualités du célèbre chef d'école, et l'on s'extasiait surtout sur son beau style dans l'exécution des œuvres de Sébastien Bach et de Hændel. Ces grands maîtres si populaires en Angleterre et en Allemagne n'occupaient pas encore chez nous la place à part qu'on devait donner plus tard à leur puissant génie.

Field reçut à Vienne, pendant le séjour qu'il y fit avec Clementi, les leçons du grand contrepointiste Albrechtsberger; il accompagna ensuite Clementi à Saint-Pétersbourg, se fit entendre dans plusieurs concerts avec son succès accoutumé, et prit enfin le parti de se fixer en Russie, lorsque Clementi songea à retourner à Londres au printemps de 1805. Field, maître à son tour, libre de toute tutelle, en pleine possession de la renommée, devint le professeur en vogue, et le virtuose préféré à tous. Il donna de nombreux et fructueux concerts dans les grands centres de Russie, en Courlande, en Lithuanie, à Pétersbourg, à Moscou; il séjourna plusieurs années dans chacune de ces deux villes. Malheureusement, enclin à la paresse, ayant un goût prononcé pour la bonne chère, aimant outre mesure les vins capiteux, inexact dans ses leçons, prodigue de ses gains faciles, prêtant à tous venants, John Field ne sut tirer aucun parti de sa brillante position, et n'économisa rien des sommes considérables gagnées en Russie.

John Field retourna à Londres en 1831, et fut applaudi avec enthousiasme dans les soirées et les concerts. Les admirateurs du jeune artiste de 1801 trouvèrent leur virtuose bien transformé. L'expression suave, tendre et pathétique était venue s'ajouter aux brillantes qualités des débuts. En 1832, John Field revint à Paris, témoin de ses premiers succès. J'avais seize ans à cette époque, et avec mes illusions d'enfance, j'idéalisais dans ma pensée les physionomies que je donnais aux maîtres préférés ; j'avais notamment créé dans mon imagination un Field de fantaisie, tel que pouvaient me le faire supposer ses charmantes et poétiques compositions, œuvres mélodiques aux contours fins et délicats, aux traits légers, aériens, filtrant comme des rayons lumineux à travers les sinuosités de la mélodie. Enfin j'aimais à voir en Field un précurseur de Chopin, moins la passion, les sombres rêveries, les déchirements du cœur et le côté morbide. J'étais élève de la classe de Zimmermann, toujours empressé de nous faire connaître les artistes étrangers de passage à Paris. Muni d'une lettre d'introduction, je me rendis à l'hôtel habité par John Field, avec mes camarades, Prudent, A. Petit et F. Chollet. Quels ne furent pas notre étonnement et notre désillusion, lorsqu'en entrant dans la chambre enfumée du célèbre pianiste, nous trouvâmes le maître assis dans son fauteuil, une énorme pipe aux lèvres, entouré de chopes et de bouteilles de toutes provenances ! — Sa tête un peu forte, ses joues colorées, ses traits alourdis donnaient à sa physionomie un faux air de Falstaff.

Pourtant, je dois le dire, malgré cette ébriété matinale Field nous fit bon accueil, lut la lettre de Zimmermann et s'offrit très-gracieusement à nous jouer quelques pièces ; deux études de Cramer et de Clementi exécutées avec une rare perfection, un fini admirable, nous permirent d'apprécier la merveilleuse agilité des doigts et la délicatesse exquise de toucher du grand virtuose. En nous disant adieu, il nous remit plusieurs entrées pour un prochain concert à la salle du Conservatoire. Nous nous retirâmes, enchantés de l'artiste, mais tristement impressionnés par l'homme.

C'est en Russie, croyons-nous, pendant la longue période de son séjour à Pétersbourg et à Moscou, que John Field contracta sa funeste habitude d'intempérance. Les spiritueux et le champagne, qu'il buvait avec excès, minèrent sa robuste santé en détruisant peu à peu ses belles qualités d'exécution.

La nature fruste et les dehors vulgaires de John Field contrastaient péniblement avec ses brillantes qualités de compositeur virtuose. En l'écoutant sans le voir on était sous le charme de ses pensées gracieuses, élégantes, parfois même d'un haut style. Mais en ouvrant les yeux, on était tout surpris de rapporter cette exécution fine, délicate, cette sonorité moelleuse, vaporeuse, à un artiste d'apparence si lourde. Cela semblait une anomalie et comme un démenti à la réalité. En évoquant le souvenir de ce grand pianiste, d'un extérieur si compacte, je pense malgré moi au mot de Rossini sur une célèbre diva : « Elle a l'air d'un éléphant qui aurait avalé un rossignol ». L'artiste visée par ce trait malicieux était en effet de forte corpulence ; mais elle avait en plus que John Field, la distinction, l'esprit, et ces délicatesses de cœur qui font oublier les défectuosités physiques.

Les disgrâces corporelles sont d'une importance secondaire ; en revanche, il est capital pour l'artiste appelé par son talent et ses relations à vivre dans une société d'élite, d'avoir, au moins en public, la tenue et la distinction d'un homme de bonne compagnie. Il n'en était malheureusement pas ainsi pour John Field ; un fait entre mille donnera la mesure de son peu de savoir-vivre. Lors de son dernier séjour à Paris, John Field reçut une invitation de Mme la duchesse Decazes, pour une soirée musicale d'apparat. Field se rendit exactement à cet appel, qui avait pour lui un intérêt palpable. Seulement il arriva avec des gants trop longs et des chaussures trop étroites, double embarras. La fleur du faubourg Saint-Germain remplissait le salon, mais la chaleur était si grande que le célèbre virtuose sentit sa gêne s'accroître, et, pressé de se soustraire à ce supplice, il eut l'ingénieuse idée de se mettre publiquement en pantoufles. Amédée Méreaux, témoin de ce fait, et, comme moi grand admirateur du talent de Field, se hasarda à présenter au grand pianiste une observation sur cette distraction un peu trop forte; mais sa bonne intention fut mal comprise; il n'était plus temps, du reste. La duchesse offrit son bras à Field et le conduisit au piano, où, malgré les sourires et les chuchotements des invités trop clairvoyants, que scandalisait le sans-gêne de l'artiste, il fit chaleureusement applaudir plusieurs de ses ravissants nocturnes, une polonaise et son troisième concerto.

Après un séjour de quelques mois à Paris où il donna plusieurs concerts à la salle du Conservatoire, John Field reprit son existence nomade, aventureuse et quelque peu vagabonde. Il réalisait malheureusement par sa faute le type de l'artiste bohême, traînant partout avec lui la nécessité : il vivait déjà péniblement, luttant contre la maladie, n'ayant que peu d'avances et toujours obsédé par son incurable passion pour l'ivresse. Nous ne suivrons pas ses pérégrinations dans le midi de la France, dans presque toute l'Italie, en Belgique, en Hollande, etc. La fortune très-diverse de ses nombreux concerts fut loin de répondre à ses espérances. Une cruelle maladie, aggravée encore par l'intempérance, le retint près d'une année à Naples, où il dut entrer à l'hôpital, tant était grave sa détresse. Ramené en Russie par les soins d'une grande famille slave, que son talent avait charmée et qui fut touchée de sa misère morale et physique, John Field retrouva quelques mois de convalescence pendant lesquels il se fit entendre à Vienne, et vint s'éteindre à Moscou le 11 janvier 1837.

Si l'on oublie les travers, les faiblesses, les torts de conduite de l'homme pour ne juger que l'artiste, John Field tient dans l'histoire de l'art et plus particulièrement dans l'école du piano une des premières places. Élève préféré de Clementi, il en avait toutes les belles qualités, la parfaite indépendance de doigts, l'égalité et le jeu lié. Mais son exécution offrait aussi un côté tout individuel. Par son toucher expressif et d'une délicatesse extrême, Field obtenait des sonorités d'une teinte exquise. Sa légèreté dans les traits rapides était incomparable ; les phrases chantantes prenaient sous ses doigts un sentiment doux et tendre que bien peu de virtuoses ont pu retrouver. Sous une enveloppe rugueuse, Field devait avoir un grand fond de sensibilité, car sa musique est pleine de charme, de délicatesse et de cœur.

Les leçons d'un pianiste comme Field qui possédait mieux que personne les traditions de Clementi, le maître des maîtres, étaient très-recherchées ; mais son inexactitude, l'état de somnolence continuelle où le réduisaient ses funestes habitudes éloignèrent vite la clientèle nombreuse qu'avait attirée son talent. Charles Meyer, le célèbre pianiste compositeur, était le seul virtuose qui eût réellement le droit de se dire le disciple de John Field.

Field a été le créateur d'un genre de petites pièces caractéristiques désignées sous le nom générique de nocturnes, sortes de rêveries, de petites méditations musicales, où la pensée, d'un sentiment tendre, parfois un peu maniéré, est le plus souvent, chez Field, accompagnée d'une basse ondulée en arpéges ou en accords brisés, bercement harmonieux qui soutient la phrase mélodique et l'anime par l'imprévu de ses modulations, mais ne dialogue que très-rarement avec la partie récitante.

Field n'attachait dans le principe que peu d'importance à ces bluettes musicales qu'il improvisait à ses heures de poésie, et pourtant ces petites pièces expressives sont restées des modèles du genre. Nul virtuose, à l'exception de Chopin, ne détaillait avec plus de grâce, de sensibilité et de charme ces petits poëmes d'expression élégiaque, pensées intimes directement venues du cœur. Beaucoup de compositeurs de l'école moderne ont suivi l'exemple donné par Field et écrit des nocturnes agrémentés de broderies, mais ces imitations sont trop souvent des copies mal déguisées ou de lourds pastiches. Il faut pourtant ouvrir une large parenthèse et reconnaître l'habileté de main de plusieurs jeunes maîtres qui ont su, comme Field, exprimer dans un cadre restreint, modeste, sans prétention, de charmantes et délicates pensées au sentiment tendre et rêveur. Ch. Meyer, Dœlher, Gottschalk, Ravina, Rosenhain, Delioux, Guttman sont de ce petit nombre. Chopin, Mendelssohn, Schumann, Stephen Heller ont également écrit des nocturnes, mais dans une autre gamme de sentiments et dans un cadre plus vaste. La mélancolie, la tristesse, la douleur, la résignation ou le désespoir donnent à ces nocturnes un caractère plus sombre et plus dramatique. Enfin, presque toujours deux idées principales et non une seule, comme dans les nocturnes de Field, y sont exposées, développées, et procèdent par des contrastes de sentiments, des oppositions de rhythmes.

Field a encore laissé dans son œuvre, en outre des 18 nocturnes, 7 concertos pour piano et orchestre. Le premier, de force moyenne, est, dans son ensemble, d'un style charmant et gracieux. Les 2e, 3e, 4e sont des compositions de grande valeur ; les phrases de chant ont de l'inspiration et de la noblesse ; les traits légers, brillants, offrent une grande élégance ; et ces concertos peuvent se placer parmi les meilleurs de l'école moderne du piano ; nous ne disons pas de l'école actuelle dont les tendances sont au concerto symphonique. Les 5e, 6e, 7e concertos nous plaisent beaucoup moins. Il y a de belles pages et certaines ingéniosités, mais le style est décousu ; ce sont des fantaisies d'un caractère indécis où le plan et la facture laissent à redire ; les idées elles-mêmes n'ont plus le charme et la fraîcheur de l'inspiration. — Citons encore parmi les œuvres trés-réussies quatre sonates, les trois premières dédiées à Clementi ; plusieurs divertissements, rondeaux, fantaisies, polonaises et des variations complètent l'œuvre du compositeur. Nous indiquons sommairement ces derniers morceaux dont plusieurs ont pourtant un réel mérite, surtout au point de vue de l'originalité et du fin contour des traits.

Au demeurant, John Field, sans être un chef d'école, un compositeur de premier ordre, est un des maîtres les plus aimables du piano. Sa musique tendre et poétique, charme, émeut, retient. Bien rarement l'accent pathétique se trouve sous sa plume fine et délicate ; mais, si le cœur n'est pas profondément remué par des élans dramatiques, passionnés, il reste du moins ravi par des impressions d'une exquise douceur.

X

F. KALKBRENNER

Quelques familles privilégiées ont seules l'heureuse fortune de faire souche dans le monde des arts. Les Kalkbrenner ont eu ce rare bonheur de former une sorte de dynastie artistique. Le père du célèbre pianiste dont nous esquissons le portrait, Chrétien Kalkbrenner, naquit le 22 septembre 1755 à Minden, petite ville de Hanovre, d'un père également musicien, Michel Kalkbrenner. La jeunesse de Chrétien Kalkbrenner fut très-laborieuse; ses efforts, ses travaux sérieux de compositeur ne rencontrèrent que l'indifférence même auprès des protecteurs sur lesquels il croyait pouvoir compter. Pourtant sa persévérance finit par triompher de ce mauvais vouloir; il fut, en 1789, nommé maître de chapelle à Berlin, et deux ans plus tard choisi par le prince Henri de Prusse comme maître de sa chapelle à Reinsberg. Il quitta cette résidence pour l'Italie. Après un séjour d'un an, les faits de guerre le conduisirent en France, et il obtint, à Paris, la place de chef de chant à l'Opéra. Plusieurs ouvrages lyriques, cantates, oratorios, écrits sur l'histoire de la musique, forment l'œuvre relativement considérable du père de F. Kalkbrenner.

Frédéric-Guillaume Kalkbrenner naquit à Cassel en 1784. Ses premières études musicales, commencées sous la direction de son père, furent ensuite continuées au Conservatoire de Paris. A partir de 1798, admis à la classe de Louis Adam, père du compositeur populaire dont nous applaudissons encore les charmants opéras, le jeune Kalkbrenner fit de rapides progrès, et obtint, grâce à sa belle organisation et aux soins dévoués de son maître, le deuxième prix de piano en 1800 et le premier prix l'année suivante. Il apprit en même temps l'harmonie et la composition, sous la direction de Catel, compositeur de mérite et auteur d'un traité très-estimé.

Comme tous les grands virtuoses désireux de faire apprécier leur talent par le continent entier, amoureux du succès, cherchant aussi le progrès dans l'audition et la comparaison des maîtres étrangers, Kalkbrenner quitta Paris vers 1803 pour habiter Vienne trois ans, jusqu'en 1806. Rappelé à Paris par la mort de son père, il quittait de nouveau la France pour s'établir à Londres, où il se fixa pendant une période de dix ans, fêté par les grandes familles anglaises qui lui confiaient l'éducation musicale de leurs enfants. Kalkbrenner n'oubliait cependant pas notre pays et y revenait assez régulièrement chaque année voir ses amis. En 1817, il fit une tournée artistique à travers l'Allemagne et donna un grand nombre de concerts, où il fit admirer son rare talent de virtuose, et par-dessus tout la merveilleuse égalité de son jeu. Enfin, il se décida, en 1826, à se fixer à Paris, où l'attendait la plus brillante clientèle et cette haute considération qui accompagne toujours un grand artiste dont la distinction personnelle égale le talent.

F. Kalkbrenner était un virtuose exceptionnel, et sa double réputation de pianiste et de professeur se justifiait par de nombreuses qualités. Continuateur de Clementi, le créateur de l'école moderne du piano, Kalkbrenner prit comme modèle à suivre et comme type idéal de l'exécution, l'admirable mécanisme de ce maître, qu'il avait souvent entendu à Vienne en 1803 et dont il avait même été le disciple. Le jeu du célèbre pianiste se modifia sous la puissante influence de Clementi, et Kalkbrenner devint bientôt lui-même un chef d'école, le maître le plus autorisé dans l'art d'enseigner. Le piano, sous ses doigts, prenait une sonorité merveilleuse et jamais stridente, car il ne cherchait pas les effets de force. Son jeu, lié, soutenu, harmonieux, d'une égalité parfaite, charmait plus encore qu'il n'étonnait; enfin, une netteté irréprochable dans les traits les plus ardus, une main gauche d'une bravoure sans pareille, faisaient de Kalkbrenner un virtuose hors ligne. Ajoutons que l'indépendance parfaite des doigts, l'absence des mouvements de bras, si fréquents de nos jours, nulle agitation de la tête ni du corps, une tenue parfaite, toutes ces qualités réunies, et bien d'autres que nous oublions, laissaient l'auditeur tout au plaisir d'écouter, sans le distraire par une gymnastique fatigante. La manière de phraser de Kalkbrenner manquait un peu d'expression et de chaleur communicative, mais le style était toujours noble, vrai et de grande école.

Kalkbrenner a beaucoup écrit pour le piano. Ses compositions, d'une harmonie toujours très-correcte, irréprochable, bien dialoguées, d'une valeur égale aux deux mains, sont très-intéressantes à connaître et d'un travail fort utile. Parmi ses œuvres sérieuses nous devons signaler deux quintettes, l'un pour piano et instruments à cordes, l'autre pour piano et instruments à vent; un sextuor, un septuor, un trio, un quatuor pour piano et instruments à cordes, des duos pour piano et violon, alto ou violoncelle; plusieurs sonates et pièces à quatre mains, des sonates pour piano seul, une pour la main gauche principale, cinq concertos avec orchestre; (le premier surtout est une œuvre d'ordre supérieur;) grand nombre de rondos, fantaisies, thèmes variés, caprices, plusieurs fugues, d'importants recueils d'études, enfin la grande méthode théorique et pratique à l'aide du guide-mains.

L'immense succès de cet ouvrage est dû surtout, nous le croyons du moins, aux excellents préceptes de mécanisme si bien formulés par F. Kalkbrenner. L'autorité du nom de l'auteur et les bonnes études placées à la fin de son œuvre ont aussi puissamment aidé à sa popularité. Mais, si par méthode on entend un enseignement progressif et bien gradué, s'élevant lentement des principes élémentaires aux conditions supérieures

de l'art, nous sommes forcé d'avouer, en toute conscience, que cette progression n'existe pas, que l'œuvre
n'est pas une méthode, mais bien un excellent recueil
de conseils à l'usage d'élèves avancés.

Si l'on considère l'importance et le grand nombre
des compositions de Kalkbrenner, on doit reconnaître
en lui un maître de premier ordre; toutes ses compositions affirment des tendances très-hautes, une grande
variété de style et de forme, souvent de l'inspiration
et toujours une main ferme, sûre d'elle-même, traduisant la pensée dans la langue musicale la plus correcte.
Mais il faut bien le dire : malgré toutes leurs qualités
et un mérite réel de facture, les compositions de
F. Kalkbrenner ont vieilli. Le style en paraît démodé
et poncif.

Camille Pleyel, musicien d'imagination et de savoir,
pianiste de goût, au toucher fin et délicat, cœur d'or,
esprit d'élite, s'associa en 1824 à Kalkbrenner pour la
fabrication des pianos. Grâce à la volonté intelligente
des directeurs, aux améliorations incessantes apportées
à la facture, la maison Pleyel qui d'abord avait pris
pour modèles les instruments du célèbre facteur anglais
Broadwood, conquit une individualité qu'elle a su garder. Les soins constants, les conseils incessants de Kalkbrenner, sa haute influence d'artiste, enfin les sommes
relativement considérables versées par lui dans la fabrique aidèrent puissamment son associé à élever la
maison Pleyel au premier rang qu'elle conserve sous
l'habile direction de A. Wolff.

Fait à noter : Clementi, Kalkbrenner et Herz ont été

tout à la fois d'éminents musiciens et de célèbres facteurs. Le flûtiste Tulou et Wogt, l'hautboïste, étaient, eux aussi, des luthiers célèbres, ou, pour parler plus correctement, des chefs d'industrie artistique comme leurs amis et collègues les maîtres du piano.

Indépendamment de ses nombreuses leçons particulières, Kalkbrenner avait des cours très-suivis où il était difficile de se faire admettre si l'on ne possédait déjà les prémices du talent, et si l'on ne s'engageait à une soumission absolue aux exigences du maître. L'élève la plus brillante formée à l'école de Kalkbrenner fut, sans contredit, Mlle Moke, depuis Mme Camille Pleyel. Cette grande artiste, alors enfant prodige, avait, dans le principe, reçu les leçons de Jacques Herz, puis les conseils de Moschelès, de passage à Paris ; mais c'est à Kalkbrenner qu'elle dut cette égalité parfaite des deux mains, cette clarté merveilleuse d'exécution qui caractérisent la méthode de Clementi et de son illustre continuateur. Plus tard, vinrent s'ajouter le charme, la sensibilité et la poésie, troisième et dernière transformation de son talent qu'elle dut à l'influence des nouveaux procédés de Thalberg et aux conseils de son mari. Stamaty eut également l'honneur d'être le disciple affectionné de Kalkbrenner et de suivre la tradition de son enseignement basé sur l'indépendance rhythmique des doigts. Notre illustre directeur, M. Ambroise Thomas, élève de la classe Zimmermann, reçut aussi ses précieux conseils.

Kalkbrenner mourut le 11 juin 1849, à l'âge de

soixante-cinq ans, laissant la maison Pleyel dans une grande prospérité. Musicien de premier ordre, compositeur remarquable, modèle à suivre comme virtuose, chef d'école et professeur transcendant, ce grand artiste avait certaines étroitesses de caractère. Tout succès devait lui revenir de droit, et, comme les gens à système, il ne reconnaissait de mérite qu'aux artistes formés par sa méthode ou tout au moins disposés à en proclamer la supériorité. Nous sommes des premiers à reconnaître l'excellence du principe qui vise la parfaite indépendance des doigts et leur action prépondérante comme articulation, attaque du clavier, jeu lié, égal, soutenu; mais, ce principe posé et bien formulé dans ses conséquences immédiates, l'exécutant ne doit nullement se priver, dans les accents de légèreté, d'expression et de force, de l'action du poignet, de l'avant-bras et du bras. Affirmer le contraire est une erreur grave, que tous les virtuoses sans parti-pris reconnaissent.

J'ai dit que Kalkbrenner avait la faiblesse de se préférer à tout autre artiste, en voici une preuve entre mille : Moschelès, de passage à Paris, dînait chez son ami Kalkbrenner, qu'il avait beaucoup connu à Londres. Une réunion musicale suivit le repas. Le maître de la maison offrit à Moschelès de faire l'essai à première vue d'une sonate à quatre mains encore manuscrite. Moschelès, en galant homme et aussi en grand musicien, déchiffra très-habilement le manuscrit de son hôte. Les amis présents prièrent alors l'illustre visiteur de se faire entendre seul et de dire quelques-unes de ses admirables études ; mais cela ne faisait plus le compte du maître de la maison, et il se hâta de fermer le piano, sous prétexte de discrétion, heureux de laisser l'auditoire sous l'impression des hésitations inévitables d'une exécution à première vue.

Kalkbrenner, homme d'ailleurs distingué, de belles manières, avait encore une faiblesse, celle de se croire un grand seigneur. L'habitude de frayer avec la noblesse anglaise et française lui avait fait comme une seconde nature ; il en parlait avec la familiarité la plus surprenante : à l'en croire, il était l'ami intime des Larochefoucauld, le commensal journalier du duc de Caraman ; lord X. l'attendait pour ouvrir ses chasses ; le prince de Beauvau l'avait prié à déjeuner ; « mais un des invités me déplaisait, et j'ai fait savoir au prince qu'on n'eût pas à mettre mon couvert ». Ou bien encore : « Vous savez, mon cher, que Louis-Philippe m'a fait demander s'il était à ma convenance d'accepter la pairie ; j'ai remercié et cru sage de refuser, n'étant pas homme politique et tenant à conserver ma parfaite indépendance. Le roi m'a fait témoigner tous ses regrets ».

Cette folle vanité était devenue chez Kalkbrenner une véritable monomanie, se traduisant jusque dans les actes insignifiants de la vie. Nous pouvons raconter comme authentique le fait suivant vraiment caractéristique. Kalkbrenner donnait un dîner d'apparat à d'illustres personnages et à quelques artistes célèbres. Au premier service, un poisson magnifique, digne de figurer sur la table d'un souverain, fit l'admiration des invités, et Kalkbrenner partit de là pour conter cette historiette : « Mesdames, messieurs, ce poisson ne me coûte rien et voici comment : je suis allé moi-même ce matin à la Halle pour trouver une pièce de choix. Celle-ci m'a paru digne de mes hôtes, et sans discuter le prix, j'ai remis ma carte à la marchande. En voyant mon nom, cette femme du peuple qui, paraît-il, possède le sentiment de l'art à un haut degré, s'est troublée et m'a timidement demandé si j'étais le grand Kalk-brenner, l'illustre artiste connu de tout Paris. J'ai répondu que c'était moi-même. Alors j'ai été prié avec tant d'instance d'accepter le don de ce poisson comme témoignage d'admiration, qu'il m'a fallu céder et recevoir ce présent que je suis heureux de vous offrir ».

La physionomie de F. Kalkbrenner était distinguée, ses traits un peu forts quoique réguliers. Les yeux doux, mais vagues, étaient ombragés d'épais sourcils. La bouche grande, souriante, avait un certain rictus narquois. Kalkbrenner avait la taille au-dessus de la moyenne, la démarche compassée, l'abord froid et cérémonieux ; il affectait une politesse exagérée qu'il croyait un reflet des habitudes du grand monde. Cette tenue lui donnait à distance certaines apparences de diplomate ; pensée intime qui était pour lui une grande joie.

Kalkbrenner avait encore au suprême degré la manie du pédantisme en toute chose. Docteur dans l'art des belles manières, il enseignait à ses vieux amis comment ils devaient se tenir à table, se conduire en société ; il se croyait encore plus habile médecin que grand artiste, ce qui ne l'empêchait pas de recommander, même à

Chopin, l'usage du guide-mains et les exercices de sa méthode. Oublions ces petits travers pour admirer les belles qualités du compositeur éminent, du virtuose exceptionnel, du professeur hors ligne, chef d'une école célèbre et fondateur d'une grande industrie.

XI

DUSSEK

Il y aurait pour un biographe doublé d'un statisti-
cien patient, une curieuse étude à faire sur la grande
famille, j'allais dire sur la race d'artistes produits par
l'ancien royaume de Bohême et par la Hongrie, contrée
bénie, pays élu, terrain fertile, d'une fécondité tout spécialement musicale. Il serait intéressant de remonter
aux causes premières et de chercher à pénétrer les origines de ce mouvement artistique spontané en apparence,
et continu comme un phénomène naturel. Est-ce au ciel
ou à la nationalité, au sang ou à l'influence du milieu
qu'on doit attribuer la formation de cette pléiade d'individualités brillantes, dont toutes ont laissé une trace
durable dans le domaine de la virtuosité, de la composition ou de l'enseignement?

Dussek est un des ancêtres de cette sorte de féodalité
artistique tchèque et slave. Fils d'un musicien distingué,
organiste et maître de chapelle de l'église collégiale de

Czaslau, en Bohême, il naquit dans cette ville, le 9 février 1761. Son père l'initia dès l'âge de cinq ans à l'étude de la langue musicale ; à neuf ans, sa précocité s'accusait déjà par d'intéressants préludes, d'ingénieux accompagnements réalisés à l'orgue. Notre cher. et regretté Lefébure-Wély qui, lui aussi, était enfant prodige, improvisait d'une façon surprenante dans un âge aussi tendre ; comme Dussek, Lefébure-Wély était fils d'un très-habile organiste, et son instruction musicale était assez avancée pour lui permettre de suppléer, à l'âge de huit ans, son père frappé de paralysie.

Dussek entra bientôt, comme enfant de chœur sopraniste, au couvent d'Iglau où ses études littéraires et musicales furent dirigées avec habileté ; les pères jésuites, très-justes appréciateurs des dispositions et de l'intelligence de leurs élèves, l'avaient en grande affection. Dussek acheva ses humanités à Kuttenberg, et fit son cours de philosophie à Prague où il eut l'honneur de soutenir brillamment sa thèse de bachelier. Heureuse combinaison des études artistiques et littéraires, qui rentre dans le programme de l'enseignement germanique et dont l'application constitue pour les Allemands une supériorité qu'on aurait mauvaise grâce à leur contester, ainsi qu'une préparation plus complète au véritable sentiment du grand art, exemple trop peu suivi sinon peu compris en France.

Après sa thèse, Dussek quitta la Bohême pour suivre en Belgique et en Hollande son protecteur le comte de Mœnner. Il passa une couple d'années à Malines, Amsterdam et la Haye ; il fut attaché comme organiste à plusieurs églises importantes, mais déjà sa réputation de pianiste et de grand virtuose lui avait valu l'honneur d'être choisi comme professeur des enfants du Stathouder. En 1783 Dussek se rendit à Hambourg pour consulter le célèbre et modeste grand artiste, Emmanuel Bach, le créateur de la sonate moderne, celui qui en a fondu le moule nouveau et a le premier rompu avec les formules harmoniques, les procédés scolastiques usités jusque-là, système musical abandonné dans la musique dramatique, mais qui semblait vouloir s'éterniser dans la musique instrumentale. Encouragé et guidé par cet homme de génie, Dussek eut enfin le sentiment de sa force, et se rendit à Berlin où son double talent de compositeur et de virtuose excita l'admiration générale.

De Berlin, Dussek partit pour Saint-Pétersbourg, d'où le prince Radziwil l'emmena deux ans dans ses terres de Lithuanie. En 1786 et en 1788, Dussek vint à Paris, et se fit entendre à la cour. La reine Marie-Antoinette l'accueillit avec beaucoup de bienveillance. En quittant Paris, il se rendit en Italie et donna plutieurs concerts à Milan. Les Italiens lui firent une récepsion chaleureuse et acclamèrent le célèbre virtuose à l'égal d'un grand chanteur. En 1788, Dussek séjourna quelque temps à Paris, mais les sourds grondements de la Révolution, les agitations de la rue, l'imminence d'une commotion sociale, l'engagèrent à chercher un refuge en Angleterre.

Il y trouva le même enthousiasme, mais il eut la malencontreuse pensée de s'improviser négociant comme Clementi dont il n'avait pas les habitudes d'ordre ni la rigoureuse économie. Passionné pour son art, mais amoureux du plaisir, joyeux convive, aimable causeur, comprenant la vie en véritable épicurien, l'insoucieux artiste ne possédait aucune des qualités qui font le spéculateur ; il n'apportait dans son commerce de musique ni l'activité, ni la suite dans les idées, ni l'intelligence spéciale nécessaires à une bonne gestion. Cette tentative fut pour Dussek la cause de sérieux embarras financiers, qui l'amenèrent à quitter Londres afin de se soustraire aux poursuites de ses nombreux créanciers. Il se réfugia à Hambourg en 1800.

On voit par cette rapide esquisse le côté un peu vagabond et toujours agité de l'existence de Dussek. Elle eut aussi son côté romanesque. Au milieu de ces voyages incessants où les succès les plus justifiés accompagnaient le brillant et sympathique pianiste, son instruction solide, ses manières polies, distinguées, son immense talent, sa belle prestance, valaient à Dussek des triomphes de plus d'un genre. Bien souvent le génie et la virtuosité exercent autant de séduction que l'esprit et la beauté ; surexcitation, sensibilité excessive ou vanité inconsciente, on voit souvent les natures féminines s'éprendre de passions irrésistibles pour les artistes qui ont conquis la faveur publique.

Dussek a exercé une semblable fascination ; honoré de la tendre affection d'une princesse russe, il fut, comme plus tard Chopin, Liszt et Dœlher et tant d'autres victimes plus ou moins volontaires de l'amour, enlevé à l'admiration des dilettantes pour vivre deux ans sous la loi et dans les domaines de la noble dame que son talent avait si complétement charmée. Mais les plus beaux romans ont une fin et il faut toujours tourner la dernière page. Soit lassitude réciproque, soit retour à la saine raison, la nouvelle Armide laissa partir son prisonnier, et l'enfant prodigue retourna embrasser son père qu'il n'avait pas vu depuis vingt ans.

C'était en 1802. Pendant les années qui suivirent, Dussek fut successivement attaché comme directeur de la musique et virtuose au prince Ferdinand de Prusse, puis à sa mort, en 1808, au prince d'Ysembourg. Mais à cette terrible époque de l'épopée et de la centralisation impériales, les œuvres d'art et les artistes prenaient de gré ou de force la route de Paris, et Dussek qui, en 1788, avait décliné les gracieuses instances de Marie-Antoinette voulant le retenir en France, accepta l'engagement que lui fit offrir le prince de Talleyrand, à la fin de 1808. Il devint l'organisateur et le directeur de ses soirées musicales. Dussek a donc passé à Paris au service de l'ancien évêque d'Autun les dernières années de sa fiévreuse existence. Cet engagement qui lui laissait de grands loisirs fut une cause de ruine pour sa santé ; le célèbre pianiste avait pris un embonpoint excessif, véritable infirmité qu'il aurait fallu combattre par une vie active ; mais Dussek, soit fatigue des agitations de la vie, soit lassitude morbide, voulait un repos absolu ; le *farniente* était devenu son programme et il passait au lit la majeure partie de sa journée. D'autre part, pour combattre ce marasme et cette torpeur, Dussek contracta la funeste habitude de boire des spiritueux.

Le remède, combiné avec le mal, hâta sa fin, et il mourut à Paris le 20 mars 1812, à l'âge de cinquante et un ans.

Les compositions de Dussek se chiffrent par quatre-vingts numéros d'œuvres : douze concertos avec orchestre, une symphonie concertante pour deux pianos, un quintette et un quatuor pour piano et instruments à cordes, de nombreuses sonates concertantes ou avec accompagnement de violon, flûte et violoncelle, neuf duos à quatre mains, trois fugues à quatre mains, une grande fantaisie suivie d'une fugue, cinquante-trois sonates pour piano seul. Fétis cite encore, dans sa biographie, deux opéras exécutés à Londres, une messe solennelle, plusieurs oratorios allemands et de nombreuses pièces vocales et religieuses.

Nous devons aussi mentionner, dans la nomenclature des œuvres légères, de nombreux rondeaux, airs variés et de charmantes rêveries : *l'Adieu, la Consolation, ma Barque légère*, rondo populaire, *la Matinée*, rondo, les variations sur *Vive Henri IV! Chantons l'hymen*, etc. Dussek a aussi publié, en Angleterre, une méthode de piano traduite en France ; mais cet ouvrage est devenu très-rare et les planches en ont dû être fondues.

Ces œuvres nombreuses n'ont pas toutes une égale valeur. Plusieurs ont singulièrement vieilli et nous semblent d'un médiocre intérêt ; mais, tout en faisant une large part aux fluctuations du goût et de la mode, en tenant compte de quelques formules surannées, Dussek est un des rares maîtres de l'époque dont la musique soit demeurée au répertoire de l'enseignement classique. Les 3ᵉ, 5ᵉ, 6ᶜ, 7ᵉ et 12ᶜ concertos, les sonates : op. 9, 14, 35, 48, *le Retour à Paris, les Adieux à Clementi, Invocation, l'Élégie sur la mort du prince de Prusse*, sont joués souvent au Conservatoire à nos examens d'admission dans les classes de piano, particulièrement en vue des classes du second degré, que l'on a l'étrange habitude de désigner sous le nom de classes de clavier. Nous ne pouvons oublier dans cette liste de citer particulièrement les concertos en *sol* mineur et en *mi* bémol, le duo pour piano et violoncelle en *fa* joué avec tant de succès à Londres par la célèbre pianiste Arabella Godard, Mᵐᵉ Davison, femme du grand critique musical. Mentionnons encore le quatuor en *fa* mineur, le quatuor en *mi* bémol, et les trois quatuors pour instruments à cordes, violon, alto et violoncelle, œuvres magistrales et nullement démodées.

Toutes ces compositions justifient cette préférence par la fermeté de leur style et leur excellente facture. Les traits brillants, bien sous la main, sont parfaitement écrits pour l'instrument; les phrases de chant ont de la noblesse, de l'accent, de la chaleur, et souvent l'inspiration musicale s'élève jusqu'au dramatique. Les compositions de piano de Kozeluch, Jadin, Hermann, Gelineck, de Pleyel même sont tombées dans l'oubli le plus profond; l'œuvre de Dussek, au contraire, a résisté en partie à l'influence de la mode, à l'action du temps, parce que son style accuse une forte individualité. Ses idées musicales ont la sincérité et la noblesse qui font les œuvres durables ; les phrases mélodiques se distinguent par la grâce, la sensibilité et l'accent venu du cœur ; les traits ingénieux et brillants sont variés de forme ; enfin, l'harmonie correcte, d'un ferme et riche tissu, offre des effets saisissants et d'une grande hardiesse.

On a souvent opposé l'un à l'autre Steibelt et Dussek, natures pourtant bien dissemblables de compositeurs et de virtuoses. Steibelt, doué d'une riche et fertile imagination, improvisait avec une merveilleuse facilité des pages où brillaient d'heureuses inspirations, mais dont la mise en œuvre, peu étudiée, diffuse, laissait à désirer. Insouciant de la perfection du style, n'ayant pas de plan arrêté, Steibelt a follement jeté au vent de charmantes idées, dont un artiste consciencieux aurait pu tirer un excellent parti. Dussek, au contraire, sans posséder une aussi féconde imagination, moins *génial* que Steibelt, diraient les Allemands, sans être un pur contre-pointiste, possédait assez les secrets de la science harmonique pour écrire correctement et dans un idiome châtié la belle langue musicale.

La différence entre ces deux artistes était aussi sensible au point de vue de leur talent de virtuoses qu'à celui de leur mérite de compositeurs ; ajoutons même au point de vue moral. Nous retrouvons chez l'homme et le musicien les mêmes contrastes, les mêmes oppositions d'organisation et de caractère. Dussek, toujours maître de lui, correct, consciencieux, méthodique, exécutait avec un goût parfait et dans un grand style des œuvres magistrales par l'idée et par la forme. Ami généreux, homme du monde, instruit, spirituel, son exécution avait toutes les qualités de sa personne. Il faisait chanter le piano à ravir, et savait aussi exciter l'enthousiasme par l'audace heureuse de ses traits brillants et nouveaux.

Steibelt, dont la délicatesse de sentiments, l'éducation et le caractère laissaient à désirer, conquit la faveur du public et celle de puissants protecteurs par les éclats et les éblouissements de sa prodigieuse imagination; virtuose très-habile mais au style incorrect, mélodiste de génie, sa musique expressive, chantante, passionnée brille par l'inspiration, mais les idées abondantes et variées se succèdent sans ordre, se relient mal, ont le décousu d'une improvisation. Steibelt visait toujours à l'effet, et pour l'obtenir, sacrifiait souvent le bon goût, dont il avait peu souci. C'est lui qui le premier a mis si fort à la mode les passages en notes répétées, les fantaisies avec variations et le trémolo qu'il excellait à faire; c'était alors un sujet d'étonnement et d'admiration.

Steibelt éblouissait la foule des amateurs, mais sa personne était peu sympathique et même peu digne d'estime. Bien au contraire, Dussek, par son honorabilité, ses belles manières, son instruction, son esprit cultivé, attirait et charmait. Aimable, obligeant, dévoué, ce grand artiste avait encore une réputation de causeur spirituel.

Dussek n'a pas fait école comme Clementi, Cramer,

Kalkbrenner, Herz ; on ne cite aucun pianiste célèbre, se glorifiant de son nom, s'affirmant pour son disciple, et pourtant ce maître illustre a laissé comme compositeur et virtuose de belles traditions à suivre. J'ai pendant un an donné des leçons à une élève très-distinguée de Dussek, Mme de B. Cette dame, pianiste de grand talent, plus âgée que moi de trente ans, m'était venue sans doute par curiosité pour se rendre compte des modifications apportées dans l'enseignement. Mme de B. me parlait avec une admiration sincère de la belle manière d'exprimer le son de Dussek, de son style noble et simple, de son toucher profond dans les phrases chantantes, de son exécution colorée, brillante ; pourtant elle reconnaissait avec moi que les perfectionnements apportés à la facture moderne se prêtaient à des effets de puissance et de douceur, à des variétés de timbre, à des ondulations sonores, à une fluidité harmonieuse que ne pouvaient produire les virtuoses de la génération qui nous a précédés. Mais, cè sont là des lacunes et des défectuosités de détail, inhérentes à l'époque même où Dussek a vécu ; l'éminent pianiste n'en reste pas moins une des figures les plus intéressantes et les plus sympathiques comme un des premiers ancêtres de ce groupe brillant de compositeurs exotiques que continuent aujourd'hui avec tant d'éclat Stephen Heller, Liszt et Schulhoff.

XII

Ch.- Valentin ALKAN

S'il est une physionomie d'artiste originale et curieuse
à étudier entre toutes, c'est bien certainement celle de
Ch. V. Alkan, dont l'intérêt se double d'une sorte de
mystère et d'énigme à pénétrer. Ce maître éminent, un
des doyens de l'école française, a presque toujours vécu
solitaire au milieu de la tourmente parisienne et du
mouvement artistique, fuyant le bruit et la célébrité
avec autant de soin que d'autres les recherchent.
Valentin Alkan est obstinément resté loin de la foule
qui fait la vogue et les succès éclatants, contrairement
aux habitudes de tous les virtuoses que le double amour
de la popularité et de la fortune jette dans le vaste
courant des voyages et des concerts internationaux.
Parisien fidèle, on pourrait dire Parisien de culte et
d'attachement religieux, Valentin Alkan n'a rompu
qu'une seule fois avec ses traditions sédentaires et sa
vie calme, recueillie, passée tout entière dans l'ombre fé-

conde du travail ; il a obéi ce jour-là à des sollicitations pressantes, aux instances de ses amis et de notre vieux maître Zimmermann ; mais cette excursion dans le monde militant des concerts n'a été qu'une échappée rapide et une brillante exception. L'artiste rêveur, le musicien philosophe et un peu misanthrope est bientôt revenu à la paix fertile de sa solitude.

Valentin Alkan est l'aîné de quatre frères, tous musiciens distingués. Son père, homme laborieux et intelligent, tenait, en 1833, lorsque je l'ai connu, un petit pensionnat, rue des Blancs-Manteaux. De jeunes enfants, pour la plupart israélites, y recevaient une instruction musicale élémentaire et apprenaient aussi les premiers rudiments de la grammaire française. Valentin Alkan, né à Paris, en décembre 1813, enfant précoce et doué de dispositions exceptionnelles, fut admis au Conservatoire avant l'âge réglementaire, obtint le premier prix de solfége à l'âge de huit ans, et le premier prix de piano à dix ans dans la classe de Zimmermann. Il avait en 1826, à l'âge de treize ans, le premier prix d'harmonie dans la classe de Dourlen, professeur excellent et affectueux, sous des dehors austères et froids. Conduit à Paris, en 1827, par mon grand-père, je reçus, sur la recommandation de Zimmermann, quelques répétitions du jeune Alkan, mon aîné de quatre ans ; mais, avec une aussi faible différence d'âge, ce travail ne pouvait être très-sérieux, et nous dûmes l'interrompre au bout de quelques semaines.

C'est vers cette époque que Valentin Alkan commença à se produire comme virtuose. Élève de prédilection de Zimmermann, il était patronné par lui, présenté dans toutes les soirées où sa brillante et nombreuse clientèle l'appelait. Grâce à cet appui donné à son jeune mais déjà magnifique talent, Valentin Alkan comptait, dès l'âge de dix-sept ans, au nombre des virtuoses célèbres.

Je vois encore cette maison de M. Alkan père, ce milieu tout patriarcal où s'est formé le talent de Valentin Alkan et où a grandi sa jeunesse laborieuse. J'y ai passé quelques mois comme pensionnaire, en même temps que Ravina et Honoré, en compagnie d'un groupe d'enfants qui venaient y prendre des leçons de solfége et recevoir l'enseignement musical élémentaire. C'était comme une école préparatoire, une annexe juvénile du Conservatoire. Que de bonnes soirées passées là à peu de frais dans la chambre de Valentin Alkan, qui n'était pas encore le solitaire, l'ermite de l'âge mûr. Gai, joyeux, confiant dans la vie, il avait, comme nous tous, la foi, l'enthousiasme et les chères illusions de la jeunesse.

En pleine possession déjà de sa réputation de virtuose, il ajoutait à ses études d'harmonie de fortes et sérieuses leçons de contre-point et de fugue prises avec Zimmermann, très-habile contrepointiste et passionné pour cet enseignement. J'ai dit que Valentin Alkan était son élève de prédilection : c'était aussi celui qu'il nous montrait comme type de l'artiste laborieux, chercheur, aimant le grand art, ne sacrifiant point au succès éphémère, ayant horreur du banal, suivant sa voie sans jamais songer à la popularité. Et, en effet, par cette probité chaste de l'inspiration et de la mise en œuvre, Valentin Alkan se place à côté d'Hiller, de Chopin et de Stephen Heller; mais, disons-le aussi, l'horreur des redites et des formules courantes l'a parfois entraîné dans l'excès contraire; il a démesurément agrandi certains cadres; il a transformé les concertos et les sonates en véritables poëmes divisés en plusieurs chants, brisant ainsi l'équilibre ordinaire et changeant les proportions de la charpente harmonique, sans motiver toujours cette révolution. Ces réserves faites, les compositions d'Alkan répondent bien à l'idéal et à la prophétie de Zimmermann; elles montrent un grand maître, dans le sens « psychique » du mot, un homme de foi profonde et de convictions inébranlables, dont l'œuvre considérable brille de beautés de premier ordre.

Le groupe d'élite de littérateurs et d'artistes qui faisait cortége à Chopin avait ouvert ses rangs à V. Alkan comme à un frère en poésie. Ce cénacle, où l'admiration mutuelle était en quelque sorte instinctive, exerçait une grande influence, une action directe sur le goût littéraire et artistique du temps. Nommer Hugo, Lamennais, Dumas, Jules Sandeau, Georges Sand, Ary Scheffer, Delacroix, c'est dire que ce centre lumineux appartenait à l'école romantique, cherchait une voie nouvelle et voulait briser avec les errements classiques. La passion de V. Alkan pour les formes ingénieuses, les procédés inusités, répondait à ces tendances et devait le faire bien accueillir de l'école. Chopin, qui n'était pas prodigue de son affection et n'accordait qu'à un très-petit nombre d'artistes la faveur de pouvoir se dire ses amis, tenait du reste Alkan en très-haute estime comme virtuose et compositeur. Une sympathie réciproque prenant sa source dans le culte d'une beauté supérieure au beau conventionnel et classique, l'horreur du vulgaire et du banal, unissait ces deux âmes d'élite. A la mort de Chopin, plusieurs de ses élèves affectionnés choisirent Alkan pour continuer les traditions du maître regretté.

Il y avait cependant d'intimes et profondes différences entre le tempérament des deux maîtres ; leur égale aspiration vers l'idéal s'est affirmée sous des formes très-distinctes. Aussi bien, Valentin Alkan est-il une physionomie d'artiste absolument originale et personnelle. Pour apprécier cette nature éminente, il faut éviter de procéder par comparaison. Tout en se rattachant à la brillante école de Chopin, d'Heller, de Liszt et de Thalberg, il ne reflète directement aucun de ces modèles : il est lui-même et lui seul par ses qualités comme par les défauts ; il pense et parle une langue qui est sienne ; ses idées distinguées ont de l'accent, du relief, et souvent l'inspiration musicale accuse un profond sentiment dramatique : les harmonies riches et colorées n'offrent jamais rien de bizarre ; les traits ont une grande variété de formes ; leurs contours sont ingénieux et habilement tracés.

Il faut donc reconnaître à V. Alkan une haute valeur musicale, un tempérament d'artiste formé par la lecture et la méditation aux grandes traditions, mais ne relevant que de lui-même et faisant école à part. Il a cherché les sentiers solitaires et a mieux aimé gravir des pentes abruptes que suivre les voies tracées par ses devanciers. Conscience héroïque, efforts virils et constants qui lui assurent l'admiration et la reconnaissance des artistes habitués à juger du mérite d'une œuvre non par la popularité acquise, mais par cette analyse intime, toujours féconde quand il s'agit d'un compositeur comme Alkan.

Il convient, cependant, nous l'avons dit, d'ouvrir une parenthèse pour la critique et de constater franchement qu'on peut reprendre dans plusieurs compositions importantes de Valentin Alkan le développement anormal donné à plusieurs morceaux, sonates et concertos où le maître s'est complu à noyer sa pensée dans de longues improvisations. Nous avouons, malgré toute l'ingéniosité des combinaisons, ne pas comprendre ces proportions abusives données à des idées accessoires, ni ces périodes superposées qui éternisent les péroraisons sans apporter d'effets nouveaux. Sous ces réserves qui ne s'adressent qu'au manque de concision et ne visent que l'équilibre harmonique de quelques œuvres, Alkan reste un maître dans la plus belle acception du mot.

Nous n'avons pas à donner un catalogue de l'œuvre entier de Valentin Alkan, mais nous devons signaler parmi ses compositions les plus importantes les 25 préludes, op. 31 ; 12 études dans les tons majeurs, op. 35 ; 12 études dans les tons mineurs, op. 39 ; l'*Amitié*, étude ; 3 grandes études à mains séparées et réunies ; 3 andantes romantiques et 3 pièces poétiques, op. 18 et 15 ; 3 scherzi, op. 16. — Op. 26, marche funèbre ; op.

27, marche triomphale ; saltarelle, op. 23. — Gigue, air de ballet, op. 29 ; bourrée d'Auvergne, *Minuetto alla tedesca*, op. 32 ; 4 impromptus, op. 33 ; grande sonate, véritable poëme de la vie, op. 40 ; 3 marches à quatre mains, premier et deuxième concertos di camera ; concerto symphonie, œuvre capitale, où l'artiste résume dans une suite de douze numéros caractéristiques ses hautes qualités de style, son individualité si énergique et si originale. — *Les Mois*, douze morceaux poétiques, pièces charmantes, accessibles aux pianistes de moyenne force ; variations sur un thème de Steibelt ; sonatine pour piano seul ; sonate pour piano et violoncelle, op. 47 ; Souvenirs des concerts du Conservatoire, partitions réduites pour piano seul ; Souvenirs de musique de chambre ; concerto de Beethoven et concerto de Mozart, piano seul avec cadences ; grand nombre de pièces d'orgue pour piano à pédalier.

Ce résumé succinct donne un aperçu de l'importance des compositions qui font classer Alkan parmi les maîtres éminents de l'école moderne. Il a également obtenu, à l'époque de sa jeunesse et pendant la période de maturité, de grands succès d'exécution, tout en se tenant à l'écart du public proprement dit. Ses admirateurs appartiennent à la classe privilégiée des artistes et des amateurs, qui ne se laissent pas éblouir par les effets ordinaires aux virtuoses de concert. Malgré ses soixante-quatre ans, le grand artiste a conservé un jeu magistral ; ennemi déclaré du mauvais goût, son toucher ferme, précis, mesuré, a l'autorité et l'austérité qui conviennent à sa nature puritaine et convaincue ; il fuit soigneusement les formules bruyantes, mais sait se plier avec un art infini aux nuances si différentes de style des compositeurs qu'il interprète ; résultat exceptionnel qui prouve une étude approfondie et perpétuelle des qualités de chaque maître. Couperin et Rameau ne peuvent être interprétés dans leur grâce naïve comme Field et Chopin dans leur poésie tendre et fiévreuse ; la bravoure de Scarlatti et de Clementi n'est pas celle de Moschelès et de Weber. Mozart, Hummel, Beethoven, Mendelssohn ont des qualités très-distinctes, qu'un grand maître dans l'art de dire peut seul posséder et traduire.

Rigoureux observateur de la mesure métronomique, Alkan ne fait jamais souffrir par les altérations fréquentes de mouvement si fort en usage dans l'école contemporaine. Il se sert du pédalier avec une bravoure transcendante que reconnaissent et admirent ses émules, maîtres aussi dans ce genre, Saint-Saëns, Widor, Fissot, Guilmant, Delaborde, organistes et pianistes célèbres ; tous ont suivi l'exemple de leur vaillant-doyen et mis en honneur les pièces de Bach, d'Hændel, de Mendelssohn, où le pédalier prend une part active au dialogue musical et complète les harmonies du piano ou de l'orgue.

Nous ne tracerons par le portrait de Valentin Alkan vu de dos comme certains photographes nous l'ont présenté. Son intelligente et originale physionomie mérite d'être regardée de profil ou de face. La tête est forte ; le front développé est celui d'un penseur ; la bouche est grande et souriante, le nez régulier ; les années ont blanchi la barbe et la chevelure, sillonné les traits de quelques rides et souligné l'ensemble. Le regard est fin, un peu narquois. Alkan a maintenant soixante-quatre ans ; sa démarche penchée, sa mise puritaine lui donnent l'aspect d'un ministre anglican ou d'un rabbin — dont il a la science.

Homme d'étude, esprit cultivé, travailleur infatigable, Alkan est une des plus hautes intelligences et un des esprits les plus universels du groupe d'artistes éminents qui tiennent la tête de l'école française du piano. Nous sommes d'autant plus heureux de rendre publiquement cet hommage à notre illustre confrère, qu'à un moment de notre carrière, en 1848, un malentendu regrettable, dû à l'ardeur de la lutte pour la vacance de la classe de Zimmermann, nous ont séparés, sans toutefois altérer notre mutuelle estime et sans diminuer chez moi l'admiration sincère pour l'artiste, la vive sympathie pour le chercheur laborieux et le producteur puissant.

XIII

CRAMER

Jean-Baptiste Cramer, encore un nom illustre qui surgit d'une forte et vaillante génération d'artistes, démentant cet axiome banal que, dans le monde des arts, les fils héritent rarement des qualités paternelles. Le grand-père, et particulièrement le père du célèbre pianiste, ont été des musiciens distingués. La généalogie dès Cramer mentionne comme chef de cette famille Jacques Cramer, né à Sachau, en Silésie, l'année 1705. Il fut attaché comme flûtiste et timbalier à la musique de l'électeur palatin. Son fils Guillaume, né à Mannheim en 1745, devint un violoniste de premier ordre; enfant prodige, ce précoce virtuose, âgé de sept ans, émerveillait, par l'exécution magistrale d'un concerto, son protecteur, l'électeur palatin. Formé à l'école de maîtres habiles, il acquit tout jeune un talent de grand style très-apprécié des connaisseurs, disent ses biographes, et il fut attaché à la musique particulière du souverain jusqu'en 1772. Mais, dans un voyage fait à Londres à cette époque, ses succès de virtuose eurent un tel retentissement que le roi, pour décider le grand artiste à se fixer en Angleterre, le nomma chef d'orchestre de l'Opéra avec des appointements considérables. Guillaume Cramer a publié sept concertos pour violon, six duos pour deux violons, six trios pour deux violons et basse. Musicien de haute valeur, il eut le bonheur d'avoir un fils digne de lui.

Jean-Baptiste Cramer, le célèbre pianiste, est né à Mannheim le 24 février 1771. Conduit tout jeune à Londres, le jeune Cramer étudia d'abord le violon ; mais son goût prononcé, sa vocation bien apparente pour le clavecin et le piano décidèrent son père à ne pas faire violence au désir fermement exprimé par l'enfant ; son éducation fut confiée aux soins de Benser, de Schrœter, enfin de Clementi. Cramer ne fut qu'un an l'élève de ce dernier maître ; mais ses conseils, ses exemples, ses principes invariables portèrent fruit, et nul disciple de Clementi n'a gardé plus profondément l'empreinte de son école et de son style. Un peu plus tard, en 1785, Cramer étudia la théorie de la musique, l'harmonie et la composition avec Charles-Frédéric Abel.

La passion des voyages, et le désir d'affirmer sa valeur de virtuose, lui firent visiter toutes les grandes villes du continent. Son exécution si correcte, si pure, excita partout l'admiration des musiciens de goût, qui apprécièrent son style simple et noble, sa belle manière de faire chanter le piano. De retour en Angleterre, il écrivit de nombreuses compositions, sonates, concertos, rondos, marches, airs variés, fantaisies, nocturnes, bagatelles, valses, et aussi dès duos à quatre mains, d'autres pour piano et harpe, un quintette et un quatuor pour piano et instruments à cordes. L'œuvre de Cramer comprend 105 sonates, dont beaucoup ont une grande valeur de style, un réel mérite de facture. Quelques années plus tard, Cramer fit encore un voyage en Allemagne et en Italie, puis il revint à Londres, sa patrie d'adoption.

Nature très-laborieuse, Cramer partageait son temps entre le professorat et la composition ; mais ce n'est pas seulement dans les formules scolastiques, marches d'harmonie, divertissements, fugues, traits de mécanisme, etc., ni par l'ensemble parfait des deux mains, l'indépendance et l'égalité des doigts, que J.-B. Cramer s'est montré disciple fidèle de Clementi ; on retrouve aussi les grands principes de ce maître dans l'ornementation simple et sobre, dans le contour mélodique et vocal dès phrases chantantes ; enfin, l'analogie du style et des procédés nous apparaît d'une manière si frappante que tout en admirant la forte individualité de Cramer, nous saluons en lui le fils aîné de Clementi ; le représentant direct, le continuateur le plus autorisé de son école.

Ce n'est pas seulement au point de vue de la virtuosité qu'il faut reconnaître cette filiation incontestable ; on la retrouve encore, et très-prononcée, dans toutes les compositions de Cramer, et particulièrement dans ses recueils d'études si justement célèbres que nous estimons à l'égal du *Gradus ad Parnassum*. Cette affinité nous paraît plus sensible, plus appréciable chez Cramer que chez John Field, qui fut pourtant l'élève de prédilection de Clementi. Les formules diatoniques par mouvement semblable aux deux mains, les traits légers et brillants parcourant progressivement le clavier en larges périodes de *crescendo* et de *diminuendo*, se trouvent toujours, sous des formes variées, dans les compositions du maître et de son illustre disciple; tous deux ont également puisé aux sources pures de l'art et pris pour modèles les grands clavecinistes S. et E. Bach, Hændel et Scarlatti.

Les leçons de Cramer étaient très-recherchées, et l'aristocratie anglaise avait en haute estime le digne émule de Clementi. Mon vieil ami, Georges Onslow, le célèbre symphoniste, a été un de ses disciples favoris. Pour revenir au compositeur, les œuvres de Cramer n'ont pas toutes une égale valeur; l'intérêt et le style ne s'y maintiennent pas au même niveau; il y a même, on doit le reconnaître, bon nombre d'arrangements écrits à la hâte et peu dignes de la juste renommée de ce maître célèbre. Les œuvres dernières manquent d'inspiration; et l'on ne reconnaît plus l'écrivain au style châtié et sévère. La plupart des sonates et concertos de Cramer n'existent guère que dans les bibliothèques; les planches ont été fondues et les pianistes modernes ne connaissent que par ouï-dire la grande généralité de son œuvre.

Ajoutons encore que, malgré leur mérite très-réel et leur incontestable valeur musicale, les compositions de Cramer ont vieilli et sont bien plus démodées que, celles de Clementi et de Dussek. Suivant le terme consacré, elles ont un air « poncif » qui les fait négliger malgré tout l'intérêt qu'elles commandent. Citons pourtant, parmi les œuvres restées au répertoire courant de l'enseignement scolastique, les 7 concertos pour piano et orchestre. On ne peut refuser à ces morceaux d'excellente facture un style noble, une harmonie distinguée et une grande variété dans la contexture des traits, brillants, bien sous la main. Les trois duos à quatre mains méritent d'être connus et étudiés, op. : 24, 34 et 50. De même pour les nocturnes op. 32 et 54, et les sonates op. 8, 49 et 58. Nous l'avons dèjà dit : Cramer a écrit 105 sonates, et, comme travail de lecture, nous ne connaissons rien de meilleur, grâce à l'intérêt soutenu et concertant des deux mains. Citons encore un quintette et un quatuor pour piano et instruments à cordes, op. 61 et 28, et trois trios.

Cramer, ainsi que Clementi, a voulu élever un véritable monument à l'art musical en écrivant ses belles études, notamment les deux premiers livres, 16 études faisant suite aux deux premiers recueils, et aussi les caprices dédiés à madame de Montgeroult sous ce titre : *Dulce et utile*. Dans ces admirables petites pièces de deux ou quatre pages au plus, la phrase musicale serrée, correcte, dégagée de tout ornement parasite, condensée dans un cadre étroit, d'une harmonie pure, souvent ingénieuse et riche, offre les formules de mécanisme les plus utiles, pour obtenir l'indé-

pendance et l'égalité des doigts, ainsi que des exemples
de goût et de style que nul pianiste désireux d'acquérir un réel talent ne doit négliger.

L'immense popularité de ces recueils d'études prouve
victorieusement que presque toujours un succès durable récompense l'artiste qui sait trouver des formes
harmonieuses pour exprimer d'utiles pensées. Chaque
type d'étude, d'un dessin bien arrêté, d'un intérêt tout
spécial, est traité avec une rare liberté d'allure et une
concision qui n'exclut pas un développement bien
équilibré; les deux mains prennent toujours un égal
intérêt au discours musical, et l'idée première, modulée
avec art, reparaît persistante pour offrir à l'attention
des élèves, soit une difficulté de mécanisme, soit un
tour de phrase mélodique présenté avec une grâce toute
particulière.

Cramer excellait dans l'interprétation des andantes,
et nul virtuose ne disait, avec plus de perfection et
de charme, les adagios de Mozart. Son exécution se
distinguait par une égalité merveilleuse, une indépendance parfaite des doigts aux deux mains. Sa manière
de phraser et de faire chanter le piano était un modèle
d'expression et de naturel.

Vers 1832, Cramer a quitté l'Angleterre pour venir
habiter Paris; puis il s'est établi à Boulogne-sur-Mer
pendant plusieurs années. Il vivait retiré, en dehors du
mouvement musical, ne recevant que quelques intimes,
Boëly, Kalkbrenner, Pleyel. Si pourtant un jeune
musicien, curieux de connaître le vénérable « patriar-
che » du piano s'aventurait dans son modeste inté-

rieur et lui demandait des avis, il prenait plaisir à énumérer les qualités de bravoure, de sonorité, des exécutants modernes, vantant leur puissance, leur brio, leur souplesse, leur habileté de prestidigitation; puis il ajoutait avec une bonhomie ironique : « Cette musique est trop forte pour mes pauvres oreilles, trop forte pour mes doigts séniles ». Combien peu cependant, parmi les virtuoses contemporains, seraient capables de dire avec la perfection voulue les Études de Clementi et de Cramer, sans remonter aux fugues de Bach et de Hændel?

Au demeurant Cramer, qui excellait à nuancer le son du piano, avait une répulsion très-naturelle pour l'école bruyante et tapageuse. Froid et réservé dans ses jugements, il se contentait de dire quand on l'obligeait à donner son avis sur le talent et la virtuosité des pianistes à la mode : « MM. X. Y. Z. sont très-forts, leur exécution est éblouissante, ils me stupéfient par leur audacieuse bravoure; mais j'ai la faiblesse de préférer les sonorités moins éclatantes, et je n'ai pas de goût pour les sauts périlleux, pour la haute gymnastique musicale; je préfère le terre à terre de mon clavier ».

Nous partageons absolument cette théorie d'un grand maître; la virtuosité transcendante est un moyen indispensable mais non le but à viser; la loi véritable est de charmer, d'émouvoir, de captiver; la difficulté a sa raison d'être, mais elle doit garder sa place secondaire et ne pas occuper le premier plan pour exciter l'étonnement — ou l'appréhension.

La physionomie de J.-B. Cramer était d'un aspect froid et sévère. L'ovale allongé de la figure, les traits réguliers, le regard ferme et assuré faisaient de l'ensemble un type fort distingué en harmonie avec sa tenue irréprochable, ses allures éminemment correctes, l'attitude méthodique et un peu compassée du véritable gentleman. Cramer, après un séjour de quelques années à Paris et à Boulogne-sur-Mer, retourna dans sa chère Angleterre, son pays d'adoption qu'il aimait avec la foi profonde, l'ardent enthousiasme d'un patriote; c'est là qu'il mourut, aux environs de Londres, à l'âge de 87 ans, ayant conservé, comme Clementi, dans sa verte vieillesse, toutes ses facultés et ses belles qualités d'exécution.

XIV

GOTTSCHALK

Les sources de l'art ont des points de départ très-divers, des origines souvent mystérieuses et cachées, mais c'est le plus souvent dans les profondeurs de l'âme que se trouve le foyer vivifiant ; c'est là que l'inspiration, l'impressionnabilité, l'imagination puisent leur éclat et prennent leur force d'expansion. Les compositeurs qui nous ont précédés et ont posé les premières assises de l'école moderne ont peu connu ou négligé le côté pittoresque, descriptif, imagé, si fort en vogue de nos jours ; le caractère et la force de leur style consistaient surtout dans la bonne exposition, l'enchaînement et le développement parfait des idées : ils n'avaient aucune prétention à l'art de peindre, et se contentaient d'écrire purement, dans une langue musicale et châtiée.

C'était l'école des logiciens. Mais actuellement l'art musical, comme la littérature et la peinture, a trouvé des voies nouvelles et contient des sectes différentes :

écoles idéaliste, réaliste, naturaliste, impressionnaliste.
Nous avons aussi nos représentants de l'orientalisme,
Félicien David, Reyer et Bizet, dont les noms répondent si bien à ceux de Decamps, Marilhat et Fromentin;
nos néo-grecs, comme Gounod, Victor Massé et Duprato,
qui nous rappellent Hamon, Gérôme et toute l'école
archaïque. Dans le domaine des pianistes compositeurs,
il a surgi une foule de paysagistes proprement dits,
peintres de genre, sentimentalistes ou amateurs du
pittoresque. Mendelssohn, Liszt, Chopin, Stephen Heller,
Prudent, Rosenhain, Wolff, Delioux, Schuloff, etc.,
ont composé de nombreuses pièces caractéristiques, véritables bijoux du genre descriptif. Poëtes musiciens,
amoureux de la nature, ils ont chanté la patrie absente
ou le pays perdu, en traduisant dans la langue des
sons les mœurs, le caractère, le tempérament des
différentes nationalités.

Gottschalk mérite une place à part dans cette école
par son individualité, sa distinction, l'originalité de
ses compositions et sa virtuosité exceptionnelle. Louis
Moreau Gottschalk naquit le 8 mai 1829 à la Nouvelle-Orléans. Notre ami L. Escudier, dans son livre
des « virtuoses célèbres », rectifie l'erreur de Fétis
faisant naître le célèbre artiste en 1828 et consacre à
son pianiste de prédilection des pages pleines d'intérêt et riches de détail, dont l'émotion fait honneur à
l'artiste enlevé si prématurément, nature sympathique,
imagination de poëte, cœur sincère et dévoué. Sans
avoir été le disciple de Chopin ni de Liszt, Gottschalk
participait beaucoup de ces maîtres illustres par son

tempérament fin, délicat, rêveur; entouré comme Chopin, dès son enfance, d'affections généreuses et de soins tendres, né et grandi dans un milieu aristocratique, son instruction et son éducation furent très-soignées. Je n'ai pas à raconter les épisodes attachants et romanesques qui amenèrent à la Nouvelle-Orléans les grands parents de Gottschalk dont les aïeux maternels étaient le comte et la comtesse de Bruslé, de Saint-Domingue. Louis Moreau Gottschalk eut pour père sir Édouard Gottschalk, un jeune touriste anglais docteur ès sciences de l'université de Cambridge, conduit à la Louisiane par le goût des voyages et fixé dans ce pays après son mariage avec la jeune comtesse de Bruslé. Il y eut plusieurs enfants de cette union, frères et sœurs de Louis Gottschalk, tous heureusement doués.

La famille de Gottschalk habitait une campagne isolée, au bord du lac Pontchartrain. Les premières impressions de jeunesse ont dû exercer une grande influence sur l'imagination romanesque du futur compositeur. Les bruits mystérieux de la forêt, les harmonies vagues, la poésie d'une nature sauvage, formèrent le goût et l'esprit de l'artiste et lui donnèrent une empreinte décisive. Les chants indiens et créoles, les chansons nègres aux rhythmes si originaux, les mélodies locales si charmantes et si naïves meublèrent la mémoire du musicien, et plus tard tous ces matériaux se fondirent dans son cerveau pour produire un nouveau métal.

En 1841, Gottschalk vint à Paris perfectionner son

éducation musicale d'enfant prodige. Charles Hallé et Camille Stamaty plus particulièrement furent ses professeurs. En 1844, il donna son premier concert chez Pleyel, qui le prit en grande affection. Chopin également témoigna sa vive sympathie au jeune artiste ; il se plaisait à reconnaître dans cette délicate nature une organisation tendre et sensible, sœur de la sienne. Après avoir pris les leçons d'harmonie de Maldent, Gottschalk commença à composer et écrivit ses ballades : *Ossian, la Bamboula, le Bananier, la Savane, la Danse ossianique, le Mancenillier*, etc., œuvres publiées en 1848 et 1849 encore à l'état d'esquisse, et de première ébauche.

C'est en 1848 que j'ai connu Gottschalk. Camille Pleyel me l'avait signalé comme un virtuose de grand avenir, et sa première audition me prouva que ces éloges n'avaient rien d'exagéré. Sa nature distinguée et modeste le rendait tout d'abord sympathique ; son exécution expressive, ses sonorités à la Chopin achevaient de séduire. Sa réputation commençait, et elle allait grandir rapidement ; ses premières œuvres gravées chez Escudier, obtenaient un succès immédiat.

Il était impossible de méconnaître une individualité très-accusée dans ces compositions, où le charme de l'idée, l'élégance des harmonies se marient à des rhythmes d'une allure toute particulière, d'une persistance opiniâtre ; ces langoureuses mélodies créoles, ces danses nègres d'une mesure cadencée donnaient aux compositions de Gottschalk un goût de terroir, un parfum spécial, un accent de couleur locale d'une authenticité incontestable.

En 1849, Gottschalk fit un voyage en Savoie et en Suisse, il fut présenté à la grande-duchesse de Russie, qui l'accueillit avec la grâce et la bienveillance habituelles à la haute aristocratie russe. Gottschalk, très-apprécié, fit acte de charité en donnant à Yverdun un concert de bienfaisance. De 1850 à 1851, il se fit entendre à Paris dans de nombreuses réunions. Sa virtuosité brillante, expressive rappelait les qualités de Chopin; et Camille Pleyel, si bon juge, assurait hautement retrouver dans son jeune ami les exquises délicatesses du poëte du piano. A cette époque, Gottschalk me fit la gracieuseté de me dédier sa belle transcription de *la Chasse du jeune Henri*, qu'il jouait souvent à deux pianos avec mon élève et ami, Joseph Wieniawski. Sa fantaisie sur le *God save the Queen* appartient à la même date.

Appelé en Espagne sur le désir exprimé par la reine, Gottschalk donna à Bordeaux et à Bayonne plusieurs concerts, prélude brillant des ovations triomphales qui l'attendaient dans toutes les grandes villes de la péninsule et particulièrement à Madrid. Le célèbre virtuose excita un enthousiasme extraordinaire. Complimenté par les municipalités, présenté aux plus illustres personnages de la cour, accueilli à l'Escurial avec le même fanatisme d'admiration, fêté, acclamé, décoré, Gottschalk eut même le singulier honneur de passer une revue. Ce fut un *pronunciamento* d'enthousiasme, mais Gottschalk, rappelé en Amérique à la demande expresse de son père, dut quitter l'Espagne, non sans emporter une couronne d'or offerte par les dilettantes de Madrid, avec cette inscription « A Gottschalk, poëte espagnol. » Si on en croit la légende, il aurait aussi emporté le cœur d'une infante, et cette aventure romanesque, cessant d'être un mystère, aurait décidé le gouvernement espagnol à prier Gottschalk de quitter Madrid.

Gottschalk traversa rapidement le Portugal et s'embarqua pour l'Amérique qu'il parcourut en tous sens. Il fut non-seulement prophète dans son pays, en dépit du proverbe, mais encore accueilli avec une fureur d'enthousiasme national, applaudi à l'égal de Liszt, de Henri Herz, de Thalberg, et sa réputation devint universelle. Au bout de quelque temps, il avait fait la conquête du nouveaumonde. A New-York et à la Nouvelle-Orléans son arrivée fut saluée par des vivats fanatiques ; conduit par la foule à son hôtel, harangué par les magistrats, il eut un véritable triomphe. Quant aux recettes des concerts, elles atteignaient des chiffres inusités et les belles Américaines y ajoutaient des boutons en diamants, comme souvenir personnel offert à leur cher compatriote.

Gottschalk, en quittant l'Espagne, avait emporté les recommandations toutes particulières de la reine pour le gouverneur de Cuba. Cette protection jointe à sa grande réputation artistique, lui valut à la Havane la réception la plus chaleureuse ; il devint en quelques jours l'idole du pays. Aussi, malgré ses habitudes nomades, fit-il un long séjour dans cette île enchantée, où il revenait près d'amis dévoués se retremper dans une existence faite d'affection, qui convenait merveilleusement à sa nature aimante. J'ai connu plusieurs notables de la Havane honorés de l'amitié de Gottschalk et tous, comme son intime Espardero, avaient conçu pour lui un attachement profond et une admiration sans bornes.

Gottschalk revint à New-York en 1855 et y donna une nombreuse série de concerts aussi brillants et aussi recherchés. Nous n'avons pas à le suivre dans ses pérégrinations à travers l'Amérique du Nord et du Sud, au Chili, à Lima, à Saint-Thomas, à la Trinidad, à Port-au-Prince, à Porto-Rico. Le célèbre impresario Strakosch et la Patti, alors âgée de quatorze ans, organisèrent avec lui un voyage artistique à travers le continent entier. Ce voyage, commencé en 1860, dura trois ans; mais cette série de fatigues et de triomphes, de travaux et de plaisirs, de brusques et continuelles émotions devait briser le plus fort tempérament. Gottschalk ne tarda pas à y succomber.

Nature élégante, distinguée, tout à fait aristocratique, Gottschalk, jeune, avait une grande analogie avec Chopin : traits fins et réguliers, ovale allongé de la figure, regard doux, rêveur, cachet de mélancolie. Le moral répondait également à cette ressemblance physique : impressionnabilité extrême, presque maladive, nature de sensitive, organisation d'élite. Gottschalk avait reçu une excellente éducation, parlait plusieurs langues et avait fortifié ses premières connaissances par des études sérieuses faites avec conscience. Tout en s'élevant et en agrandissant le cadre de ses inspirations, il avait conservé une individualité très-prononcée, et malgré son affinité avec Chopin, il puisait à des sources très-différentes. Aussi ne voyons-nous pas en lui un pâle

imitateur d'un style inimitable, mais un tempérament
original, participant d'un maître admiré sans tendre
à le continuer.

Certains détails, certains contours mélodiques,
certaines ondulations sonores pourraient faire songer
à Chopin, pourtant l'ensemble garde une couleur toute
particulière. Inspirées par d'autres sentiments, pro-
duites sous un autre ciel, les compositions de Gottschalk ont un éclat, un brio, une allure déterminée à
la fois individuelle et locale. Les harmonies de Gottschalk, d'une élégance exquise, offrent rarement la
recherche précieuse de Chopin, dont le tissu serré,
d'une trame très-forte, arrive parfois jusqu'aux limites
extrêmes du possible.

Avec les années, la physionomie de Gottschalk s'était
virilisée. Son teint bistré, ses fortes moustaches, sa
façon de porter la tête lui donnaient un air martial.
Il possédait un esprit fin et charmant et cette distinction native bien préférable à tous les faux ver-
nis d'éducation. Sa conversation attrayante avait du
relief; ses lettres, sérieusement pensées, affirmaient
un sens droit, une nature réfléchie d'observateur
habitué à chercher la raison de chaque chose. Je me
rappelle avoir lu avec un grand intérêt plusieurs
articles de critique, où il traitait les questions d'esthétique avec un goût parfait et à un point de vue
très-élevé. Il est regrettable que les incessants voyages
de Gottschalk l'aient éloigné de Paris; c'était son véritable milieu, celui où il aurait pris tout son développement.

Il avait du reste conservé une vive affection pour la France et parlait sans cesse d'y revenir ; mais la mort devait l'en empêcher. Il succombait brusquement, au Brésil, le lendemain d'un concert, au milieu de nouvelles ovations, sur le point de « refaire » une grande fortune, car la première avait été singulièrement amoindrie par sa grande générosité et une mauvaise gestion. Plusieurs de ses amis d'outre-mer m'ont fait part des étranges péripéties de cette existence fébrile ; les sommes considérables gagnées dans les concerts glissaient entre ses doigts sans y laisser de trace ; et plus d'une fois des amis très-dévoués ont dû venir en aide au célèbre virtuose pour l'aider à réparer les désastres de la male chance. Émule de Liszt dans ses charitables folies comme dans ses triomphes rapides, il a été toute sa vie aussi prodigue de sa fortune que de sa santé.

Cette existence ardente, faite d'agitations et d'activité dévorante, absorba vite toutes les forces de la jeunesse ; Gottschalk fut atteint de la fièvre jaune, et ce terrible mal acheva l'œuvre de destruction. Ce fut au Brésil, à Rio-de-Janeiro, qu'il subit la première atteinte du fléau. Il voulut lutter, donna coup sur coup concerts et festivals, surexcité par les ovations de ses admirateurs. Le 24 novembre, il eut un immense succès ; le 26 il tenta, quoique à bout de forces, de donner une seconde audition et se rendit au Grand-Théâtre ; mais à peine eut-il commencé sa belle élégie, *Morte!* qu'il tomba évanoui. Trois semaines plus tard, il mourait en pleine connaissance, comptant lui-même les heures qui le séparaient de l'éternité. La population de Rio-de-Janeiro et les sociétés musicales lui firent d'imposantes funérailles au milieu d'un deuil universel.

Le nom de Gottschalk vivra toujours dans le souvenir de ses amis. Son œuvre de compositeur le rapproche de Chopin ; comme virtuose il peut prendre place entre Liszt et Thalberg ; il obtenait du piano des effets tout particuliers de sonorité ; son jeu, tour à tour nerveux et d'une délicatesse extrême, étonnait et charmait ; il se servait des pédales avec une grande habileté, un tact parfait, mais à notre avis il usait peut-être trop souvent de la pédale *una corda*. Les critiques minutieux lui reprochaient d'écrire ses fines broderies, ses délicates arabesques dans les octaves suraiguës du piano. L'observation est juste, mais il faut remarquer que beaucoup des compositions de Gottschalk se prêtaient, par le rhythme et la nature des idées, à ces effets de sonorité stridente qui scintillent dans la gamme harmonique des sons comme un jet de lumière électrique.

D'une activité fiévreuse, ardent à écrire commme sous le pressentiment d'une mort prématurée, Gottschalk a publié en quelques années un nombre relativement considérable d'œuvres originales, ingénieuses, délicatement ciselées et d'un fini de travail qui affirme la rare conscience de l'artiste. Malgré l'engouement universel de la jeune école pour la puissante sonorité et les procédés de Thalberg, Gottschalk a fort peu sacrifié au parti pris des arpéges, qui pendant longtemps étaient devenus une véritable manie, au point de fatiguer l'inventeur lui-même. Gottschalk a su échapper à cette fièvre d'imitation et conserver à ses compositions cette saveur toute spéciale de rêverie poétique, caractère individuel éminemment original. Ses grandes fantaisies sur *Jérusalem*, le *God save the queen* et le *Trovatore* accusent peut-être un peu l'influence de Thalberg, mais c'est une exception ; Gottschalk ne relève le plus souvent que de son inspiration naturelle, de souvenirs et d'impressions locales restées stériles avant lui, suaves mélodies, rhythmes nouveaux, bruissements harmonieux, tout un monde musical fécondé par l'artiste.

La *Bamboula*, le *Banjo*, *Colombia*, la *Gallina* ont le caractère déterminé d'airs nationaux ; mais Gottschalk est poëte plus large et plus complet dans ses nocturnes élégies, *Ossian*, *Reflets du temps passé*, *Dernière espérance*, *Ricordati*, *Sospiro*, berceuse. La note tendre, émue, passionnée, vibre délicatement dans ces chastes poëmes du cœur, où s'épanche l'âme de l'artiste. *Chant élégiaque*, *Murmures éoliens*, *Chute des feuilles mortes*, *l'Extase*, *Dernier amour*, toutes ces pièces ont un charme infini, un grand cachet d'individualité. Gottschalk a encore excellé dans les caprices et airs de danse où il est peut-être plus absolument lui. La liberté d'allure et de rhynme, l'inspiration franche, exempte de tout parti-pris, font de ces morceaux de salon et de concert de vrais bijoux, finement ciselés, chatoyant comme des pierres précieuses aux facettes savamment éclairées. Citons encore de souvenir *l'Étincelle*, *les Follets*, *la Naïde*, *Danza*, *la Colombe*, *Printemps d'amour*, *Pasquinade*, *les Yeux créoles* ; voilà de délicieuses œuvres de piano où l'effet n'est jamais cherché, mais toujours trouvé d'inspiration, où le compositeur a répandu à profusion son imagination et sa verve de jeunesse. Nous aimons aussi beaucoup les caprices sur la *Jota aragonesa, Bergère et Cavalier*, la *Gitanilla, Polonia, Charme du foyer, Tremolo, Fantôme de bonheur*, radieuses œuvres mélodiques, originales, aux harmonies distinguées, aux traits ingénieux et brillants.

Ajoutons à cette rapide nomenclature, la grande marche de nuit, *l'Apothéose*, marche solennelle la marche des Gibaros, *l'Union*, grande marche, *Cri de délivrance*, caprice héroïque, le grand scherzo op. 57, toutes compositions de valeur qui affirment la fertilité d'imagination et la souplesse de talent du compositeur.

On voit que rien ne manque dans l'œuvre de Gottschalk, ni la variété des sujets traités, ni l'originalité du style. Il mérite donc comme compositeur et comme virtuose, une place tout à côté de celles des grands maîtres de l'art moderne ; son individualité si tranchée a laissé de durables souvenirs dans la mémoire de ses contemporains ; tous ceux qui ont apprécié Gottschalk ont gardé pour lui comme un culte de tendresse affecteuse ; il m'est doux à moi qui fut un de ses vieux amis, de lui consacrer ce dernier souvenir d'une sympathique admiration.

STEIBELT

Nous avons longtemps hésité avant d'inscrire Steibelt parmi les maîtres célèbres qui ont illustré l'école du piano. Une réaction s'est produite contre ce nom applaudi par nos pères, il y a soixante-dix ans; on le classe aujourd'hui à un rang très-secondaire. Il n'en reste pas moins « génial » par certains côtés, et c'est une autre considération qui nous a tout d'abord retenus. Si l'artiste a été grand quoique incomplet et inégal, l'homme privé offre une physionomie étrange, un mélange antipathique de facultés puissantes et de taches morales. Il y a cependant un enseignement utile comme il y a une tristesse inévitable dans cette biographie dont nous n'avons pas la prétention de tirer un portrait aimable.

Daniel Steibelt, fils d'un facteur de clavecins et de pianos, naquit à Berlin en 1764. Telle est du moins l'opinion personnelle de Fétis, en contradiction avec une autre date qui serait 1755. Nous nous rangeons à son avis que corroborent Méreaux et Farrenc. Les biographes sont sobres de détails sur l'enfance du virtuose; ils mentionnent seulement la protection du prince royal de Prusse, Frédéric-Guillaume II, à qui le jeune Steibelt fut présenté et qui, charmé de ses heureuses dispositions, confia le soin de son éducation musicale au célèbre maître Kinberger; mais, élève récalcitrant, nature indisciplinable, Steibelt ne profita qu'incomplétement des leçons de ce professeur habile. Enfant et jeune homme, il ne voulut relever que de lui, il ne sut jamais se plier à un enseignement méthodique. Telle fut la cause première de son infériorité relative et de ses inégalités; la plus belle organisation ne peut jamais sans guide, sans conseils, atteindre la perfection raisonnée, l'équilibre nécessaire; on reconnaît toujours à d'inévitables défectuosités les artistes qui manquent d'école.

On a peu de données sur les premiers succès de Steibelt et ses débuts dans la virtuosité; mais cette absence de détails prouve que Steibelt n'a pas été forcé d'improviser son talent, qu'il a eu plusieurs années devant lui pour se créer un répertoire et trouver les effets nouveaux qui devaient le conduire à la popularité. Il a pu éviter la mésaventure ordinaire aux petits prodiges exploités par des parents vaniteux et âpres au gain. Il commença en 1789, c'est-à-dire à la suite d'une préparation suffisante, la série de ses interminables voyages, après avoir fait paraître à Munich ses premières sonates pour piano et violon. Sobres débuts; la fièvre ardente de la composition ne s'était pas encore emparée de l'artiste plus tard si prodigue d'idées charmantes et originales. Après avoir donné de nombreux concerts en Saxe et en Hanovre, il vint enfin à Paris où il trouva chez l'éditeur Boyer, prédécesseur des frères Naderman, un accueil sympathique, des soins affectueux, une protection puissante : généreux procédés qu'il reconnut mal ; l'artiste berlinois vendit à cet éditeur ami des œuvres précédemment publiées, à titre de compositions nouvelles. Boyer voulait faire un procès, mais Steibelt pour étouffer l'affaire, lui céda, comme compensation la propriété de ses deux premiers concertos.

Grâce aux nombreuses relations de son éditeur, aux séductions de son talent de virtuose, au charme mélodique et à la nouveauté de ses compositions, Steibelt fut appelé à se faire entendre aux concerts de la cour où était alors en grande faveur le pianiste Hermann, artiste de mérite, au jeu sage et correct, protégé et professeur de Marie-Antoinette. Hermann n'avait pas les qualités brillantes, la fougueuse passion, l'entrain endiablé de Steibelt ; aussi la rivalité fut-elle de courte durée entre les deux virtuoses. Steibelt l'emporta par sa richesse d'imagination et la puissance des effets nouveaux, le *tremolo*, les *notes répétées*, qui s'imposèrent au public. Hermann, en homme de goût et en galant homme, n'essaya pas de lutter contre le courant, mais devint l'ami de son rival : dévouement aussi peu récompensé que l'avait été celui de l'éditeur Boyer.

A cette époque les compositions de Steibelt avaient la même vogue, la même popularité que la musique de chambre d'Ignace Pleyel, le compositeur de prédilection du public et des dilettantes, qui eut pour fils aîné Camille Pleyel, le fondateur de la grande manufacture de pianos. La sève mélodique qui affluait dans toutes les compositions de Steibelt charmait, éblouissait la foule des amateurs, incapables de saisir de sang-froid et en connaissance de cause les défectuosités de ces morceaux improvisés où les idées se succédaient, miroitaient comme les fantaisies bizarres d'un kaléidoscope. Compositeur et virtuose inégal, incorrect, Steibelt s'élevait jusqu'au génie dans ses heures d'inspiration, et parfois restait terre à terre, se traînant dans les bas-fonds de la médiocrité. Aussi ces trop nombreuses intermittences laissaient-elles un champ très-large au petit groupe des critiques de goût : ceux-ci s'indignaient du manque de style, du peu de cohésion des idées, de la monotonie des effets; ils reprochaient à l'exécutant une confusion, une inégalité de doigts et de mains absolument contraires à la véritable virtuosité.

Ces critiques de détail n'atteignaient pas la popularité croissante de Steibelt. De puissants protecteurs, parmi lesquels il faut mentionner en première ligne M. de Ségur, séduits par la riche imagination du virtuose, prenaient à tâche de le produire comme compositeur dramatique. M. de Ségur lui confia un poëme tiré de *Roméo et Juliette*. Cet ouvrage écrit pour l'Académie royale de musique, ajourné, refusé, fut enfin arrangé par les auteurs pour le théâtre Feydeau. Mélodiste dans la plus large acception du mot, Steibelt, malgré l'insuffisance de ses études et son manque de science, avait une telle abondance d'idées, un sentiment de l'expression et des effets scéniques si juste et si vrai que, sa partition de *Roméo et Juliette* fut un des plus grands succès de la scène française. On y constatait de nombreuses défectuosités, une fâcheuse inexpérience de l'art vocal, une orchestration insuffisante, mais des mélodies originales, des accents passionnés, une couleur exacte et dramatique. Il faut ajouter que Mme Scio fut admirable dans l'interprétation de son rôle, et fanatisa le public par sa belle diction.

D'autres succès attendaient Steibelt. Vers cette même époque il eut son heure de vogue comme professeur à la mode. Les élégantes du Directoire, puis la noblesse improvisée du second empire, désireuse de se mettre au ton de l'ancienne cour, sollicitaient les leçons du célèbre virtuose. Mais cet engouement fut de courte durée ; le manque d'éducation, les excentricités impertinentes, les indélicatesses de Steibelt le forcèrent à quitter Paris et à chercher fortune dans une suite de voyages à l'étranger. La Hollande, l'Angleterre, Hambourg, Dresde, Berlin, Vienne purent l'entendre dans de nombreux concerts. Dans cette dernière ville, Steibelt eut l'insigne audace d'entrer en lutte avec Beethoven ; maladresse bientôt punie. Steibelt n'avait pas craint d'improviser sur un thème du maître de médiocres variations avec son inévitable trémolo. Le thème était beau, les fantaisies bien inférieures. A quelques jours de là, Beethoven prit pour thème la partie de basse d'un trio de Steibelt, et improvisa des merveilles sur cette pauvreté. Cette dure leçon, infligée à la fatuité de son prétendu rival, mit fin aux essais de même nature provoqués par d'imprudents admirateurs de Steibelt.

Le virtuose berlinois, dont la vie aventureuse, toujours aux prises avec les dettes, ne pouvait prendre racine nulle part, vint encore deux fois à Paris, en 1800 et 1805, tenter la fortune. Nous devons à sa première réapparition l'audition du sublime oratorio de Haydn, *la Création*, dont le poëme, traduit en prose par Steibelt, fut versifié par le vicomte de Ségur et adapté à la musique par le célèbre pianiste. La première audition de ce chef-d'œuvre eut lieu à l'Opéra le 3 nivôse, an IX, date signalée par l'explosion de la machine infernale.

Ce travail de traduction fut assez largement rétribué, mais l'artiste nomade dut renoncer aux succès lucratifs des soirées du grand monde. Une réputation déplorable, appuyée sur des faits trop certains, lui ferma la plupart des salons. Il quitta Paris pour se rendre à Londres avec sa jeune femme, une beauté britannique, dont Steibelt voulut faire ressortir le charme et les séductions en composant à son intention des *Bacchanales* pour piano et tambour de basque. Les hommages rendus à la grâce de la jeune bacchante flattaient beaucoup, paraît-il, l'auteur de ces pièces assez médiocres.

Steibelt donna à Londres plusieurs concerts brillants et fructueux, et, toujours à court d'argent, malgré ses succès, écrivit un grand nombre de fantaisies et d'arrangements sans valeur musicale. Il composa aussi la musique de deux ballets : *la Belle laitière* et *le Jugement de Pâris*. L'histoire ne dit pas si la belle madame Steibelt figurait aussi dans les *tableaux plastiques* en s'accompagnant du tambourin.

Steibelt revint à Paris en 1805 et fit exécuter à l'Opéra en 1806, au retour de la campagne d'Austerlitz, une plate cantate de circonstance, la *Fête de Mars*; mais, toujours harcelé par ses créanciers, vivant d'expédients, il repartit subitement pour se rendre en Russie, vers 1808. Dans tout le parcours de ce long voyage, il donna de nombreux concerts, à Francfort, Leipsick, Varsovie, etc. A son arrivée à Saint-Pétersbourg, il obtint de l'empereur de Russie la place de directeur de l'opéra français. Boieldieu, aussi galant homme que grand artiste, en était alors titulaire, mais il avait la nostalgie du pays natal et voulait se rapatrier. Steibelt prit donc son poste, sans y apporter la même autorité, ni la même dignité, mais en artiste habile et capable encore de belles inspirations. Ce furent les meilleures années de sa vie : grâce à un engagement formel et qu'il ne put rompre, son existence se trouva assurée de 1808 au 20 septembre 1823, date de sa mort. Pendant cette longue période, il fit représenter les opéras de *Cendrillon, Sargines, Roméo et Juliette, la Princesse de Babylone* et commença le *Jugement de Midas*. Il laissait en mourant sa famille sans ressources, et l'initiative de bienveillants protecteurs dut pourvoir à cette situation désastreuse par une souscription et un concert.

On voit le désordre de cette vie : il correspond à l'inégalité des résultats donnés par de belles facultés mal dirigées et un génie sans culture suffisante. L'exécution de Steibelt offrait les qualités séduisantes mais aussi les graves défauts de ses compositions, la plupart trop longues, diffuses, véritables improvisations sans plan arrêté, où les motifs souvent heureux se succèdent sans ordre logique. Ne procédant d'aucune école, ne relevant que de lui-même, de ses caprices tantôt originaux, tantôt simplement bizarres, négligeant son mécanisme, s'abandonnant à l'inspiration du moment, le jeu de Steibelt avait les incorrections inévitables des virtuoses fantaisistes trop confiants dans leur facilité. Fort de sa brillante imagination, sûr de certains effets de pédales, de trémolos, notes répétées et variations qu'il avait mises à la mode, Steibelt s'imposait à un public d'un goût encore peu formé, mais n'évitait pas la critique des artistes sérieux, ayant des oreilles délicates et le sentiment des justes proportions.

Fortifié par l'étude, la réflexion, de saines lectures, retrempant son énergie, sa puissance d'expansion aux sources pures de la famille, de la morale et du véritable sentiment artistique, Steibelt eût produit des œuvres durables et laissé un nom justement admiré. Le décousu de sa vie a compromis, étouffé dans son germe un génie musical d'une grande richesse. De l'œuvre de Steibelt, il ne reste plus dans le courant que quelques sonates, un concerto populaire, l'*Orage*, quelques fantaisies et thèmes variés. Opéras et ballets, tout le reste est oublié ou connu seulement des bibliographes.

L'œuvre de piano, très-considérable, n'est pas moins délaissée. Non-seulement le goût musical a changé mais aussi, il faut le reconnaître, Steibelt, toujours à bout de ressources, écrivait hâtivement, au courant de la plume, sans aucun souci de sa réputation, quantité d'arrangements, pots-pourris, fantaisies variées, bagatelles, bacchanales, musique indigne de l'auteur des sonates et des concertos.

Le catalogue de Steibelt contient 46 sonates; la plupart ont disparu, les planches ayant été détruites; citons parmi les rares survivantes *l'Amante disperata, la Sonate martiale,* op. 23, 37, 41, 64, sept concertos pour piano et orchestre; *l'Orage* et le concerto militaire sont les plus connus. On y retrouve une grande richesse d'imagination, une individualité très-prononcée, de la fantaisie et de la passion, mais toujours le manque d'ordre et d'enchaînement, attesté par des redites fréquentes, des longueurs fastidieuses; toutes faiblesses imputables à l'éducation insuffisante du compositeur, qui ignorait l'art de développer logiquement une idée et de conclure à propos.

Citons encore deux quintettes, un trio pour piano et instruments à cordes, six quatuors pour instruments à cordes, de nombreuses sonates pour piano et violon, deux duos pour piano et harpe, trois divertissements sept rondos, et vingt pots-pourris pour piano-solo, Ces dernières pièces étaient à la musique ancienne ce que sont de nos jours les mosaïques, illustrations macédoines sur les airs d'opéra à la mode. Ajoutons à cette liste déjà longue, six cahiers de bacchanales pour piano et tambour de basque, quarante fantaisies sur des thèmes d'opéra, cinquante études, des préludes, des airs variés en grand nombre et une méthode dont le plan et la rédaction laissent fort à désirer.

Le portrait de Steibelt que nous avons sous les yeux date du Directoire : il montre un des « beaux » de l'époque : profil correct, traits fins et réguliers, nez droit et effilé, bouche petite, chevelure abondante, un type à la Garat encadré dans les larges plis de la cravate de mousseline et souligné par les dentelles du jabot. Tel était au physique le virtuose compositeur, touchant presque au génie dans ses heures d'inspiration, mais gâté par l'absence d'études premières, de travail suivi, d'existence réglée, et dont on peut dire qu'il lui a manqué, comme homme, le sens pratique de la vie, comme musicien, le sens moral du grand art.

XVI

S. THALBERG

Sigismond Thalberg naquit à Genève le 7 janvier 1812. Une légende autorisée lui prête une origine princière; mais que Talberg fût ou non de souche nobiliaire, c'est un point de détail qui n'a rien à voir avec l'admiration due au grand artiste, le respect que son existence honorable, son caractère si digne d'estime lui ont mérité de tous. Son enfance se passa près de sa mère, femme d'esprit et de haute intelligence; quant à l'éducation musicale du jeune virtuose, plusieurs maîtres se sont attribué l'honneur de l'avoir dirigée. Nous croyons être dans le vrai en disant que Thalberg a suivi les leçons de Sechter, Czerny et Hummel. La belle sonorité de ce dernier maître a dû guider Thalberg dans ses recherches pour accroître la puissance du piano; quant à Czerny, il n'est pas un virtuose allemand qui n'ait recherché ses conseils si précieux pour la perfection du mécanisme.

L'extrême facilité et le travail assidu de Thalberg lui firent acquérir, jeune encore, une très-brillante exécution. Par un sentiment de coquetterie, il prétendait avoir acquis ce merveilleux talent sans étude ; il disait aussi vrai qu'Auber s'accusant de paresse.

Toujours est-il qu'à l'âge de 16 ans, Thalberg obtenait à Vienne de grands succès dans les salons et les concerts où il se faisait entendre. C'est en 1828 qu'il publia ses premiers essais de composition et commença ses voyages en Allemagne, ébauchant peu à peu les procédés nouveaux qu'il devait ériger quelques années plus tard en méthode. De 1835 à 1839, Thalberg a parcouru l'Europe en donnant partout des concerts où il émerveillait les artistes par ses qualités spéciales, les ressources exceptionnelles de sa virtuosité, révolutionnant l'école du piano par l'extension toute nouvelle donnée à la sonorité, et la belle manière de chanter.

A cette époque, la difficulté vaincue et les traits de bravoure étaient le *summum* de l'art ; la grande école de Clementi, de Cramer, de Kalkbrenner avait encore ses adeptes fervents, mais les virtuoses, las des mêmes formes, cherchaient des voies nouvelles, hors de la sonate et des thèmes variés. Thalberg vint leur apporter un secours puissant. C'est dans les salons de Zimmermann que je l'entendis à ses débuts à Paris en 1835. Zimmermann se faisait un point d'honneur d'être le premier à produire devant sa nombreuse et brillante clientèle les grands artistes étrangers de passage à Paris ; il aimait à se dire le parrain de toutes les célébrités qui venaient demander au public parisien la consécration de leur renommée. Ce soir-là, Mme Viardot, Duprez et de Bériot complétaient le tournoi musical. Thalberg eût un succès prodigieux, on s'étouffait pour le voir et l'entendre, tant ses effets nouveaux paraissaient alors merveilleux ; tous les pianistes présents voulurent se rendre compte *de visu* des procédés employés par le jeune maître.

La célèbre fantaisie de *Moïse* causa une stupéfaction profonde. On cherchait curieusement à deviner le secret de cette sonorité puissante. La belle et large mélodie, s'accusant à chaque strophe avec plus de force, paraissait une impossibilité sous ce torrent d'arpéges parcourant le clavier dans toute son étendue. L'enthousiasme était à son comble, quand Mme Viardot vint avec Duprez chanter un duo de Mozart. Je me rappelle encore l'effet d'étonnement qui se produisit plus tard à l'audition, au Théâtre-Italien, de l'étude en *la* mineur où le chant en notes répétées était divisé aux deux mains. On se rendait si peu compte de la disposition adoptée par Thalberg, que cette pièce, donnée au Conservatoire comme morceau de concours, fut exécutée par toutes les élèves moins une seule, Mlle Aulagnier, je crois, suivant les traditions anciennes, c'est-à-dire le chant à la main droite et l'accompagnement à la main gauche. L'exception commise par Mlle Aulagnier produisit une vive émotion parmi les concurrentes et les juges ; l'élève audacieuse qui devait du reste avoir plus tard le premier prix, n'obtint cette année-là qu'un accessit.

Thalberg, après un séjour assez prolongé à Paris,

commença une longue série de voyages à travers l'Europe; l'Angleterre, la Belgique, la Hollande, l'Allemagne et la Russie lui firent le même accueil enthousiaste. A l'exemple d'Henri Herz, il voulut encore conquérir le nouveau monde à sa méthode. Les États-Unis et le Brésil lui firent une réception magnifique. Thalberg revint ensuite en Europe, où l'attendaient de nouveaux succès, jouir de ses triomphes et de sa grande fortune. Il habitait à Paris un hôtel acheté lors de son mariage avec une des filles de Lablache. Nous ne le suivrons pas dans ses nombreux et incessants voyages à Londres, à Naples, en Russie; mais nous devons mentionner sa réapparition dans une série de concerts donnés à Paris, salle Érard, en 1862. C'était toujours la même exécution idéale : sonorité onctueuse dans le chant, limpidité transparente dans les traits, ampleur, puissance, délicatesse. Il manquait pourtant à toutes ces perfections un peu d'imprévu, l'animation, la passion communicative. En écoutant ce grand virtuose, si beau modèle à prendre, on se trouvait sous le coup d'une admiration véritable; mais le cœur ne battait pas comme à l'audition de Chopin ou de Liszt. Une femme d'une beauté idéale, une statue vivante peut se faire admirer, mais le charme, l'esprit, la sensibilité agissent sur l'imagination d'une manière plus vive que la beauté calme, impassible, confiante dans sa toute-puissance.

Le procédé de Thalberg a fait école, en dépassant les souhaits de son inventeur, je n'hésite pas à l'affirmer. La foule des imitateurs, petits et grands, habiles ou maladroits, qui ont usé et abusé de l'arpége, est immense. La disposition du chant placé au médium du piano n'est pas une découverte nouvelle ; mais ce qui appartient en propre à Thalberg, ce qui a été trouvé et merveilleusement utilisé par lui, c'est le choix des doigts forts pour marquer d'une façon plus saillante les mélodies, la division alternative aux deux mains, enfin les innombrables traits de formes nouvelles qui animent le chant sans en altérer les contours et font vibrer l'échelle sonore du piano dans toute son étendue. Voilà, en dehors du mérite transcendant de Thalberg comme compositeur, le côté tout spécial où il est resté créateur, chef d'école, artiste inimitable et trop imité !

Thalberg a écrit un grand nombre de fantaisies sur les opéras italiens et français. Les plus populaires sont tirés de *la Straniera, Moïse, les Huguenots, la Donna del lago, Robert le Diable, Béatrice, la Norma, Lucrèce Borgia, le Barbier de Séville, la Sonnambula, la Muette*, les deux fantaisies sur *Don Juan* et l'andante final de *Lucie*. Nous en passons beaucoup et des meilleures. Outre ces arrangements importants, très-développés, Thalberg a publié une œuvre de la plus grande valeur : *l'Art du chant appliqué au piano*. L'illustre virtuose a pris un soin minutieux à former par ses transcriptions vocales tous les pianistes désireux d'acquérir ces belles qualités de style, cette large manière de faire chanter le piano, ces variétés d'accent et de timbre indispensables pour traduire dans des sonorités différentes, d'une manière claire et distincte, le chant et les accompagnements. Sous ce rapport, Thalberg avait réalisé une perfection exceptionnelle, dont il donne le secret dans les excellents préceptes de son *Art du Chant*.

Le recueil des douze grandes études de concert et l'étude en *la* mineur op. 45 appartiennent à la virtuosité transcendante. Thalberg y a mis en œuvre, dans un style très-serré et très-ferme, toute l'ingéniosité de ses procédés de prédilection. Nous ne pouvons passer sous silence son concerto, quoique ce soit une composition de jeunesse sans caractère bien accusé. Thalberg a deux fois essayé d'aborder la musique dramatique à Londres, puis en Italie. Ces deux tentatives aboutirent à un double insuccès. — En fait de musique de chambre, nous ne connaissons de lui qu'un estimable trio, op. 69, pour piano, violon et violoncelle.

Thalberg, indépendamment de ses nombreuses fantaisies et de ses arrangements, a écrit quantité d'œuvres originales qui diffèrent sensiblement de ses procédés usuels et dans lesquels sa pensée s'est affirmée d'une manière moins uniforme. Ses deux caprices, op. 15 et 19, ses nocturnes, op. 16, son scherzo, op. 31, son andante, op. 32, ses romances sans paroles, op. 42, ses *Soirées de Pausilippe*, sa marche funèbre, sa barcarolle, sa tarentelle, sa célèbre ballade, enfin sa grande et belle sonate prouvent victorieusement que Thalberg savait, quand il le voulait, s'affranchir des formules que son admirable talent de virtuose avait mises en si grande faveur. La lecture de ces ouvrages est une réponse aux critiques malveillantes de rivaux jaloux, qui ne voulaient voir en Thalberg qu'un habile arrangeur d'idées toutes trouvées. Et pourtant ce n'est pas chose facile d'écrire de bonnes fantaisies. Le choix des idées traitées, leur succession, leur agencement, l'importance donnée à certains motifs, l'intérêt des épisodes, la façon dont les pensées se relient entre elles, les contrastes bien ménagés, les effets bien gradués demandent de la part du compositeur beaucoup de tact, d'habileté, d'ingéniosité. Thalberg en ce genre a fait école et laissé de très-beaux modèles.

Ed. Wolff, Dœhler, Henselt, Prudent, de Kontski, Goria, Gottschalck, Jaëll, Fumagalli, etc., ont suivi assez longtemps la voie tracée par Thalberg, mais le succès n'a pas été le même. L'abus des procédés identiques a fini par lasser les oreilles musicales. Le goût a changé, la mode n'est plus à ces interminables fantaisies qui passionnèrent le public il y a trente ans. Prudent a créé un genre à lui dans ses paysages animés, *la Prairie, les Bois, les Naïades,* etc. ; Heller dans ses *Promenades d'un solitaire,* ses *Nuits blanches,* ses *Scènes vénitiennes,* Schumann dans ses nombreuses pièces caractéristiques et romantiques ; Bizet, dans ses *Chants du Rhin,* enfin tous ceux qui mettent l'idée au-dessus de l'effet, ont abandonné l'ancien cliché. La musique pittoresque, imitative, descriptive a tout à fait démodé la grande virtuosité d'autrefois. Il y a un progrès immense dans l'art expressif, dans la science du coloris ; mais, en revanche, que de titres burlesques, d'étiquettes prétentieuses sur des pièces dites originales, mais vides de sens, d'idées, écrites dans un véritable patois musical !

Toutes ces variations de la mode et du goût n'enlèvent rien à la gloire de Thalberg. Le but poursuivi et atteint par l'illustre virtuose était de substituer à l'ancienne école du piano, où les effets brillants reposaient sur la rapidité des traits diatoniques et chromatiques, des formules nouvelles embrassant le clavier dans une plus grande étendue et développant le tissu harmonique de la basse la plus grave à la limite suraiguë. Ce problème, en apparence insoluble, a été victorieusement réalisé par Thalberg dans ses nombreuses fantaisies et transcriptions vocales et instrumentales. La disposition des phrases mélodiques au médium du piano, la division alternative aux deux mains des notes saillantes permettant aux doigts forts de marquer le chant avec plus de fermeté, l'harmonie plus corsée, soutenu aux deux mains au moyen de basses profondes et d'arpéges rapides, tels sont en résumé les procédés adoptés par Thalberg, et mis en œuvre avec une ingéniosité sans pareille.

Aussi le virtuose et le compositeur firent-ils une véritable révolution dans l'école du piano. Les maîtres anciens et ceux dont le talent, l'originalité pouvaient se passer de ces effets nouveaux, ne changèrent rien à leur style et laissèrent passer cet engouement pour l'arpége. Herz, Chopin, Heller, Kalkbrenner ne modifièrent que fort peu leur façon d'écrire, mais toute la jeune école suivit Thalberg avec enthousiasme. Prudent, Kontski, Goria, Dœhler, Osborne, Godefroid devinrent ses disciples ardents, les propagateurs de sa doctrine. Il y eut excès comme dans toute révolution. L'école de Clementi, Cramer, Field, Kalkbrenner, celle de Hummel, Moschelès, Henri Herz, procédaient toutes deux d'une façon presque identique pour la disposition du chant, de l'harmonie et des traits brillants. L'édifice musical donnait alternativement aux deux mains le degré d'importance qui convenait à chacune d'elles, mais l'intérêt du discours presque toujours divisé, ne comprenait que rarement des formules simultanées servant d'accompagnement à la mélodie.

Les traits rapides en gammes simples et figurées, quelquefois en accords brisés, se présentaient presque toujours dans une ordonnance symétrique qui subordonnait le virtuose au musicien. La conduite de la phrase, la forme à conserver primaient les allures indépendantes et les caprices de l'exécutant visant aux grands effets. Les maîtres tels que Haydn et Mozart se préoccupaient avant tout de formuler leur pensée dans la plus belle langue musicale sans souci exclusif de la virtuosité. Pour eux ce n'était qu'un moyen plus sûr d'arriver à bien dire; l'idée ne leur venait que rarement d'écrire une phrase, un trait destinés spécialement à mettre plus en évidence la belle sonorité d'un instrument et les qualités particulières d'un exécutant.

A la grande influence de Thalberg sur l'école moderne du piano, comme compositeur et virtuose, il faut ajouter son action comme professeur. Non qu'il prît la peine de suivre, mesure à mesure, phrase par phrase, les pianistes qui avaient la bonne fortune d'obtenir ses conseils; mais quand l'élève avait joué son

morceau, — appartenant presque toujours au répertoire du maître, — Thalberg l'exécutait à son tour, en in-
diquant les nuances et les procédés d'attaque. De toutes
ces qualités, que de nombreux disciples ont plus ou
moins conservées, la plus frappante était l'art merveilleux
de produire, de conduire et de moduler le son. Jamais
d'effets heurtés, aucun abus de force; le piano n'était
pas malmené, traité avec violence.

Comme Chopin, Thalberg employait constamment
les pédales douce et forte, d'une façon alternative ou
simultanée, mais avec un tact si parfait que l'oreille la
plus susceptible ne pouvait saisir aucune résonnance
anormale. Signalons encore dans cette exécution magistrale, l'ordonnance raisonnée du discours musical,
la gradation des effets, une limpidité, une transparence
exceptionnelles de la partie récitante dans les passages
légers ou brillants.

On dit, avec raison, que les traits reflètent l'être
moral et que chacun a la physionomie de son âme.
Souvent aussi la figure de l'artiste porte l'empreinte
de son tempérament enthousiaste ou rêveur, recueilli
ou exubérant. On a souvent la physionomie de son
talent; Thalberg en était uue preuve frappante. Les
traits fins, distingués, harmonieux, donnaient à son
visage un cachet de noblesse répété dans toute sa
personne; on reconnaissait en lui un homme de race,
doué de cette distinction native que ne remplace pas
toujours la meilleure éducation. Le regard était fier,
le sourire fin et bienveillant, la tête haute, portée
en arrière comme celle d'un vrai gentleman.

Thalberg est mort à Naples (1) le 27 avril 1871, dans la force de l'âge et la plénitude du talent, laissant un nom aimé, inséparable de l'histoire de l'art. Comme exécutant, l'influence de son école a été considérable, et, malgré certaines exagérations, a marqué un progrès énorme dans la virtuosité moderne. Comme compositeur, Thalberg a créé une forme nouvelle de fantaisies et laissé des œuvres originales d'une réelle valeur. Il restera, à ce double titre, l'incarnation la plus haute d'une époque de transition.

______

(1) En la propriété même de son beau-père, l'illustre Lablache, sur le Pausilippe, où il s'inspira de ses dernières pensées musicales publiées sous le titre de *Soirées de Pausilippe*. S. Thalberg n'avait que 59 ans. Des obsèques princières lui furent faites par sa veuve, ses amis et toute la colonie dilettante de Naples.

XVI

Madame FARRENC

Les artistes convaincus, ayant foi dans leur art et surtout dans le passé de leur art, attachés aux princi-pes, refusant de s'écarter des doctrines traditionnelles, prenant leur point d'appui dans une fixité de préceptes et une fermeté de conscience que rien ne peut troubler, forment, malgré certains côtés étroits, malgré un isolement et une stérilité inévitables dans le grand mouvement contemporain, une école respectable à tous les égards. Mme Farrenc appartenait à cette chapelle de croyants exclusifs qui n'ont jamais voulu quitter la voie tracée par les maîtres ni s'affranchir des lois reconnues, adoptées, enseignées par eux. L'amour du nouveau, la fièvre de l'inconnu n'ont jamais eu prise sur ces natures dont la foi robuste, la dévotion pour ainsi dire fermée repoussent comme hérésies tout ce qui s'écarte des principes absolus de l'art pur.

Si cette école a des côtés étroits, comme nous l'avons

dit tout d'abord, elle en a aussi d'intéressants et d'ins-
tructifs. Nous croyons accomplir un devoir, acquitter
une dette de cœur et de bonne confraternité en consacrant ces pages de souvenir à l'artiste éminente dont
la vie modeste et laborieuse reste un enseignement en
ce temps de réclames, d'études superficielles et de charlatanisme. Cet hommage de sympathie est amplement
justifié par les qualités multiples de l'artiste qui, grâce
à son énergique volonté, ses fortes et patientes études,
sut acquérir des connaissances musicales qu'aucune
femme, avant elle, n'avait possédées au même degré.
Il faut honorer ces belles natures qui aiment l'art
pour les pures jouissances du cœur et de l'esprit, pour
lui-même, en un mot; qui ont un médiocre souci de
la gloire et de la fortune et marchent courageusement
à la conquête de l'idéal, sans autre mobile que l'ardent
amour du beau.

Mme Farrenc, née Jeanne-Louise Dumont, était la
fille de Jacques-Edme Dumont, statuaire, pensionnaire
de Rome, et la sœur d'Auguste Dumont, membre de
l'Institut et l'un des statuaires célèbres de l'époque
actuelle. Mme Farrenc descendait aussi, par les femmes,
de la grande famille des peintres du xviiie siècle, les
Coypel. Son enfance n'offre aucune des particularités
saillantes qui accompagnent d'ordinaire les premiers
pas des enfants prodiges et dénotent des aptitudes
toutes spéciales; on n'y trouve aucune légende merveilleuse; mais cette bonne fortune d'appartenir à une
famille d'artistes éminents a certainement exercé une
grande influence sur la vocation de la future virtuose

comme sur la direction de ses premières études. Haydn, Mozart, Beethoven étaient la trinité musicale à laquelle la jeune néophyte avait voué ses premières croyances ; Moschelès et Hummel furent tout à la fois ses conseillers et ses modèles.

Dès l'âge de quinze ans, elle commençait ses études d'harmonie et de contre-point avec Reicha ; à dix-sept ans, elle devenait la compagne de M. Aristide Farrenc, un artiste de sérieuse valeur, virtuose renommé comme flûtiste et bon compositeur. La haute supériorité de sa femme, l'admiration profonde qu'il avait pour son talent, le décidèrent à renoncer à la vie militante du musicien pour devenir éditeur ; mais on retrouvait dans ses publications, d'une correction irréprochable, le soin, la conscience, le goût d'un véritable artiste. On lui doit la publication d'un grand nombre d'ouvrages d'une haute valeur, tels que les *Études* et la *Grande Méthode de Hummel*, *l'école du virtuose* de Czerny, une collection des *OEuvres de Beethoven*. Admirateur passionné des compositions de sa femme, c'est grâce à son initiative que nous connaissons plusieurs œuvres importantes qui, sans lui, seraient restées ignorées de tous, même des intimes ; car Mme Farrenc avait une profonde antipathie pour toute mise en scène de ses compositions ; sa réserve habituelle allait jusqu'à la souffrance, quand il s'agissait de produire au grand jour sa personnalité artistique.

Ce fut sous l'habile direction du célèbre contrepointiste Reicha que Mme Farrenc fit, comme nous l'avons dit, de longues et fortes études d'harmonie de fugue et de composition. Ce professeur, dont le mode d'enseignement différait sous plusieurs rapports de la doctrine de Chérubini, le maître par excellence du style sévère, prit un vif intérêt aux études scolastiques de son intelligente et courageuse élève ; il lui fit deux fois recommencer son cours de contre-point et de fugue. Mais la vaillante musicienne, non contente d'écrire avec une rare pureté un grand nombre d'airs variés, rondos, études, voulut connaître à fond tous les secrets, tous les procédés de l'orchestration. Son énergie ne recula pas devant la composition d'œuvres de haut style, trios, quatuors, quintettes, nonettos, ouvertures et symphonies, Mᵐᵉ Farrenc sut aborder avec hardiesse la musique concertante pour piano et instruments à corde, piano et instruments à vent ; citons aussi plusieurs symphonies dignes des maîtres en renom. Ces œuvres ne permettent qu'une critique : Mᵐᵉ Farrenc n'a pas suffisamment osé y être elle-même. Toute à l'admiration de ses modèles, sa pensée s'y est trop fondue dans leur moule, elle n'a pas assez vigoureusement affirmé son style individuel.

On compte trois symphonies de Mᵐᵉ Farrenc, exécutées au Conservatoire ; le nonetto pour piano et instruments à vent a été joué avec une rare perfection par les virtuoses les plus renommés, à la salle Érard. Cette œuvre fait honneur au talent viril de Mᵐᵉ Farrenc. Voltaire, qui refusait aux femmes la faculté d'écrire des tragédies, faute par elles de posséder une certaine vigueur, une énergie de conception et d'exécution indispensables et réservées à l'autre sexe, eût dû admettre une exception à sa théorie en voyant une femme symphoniste, phénomène tout aussi remarquable, à nos yeux, qu'une femme auteur dramatique (1).

Pendant trente années, Mme Farrenc a dirigé au Conservatoire les études d'une nombreuse génération de pianistes. Sa classe a fourni une phalange serrée d'artistes de mérite, dont le talent reflète les sérieuses qualités de leur maître. Citons en première ligne la fille de Mme Farrenc, artiste du plus brillant avenir, virtuose de grand style, musicienne consommée, ravie prématurément à l'affection de ses parents; Mlles Lévy, Dorus, Colin, Sabatier-Blot, Viard, Lenoir, (ces trois dernières ont aussi pris mes conseils pendant quelques années), Mme Béguin-Salomon. L'enseignement de Mme Farrenc était d'une correction parfaite, d'un puritanisme rigoureux. Pour rien au monde, le professeur n'aurait voulu sacrifier à l'effet; aussi les succès de ses élèves, étaient-ils dus bien exclusivement à leur mérite personnel. Les pianistes formés à l'école de Mme Farrenc se distinguaient par la régularité et la netteté irréprochable de leur jeu, le mécanisme excellent, l'accentuation juste qui n'avait rien jamais d'exagéré, enfin la lettre écrite observée avec une exactitude, un soin religieux. Ce qui manquait à cette école, si correcte, si sérieuse et si pure, c'était la chaleur et la couleur.

---

(1) Mme Farrenc n'a rien écrit pour le théâtre, mais elle a eu l'honneur et la satisfaction familiale de guider les études de haute composition de son neveu Ernest Reyer, aujourd'hui membre de l'Institut, l'auteur du *Sélam*, de *Maître Wolfram*, de *Sacountala*, d'*Érostrate* et de *la Statue*

L'horreur de l'exagération l'avait poussée vers un autre écueil, la froideur.

Mme Farrenc professait une grande admiration pour Hummel et Moschelès, dont elle avait longtemps reçu les conseils ; pourtant, on ne retrouvait pas une frappante analogie entre sa virtuosité et celle des célèbres pianistes que nous venons de nommer ; son talent d'exécution procédait bien plutôt de l'école de Kalkbrenner et Cramer, dont elle avait la netteté, l'allure correcte mais compassée. Mme Farrenc n'était pas une virtuose transcendante dans l'acception stricte du mot, mais une pianiste de style, commandant l'attention par sa manière magistrale de comprendre et d'interpréter. En revanche, nous le répétons, ce jeu irréprochable au point de vue de la correction laissait à désirer sous le rapport du coloris musical, manquait de relief et d'expression. Conviction, éducation ou tempérament, Mme Farrenc se tenait obstinément à l'antipode du sentimentalisme : à force de rechercher la simplicité, elle était arrivée à ce résultat singulier : l'affectation du naturel.

Nous comprenons et partageons le sentiment d'aversion profonde que les artistes dignes de ce nom ont pour le maniérisme, l'exagération ou la mignardise, mais il n'en faut pas moins reconnaître que l'accent, l'expression, le mouvement, l'émotion sont des qualités primordiales, dont la possession est indispensable pour une bonne interprétation. Si la chaleur communicative fait défaut à l'exécutant, l'auditoire reste froid ; si le virtuose n'a pas d'heureux élans d'inspi-

ration, s'il se condamne à une rigidité glaciale, quelle
action exercera-t-il sur le public? L'exécution littérale
sans l'adjonction des qalités intimes, de l'interprétation
vivante, sentie, est la négation du beau et du vrai, tout
aussi bien que l'exagération, les procédés excessifs,
ampoulés marquent la décadence de l'art et la perver-
sion du goût.

La physionomie de Mme Farrenc offrait un type distingué, mais austère et froid. Nature vaillante, laborieuse
à l'excès, caractère réservé, réfléchi, tout, dans cette
organisation d'élite, affirmait une individualité concen-
trée et convaincue. Les traits fins, effilés, le teint pâle,
le regard un peu vague, donnaient au visage, d'un
ovale allongé, un caractère ascétique. Au moral, elle
avait une grande droiture d'esprit, un jugement sûr,
une équité rigoureuse; c'était, en outre, une femme
du monde, distinguée, instruite, ayant su se faire une
forte éducation, tout en devenant musicienne et compositeur de premier ordre.

Pendant les dernières années de leur carrière, M. et
Mme Farrenc, — à l'exemple du regretté Amédée Méreaux, — ont consacré tous leurs soins à une importante publication : *le Trésor des pianistes*, recueil de
vingt volumes comprenant tous les chefs-d'œuvre des
maîtres célèbres compositeurs pour le clavecin et le
forte-piano. Cet important ouvrage, enrichi de notices
biographiques et de précieuses indications sur le style
et les ornements anciens, dont la tradition n'est connue
que des érudits, des collectionneurs de méthodes du
temps, est un véritable monument élevé à l'histoire du

piano. En 1872, Mme Farrenc prenait sa retraite de professeur au Conservatoire, sans toutefois cesser ses leçons particulières ; mais sa santé, altérée par le travail, le chagrin, la solitude que la mort avait faite autour d'elle, annonçait une fin prochaine. C'est en septembre 1875 qu'elle nous a quittés pour le grand repos si honorablement conquis par une vie laborieuse et d'un haut exemple.

Nature vaillante, conscience rigide, organisation puritaine et sérieuse, égarée dans un siècle frivole et dans une génération fébrile, on peut dire que Mme Farrenc n'a pas obtenu tout le succès que méritaient sa rare conscience, son profond savoir : mais son nom vivra dans le souvenir de tous ceux qui ont pu apprecier les qualités multiples de l'artiste, femme par la délicatesse du cœur, virile par la fermeté du talent.

XVIII

HUMMEL

Rarement désirables, souvent désavantageuses, les comparaisons artistiques s'imposent quelquefois soit par des coïncidences de date, soit par des rapports de style. C'est un honneur sans doute pour Hummel d'être mis en parallèle avec Beethoven et comparé à ce maître illustre; en revanche, ce n'est pas absolument un bonheur. Opposer l'un à l'autre ces deux maîtres également hors ligne, mais inégalement supérieurs, c'est opposer l'imagination aidée de la science à l'invention créatrice, le style acquis à la sensibilité native, l'originalité travaillée aux élans de l'inspiration. De là un contraste fâcheux entre ces deux grands artistes contemporains et rivaux. Beethoven était un puissant génie, Hummel un musicien de talent; le rayonnement du premier a laissé dans un jour insuffisant le mérite réel du second. Il faut donc, par un effort d'esprit, isoler Beethoven sur ce sommet de l'art qui appartient au symphoniste immortel, et il deviendra plus facile de rendre à son vaillant émule toute la justice qui lui est due.

Mise à part, éloignée de ce redoutable voisinage, la physionomie artistique de Hummel s'éclaire d'un jour nouveau; on n'hésite pas à la placer au rang qu'elle mérite; on salue en Hummel un des maîtres non-seulement brillants, mais utiles qui ont fait progresser l'art musical et trouvé des voies nouvelles. S'il n'a pas eu les grands coups d'aile, les inspirations larges, puissantes de Beethoven, il a du moins parlé la langue inspirée, correcte et pure des poëtes classiques de la musique, il a écrit de véritables chefs-d'œuvre, laissé d'admirables modèles de style et de goût.

Hummel (Jean-Népomucène), fils de Joseph Hummel, musicien distingué, habile professeur, chef d'orchestre, naquit à Presbourg le 16 novembre 1778. Dès sa première enfance, il annonça des dispositions toutes spéciales pour l'étude du piano, qu'il commença à l'âge de cinq ans. Ses facultés musicales étaient si remarquables qu'à sept ans il étonnait déjà par sa virtuosité. Le père de Hummel, qui s'était fixé à Vienne, où il dirigeait un orchestre de théâtre, présenta son enfant prodige à plusieurs artistes éminents et à W. Mozart. Le grand compositeur fut si enthousiasmé par la riche organisation du petit virtuose, qu'il voulut le diriger lui-même, malgré son peu de goût pour l'enseignement.

Hummel eut donc l'inestimable bonheur d'être un des rares élèves de Mozart; il resta chez lui à demeure, comme pensionnaire; de là sa forte éducation et son immense supériorité sur la plupart des compositeurs ses contemporains. Ses progrès furent si rapides que Mozart put présenter au public son merveilleux élève âgé de neuf ans, dans un concert donné à Dresde en 1787. Le père de Hummel voulut ensuite, à l'exemple du père même de Mozart, produire et un peu exploiter le talent de son fils. Pendant six années, il lui fit parcourir l'Allemagne, le Danemark, la Hollande, l'Écosse, l'Angleterre (où il séjourna deux ans, à Londres, en 1791 et 1792), rencontrant partout les sympathies les plus vives. Le père imposait à son fils un travail si rude que Hummel, devenu homme, en conserva l'habitude toute sa vie.

Pendant ses deux années de séjour à Londres, Hummel suivit assidûment les leçons de Clementi, s'imprégna de son style, se soumit aux préceptes de son école. En quittant Londres, Hummel, alors âgé de quinze ans, revint à Vienne et commença l'étude de l'harmonie, qu'il n'avait fait qu'ébaucher; il prit pour guide un des maîtres les plus expérimentés, consulté par tous les musiciens de valeur, le grand théoricien et contre-pointiste Albrechtsberger. Le célèbre Salieri lui donna aussi de précieux conseils sur l'art d'écrire pour les voix et le style dramatique. Ce fut ainsi qu'il devint compositeur, tout en restant un virtuose exceptionnel. Nous ne suivrons pas cette vie laborieuse et vagabonde année par année. Hummel a visité à plusieurs reprises les diverses contrées de l'Europe, l'Allemagne, la Pologne, la Russie, la Hollande, la Belgique, l'Angleterre et la France. Partout acclamé, son grand style, sa virtuosité magistrale, son don merveilleux d'improvisation (ces qualités réunies portées au plus haut point de perfection,) le placèrent au rang des maîtres dans l'acception la plus grande du mot.

Comme compositeur dramatique, Hummel a écrit plusieurs opéras sérieux, de demi-caractère et bouffes, plusieurs cantates avec chœurs, des ouvertures symphoniques et aussi la musique de plusieurs ballets et pantomimes avec chants et danses. Ses partitions les plus connues sont *Mathilde de Guise*, trois actes, *Maison à vendre*, un acte, *le Vicende d'amore*, opéra bouffe en deux actes. Hummel, qui fut successivement maître de chapelle du prince Estherhazy, du roi de Wurtemberg et du grand-duc de Saxe-Weimar, a encore composé trois messes solennelles, des graduels, offertoires à quatre voix, orchestre et orgue.

Haydn et Chérubini avaient pour Hummel une vive sympathie ; leurs encouragements et leurs suffrages étaient pour ce vaillant musicien la récompense la plus douce de ses travaux si variés au théâtre, à l'église et comme compositeur de musique de concert et de chambre. Quant à la double influence de Mozart et de Clémenti, on en retrouve quelques traces dans les premières compositions de Hummel, mais cette filiation s'efface progressivement dans ses œuvres de maturité ; car Hummel, tout en restant attaché aux traditions de ses illustres maîtres, a cherché d'autres voies indiquées déjà par les perfectionnements du piano. Il a modifié les timbres, la sonorité, développé l'harmonie dans une plus grande étendue du clavier, moins usé des formules diatoniques, donné aux traits des contours plus variés, une trame plus serrée et plus forte.

L'œuvre de musique de chambre est importante et de haute valeur; trois quatuors pour instruments à cordes, deux grandes sérénades pour piano, violon, guitare, clarinette et basson, deux septuors restés célèbres, un quintette pour piano et instruments à cordes, six concertos pour piano et orchestre, dont quatre sont des modèles de style devenus classiques, ceux en *la* mineur, *si* mineur, *la* bémol majeur et *mi* naturel majeur; des rondos et thèmes variés pour piano et orchestre; plusieurs sonates concertantes pour piano et violon; sept numéros d'œuvres de trios pour piano, violon et violoncelle, trois sonates à quatre mains, plusieurs fantaisies et particulièrement l'opéra 18, œuvre admirable du plus beau style, des études excellentes, des sonates pour piano seul qu'aucun virtuose ne doit ignorer, op. 13, 20, 36, 81 et 106; les op. 13 et 81 sont de véritables chefs-d'œuvre qui peuvent se comparer aux plus belles sonates de Beethoven.

Signalons encore les études publiées par Farrenc et aussi la grande Méthode, dont je possède l'exemplaire avec dédicace au roi Charles X. Cet ouvrage, traduit de l'allemand par un de mes anciens maîtres d'harmonie, Jalensperger, est un précieux recueil de formules de mécanisme; les combinaisons de doigts, variées à l'infini, offrent aux élèves patients, que le travail ne rebute pas, de nombreux et excellents exemples de doigtés ingénieux ; mais cet ouvrage, très-utile à connaître, est plutôt un arsenal de traits qu'une méthode progressive dans le sens usuel, absolu du mot.

Il faut le reconnaître, si Hummel tient une des premières places parmi les compositeurs de musique de chambre, concertos, septuors, trios, sonates, fantaisies, il n'occupe qu'une place estimable parmi les compositeurs de musique dramatique et religieuse. Écrivain correct, distingué, musicien de grand talent, possédant à fond tous les secrets de son art, ses œuvres de théâtre et d'église ont du style et le caractère voulu, mais manquent de passion et d'élan. Hummel ne possédait pas le génie des grandes conceptions lyriques, et son inspiration musicale n'a pu s'élever aux sublimités dramatiques et religieuses.

Au point culminant. de leur double apogée, une profonde mésintelligence, qui alla jusqu'à l'inimitié, surgit entre Hummel et Beethoven ; et pourtant ces deux grands artistes ne cessèrent de rendre mutuellement justice à leur valeur musicale. On donne différents motifs à cette aversion personnelle, rivalité d'amour ou rivalité artistique ; d'après d'autres renseignements, la cause réelle de cette rupture était l'ombrageuse susceptibilité de Beethoven, dont le caractère aigri par la souffrance n'avait pas une égalité parfaite. Ces deux natures d'élite, si bien faites pour se comprendre et s'estimer, vécurent donc longtemps ennemies ; mais à l'heure suprême des adieux, Hummel apprenant l'état désespéré de son illustre rival, se rendit près de lui, les yeux baignés de larmes ;

Beethoven lui tendit la main en signe de réconciliation.

A partir de 1811 la réputation de Hummel, comme pianiste et compositeur, s'établit à Paris et prit racine au Conservatoire de musique. Cherubini, à son retour de Vienne, avait le premier signalé la haute valeur et fait connaître l'œuvre du maître allemand. J'ai eu le bonheur d'entendre Hummel, lors de son second voyage à Paris, en 1829, dans plusieurs séances données chez Erard, et je me rappelle, avec une vive admiration, ce style noble et simple, cette sonorité onctueuse, cette belle manière de faire chanter et parler le piano, cette clarté limpide des traits et ce brio magistral qui laissait l'auditeur émerveillé, mais toujours tranquille sur les audaces du virtuose.

Hummel est un des grands maîtres du piano ; peut-être serait-il le premier des modernes sans l'immense rayonnement de Beethoven. Mais, s'il n'occupe que le second rang comme compositeur pianiste, il n'a été égalé par personne dans l'art merveilleux de fixer les idées instantanées, de leur donner la vie et la forme. Compositeur de premier ordre, improvisateur incomparable, Hummel, dont la science musicale complétai la riche imagination, appartient à l'école des logiciens et non à celle des impressionnalistes amoureux du pittoresque. Il excellait dans l'art d'exposer avec clarté, de développer dans de justes proportions les idées musicales, qu'il reliait et traitait suivant leur importance avec un art infini. Improvisateur merveilleux, il savait conduire et réglementer l'inspiration avec une perfection sans pareille. Il y avait tant d'ordre, d'ha-

bileté dans ses improvisations, la science et la sponta-
néité s'y unissaient avec tant de bonheur, qu'en l'écoutant
charmé, ébloui, on prenait pour le fruit d'un travail
médité ces œuvres si riches de détails, de combinaisons ingénieuses, enchaînées avec tant d'art, équilibrées avec tant de bonheur. Parmi les pianistes contemporains, quelques musiciens éminents ont seuls
conservé à des degrés différents ce don merveilleux
de l'improvisation. Stephen Heller, Rosenhain, Hiller
improvisent brillamment sur des thèmes donnés.
Liszt est aussi un grand improvisateur si l'on veut
accepter comme improvisations ses éblouissants préludes hérissés de traits vertigineux, mais où l'ordre et
le plan font quelquefois défaut.

Hummel est mort le 17 octobre 1837, à Weimar,
dans cette chère et calme retraite, véritable sanctuaire
du grand art avant l'époque agitée qui devait suivre.
Il avait des traits énergiques et fortement accusés ;
son regard franc, très-ouvert, exprimait une ferme
volonté. Sa bouche souriante parlait de joyeuse humeur ;
mais en voyant cette forte et solide charpente, on
s'étonnait que cette enveloppe rugueuse pût s'harmo-
niser si heureusement avec le talent plein de poésie
et de charme de l'éminent artiste. Ce caillou du Rhin
brillait comme un diamant, et si ses rayons n'ont pas
été assez forts pour lutter avec ceux de Beethoven, du
moins ont-ils gardé assez d'éclat pour que le nom de
Hummel resplendisse comme une des plus pures gloires
de l'école allemande.

XVIII

MOSCHELÈS

Les artistes qui s'élèvent jusqu'aux sommets ardus de la célébrité, et atteignent les hautes cimes de l'art par une valeur personnelle incontestée, des qualités primordiales reconnues de tous, sont en petit nombre ; plns rares encore ceux qui n'ont jamais connu les tristesses de critiques injustes, ressenti les atteintes douloureuses des rivalités et de l'envie. Moschelès a été un de ces privilégiés de l'art ; ses facultés exceptionnelles de musicien, de compositeur et de virtuose l'ont placé si haut, qu'aucune des mesquines passions, des petites haines, trop fréquentes dans la carrière musicale, n'a pu effleurer sa belle et pure réputation. Disons encore que la franchise et la noblesse de son caractère lui ont attiré des sympathies aussi vives qu'immédiates ; le grand artiste et le galant homme n'ont eu qu'à se produire pour conquérir la faveur universelle.

Moschelès (Ignace) est né à Prague le 30 mai 1794.

Son père, négociant israélite, lui fit commencer très-jeune l'étude de la musique; ses premiers maîtres, modestes musiciens dont le nom mérite d'être reproduit, Zabradka et Zozalkski, initièrent assez rapidement leur élève aux principes de l'art pour lui permettre d'entrer à l'âge de dix ans au Conservatoire de Prague, dirigé alors par Denis Weber, musicien instruit et très-distingué qui s'éprit immédiatement des rares qualités de Moschelès.

Sous cette direction paternelle, le jeune pianiste fut initié aux œuvres de Jean-Sébastien Bach, d'Hændel, de Mozart, de Clementi. Sa mémoire prodigieuse et sa merveilleuse facilité lui valurent de tels progrès qu'à douze ans il put se faire entendre dans les concerts publics et obtenir les suffrages des artistes, grâce à une fermeté d'exécution rare chez les petits virtuoses. Déjà cette précoce et riche organisation s'était imprégnée des sérieuses et brillantes qualités des grands maîtres dont Moschelès étudiait le style avec passion.

Ces premiers succès, loin d'exalter l'amour-propre de Moschelès, ne firent qu'enflammer son désir d'apprendre; sa famille secondant son bon vouloir se décida à l'envoyer à Vienne; il trouva dans cette capitale les moyens de se perfectionner et les modèles à suivre. Grâce aux leçons d'harmonie du célèbre maître Abrechtsberger, il fit de fortes études de contrepoint et reçut aussi les conseils de Salieri, maîtres consultés par tous les artistes désireux de connaître les vrais principes, les saines doctrines, et qui prirent leur jeune disciple en grande affection. L'imagination et la prodigieuse mémoire de Moschelès

se meublèrent de tous les chefs-d'œuvre anciens et contemporains; aussi ses audaces heureuses n'allèrent-elles
jamais jusqu'à lui faire quitter les voies du bon goût.

L'exécution brillante, l'accentuation colorée et les
effets nouveaux introduits par le jeune virtuose dans
ses premières compositions pour piano le firent rechercher dans tous les concerts. Il faut même de nos jours,
malgré les soixante ans écoulés, reconnaître dans ces premières œuvres de Moschelès une richesse d'harmonie,
une chaleur expansive dans la phrase mélodique qui
affirmaient de prime abord une originalité réelle. Dès
cette époque, — 1812 —, la réputation du jeune maître
rayonna sur toute l'Allemagne. C'est aussi à cette date
que remonte la sincère et constante amitié de Moschelès
et de Meyerbeer, comme lui très-habile virtuose, son
émule et son rival dans les concerts. Cette courtoise
rivalité n'altéra jamais la mutuelle affection des deux
artistes: bientôt, du reste, Meyerbeer, sans cesser d'être
habile virtuose, se voua plus particulièrement aux
études de composition dramatique. Pendant ce temps,
Moschelès, occupé de faire progresser l'exécution,
consacrait toute son énergie à la recherche des effets
nouveaux dans la musique de piano.

La contexture harmonique de ses traits, de formes
si variées, donnait à l'instrument une sonorité plus
large et une grande diversité d'accents par l'imprévu
des modulations. Aussi, quand Moschelès quitta Vienne
pour se faire entendre dans toutes les grandes villes
de l'Allemagne, Dresde, Leipsick, Cologne, Munich, etc.,
fut-il acclamé comme le créateur d'une école nou-

velle, se distinguant de l'ancienne non par des procédés excentriques, mais par une entente plus parfaite de la sonorité, de l'expression et du toucher.

Malgré ces succès et l'enthousiasme qu'excitait chaque concert, Moschelès poursuivait ses études. Travailleur infatigable, d'une extrême sévérité pour lui-même, il revenait de ses voyages pour mûrir dans le recueillement les effets nouveaux qu'il voulait introduire. Après ses nombreuses excursions dans toute l'Allemagne, sur les bords du Rhin, à travers la Hollande et la Belgique, sûr de ses procédés et de son action sur le public, le célèbre pianiste vint à Paris pour la première fois en 1820.

Les concerts qu'il donna à l'Opéra produisirent une immense sensation ; artistes et amateurs étaient également émerveillés par cette virtuosité transcendante : la sonorité puissante, la noblesse du style, l'élégante manière de phraser, toutes ces qualités réunies étonnaient et charmaient. La part du compositeur dans cette admiration générale n'était pas moindre que celle du virtuose. Les compositions de Moschelès, si riches d'idées, d'une belle ordonnance, d'une facture correcte, laissaient peu de prise à la critique. Nul maître, Hummel excepté, n'avait encore écrit avec ce brio, cette hardiesse d'allures, une pareille entente des effets spéciaux. Toute la génération des pianistes de l'époque s'éprit des qualités et des procédés de la nouvelle école ; le jeune Henri Herz comptait parmi ses admirateurs les plus passionnés et ses disciples les plus ardents.

Cet accueil enthousiate retint Moschelès une année

entière à Paris ; le grand artiste songea même à s'y fixer, mais déjà il était de tradition qu'il fallait visiter l'Angleterre et demander à nos puissants voisins la consécration du talent. Moschelès quitta Paris, mais il devait y revenir souvent et toujours avec joie. Son éminent talent et ses qualités de galant homme lui avaient créé de solides amitiés, de sincères affections dont aucune ne l'abandonna.

En 1821 Moschelès fit sa première apparition à Londres. L'accueil fut tel qu'il se décida à s'y fixer ; grâce à sa distinction naturelle, jointe à sa haute situation musicale, il devint bientôt un des maîtres les plus recherchés et les plus aimés de l'aristocratie anglaise. Il convient d'ailleurs de reconnaître à nos voisins de la Grande-Bretagne une appréciation saine et juste de la valeur réelle des artistes qui viennent demander leurs suffrages, ils n'accordent le droit de cité qu'aux maîtres vaillants qui font preuve à la fois de savoir et de bravoure ; ils ne prennent pas les réputations toutes faites, ils ne les acclament pas de confiance, sans juger par eux-mêmes. Et pourtant le goût musical n'est en Angleterre que l'apanage d'un certain nombre de dilettantes. Seuls les vastes programmes d'oratorios de Bach et de Hændel exercent une véritable attraction sur la foule des fidèles, qui se rendent religieusement chaque année à ces grandes solennités musicales.

S'il y a plus de légèreté dans nos appréciations, dans l'engouement et la vogue qui s'attachent à tel ou tel artiste, du moins notre public français des concerts populaires est-il plus connaisseur et plus éclectique dans ses enthousiasmes.

Moschelès en devenant l'hôte aimé des Anglais, en choisissant Londres comme résidence pendant vingt-cinq ans, de 1821 à 1846, ne dit pas adieu à la vie militante du virtuose, aux voyages artistiques. L'Irlande, l'Écosse, la Hollande et la Belgique, Paris, Vienne, Dresde, Leipsick, Munich, Berlin, Hambourg eurent plusieurs fois la visite du grand artiste. La nombreuse et brillante clientèle d'élèves de Moschelès, sa place de professeur à l'Académie royale de musique, ses fonctions de directeur de la Société philharmonique ne lui permettaient plus de longues absences; mais, dans ses échappées de quelques mois, le compositeur éminent, l'exécutant de grand style, affirmait en toute occasion la supériorité de son école.

J'ai eu plusieurs fois, au début de ma carrière, l'honneur de recevoir des élèves adressés et recommandés par Moschelès; le célèbre maître avait aussi accueilli parmi ses disciples plusieurs jeunes virtuoses formés à mon enseignement; dans ce mutuel échange, j'ai pu directement apprécier l'excellence de la méthode de Moschelès, ses belles et saines traditions. En 1846, Moschelès dit adieu à l'Angleterre, il vint se fixer à Leipsick où l'appelait son illustre élève Mendelssohn, qui désirait lui confier a direction des études de piano du Conservatoire. Moschelès, accompagné de sa famille, s'établit dans cette ville, un des grands centres artistiques de l'Allemagne du Nord; et son école conquit rapidement la célébrité que justifiaient l'immense réputation et l'ardeur infatigable du maître.

Moschelès tient une des premières places parmi les

grands maîtres classiques de l'école du piano. Son style, ses procédés, ses harmonies colorées et les éléments nouveaux introduits dans ses compositions ont exercé une influence sensible sur les œuvres de ses émules et contemporains, Henri Herz et Frédérik Kalkbrenner. Ce dernier maître, qui rendait justice *in petto* à son illustre confrère, portait cependant si haut la conscience de son mérite personnel qu'il lui était pénible de reconnaître la richesse d'imagination et la valeur des études, sonates, concertos de Moschelès; mais Henri Herz, dans sa loyale franchise, dit maintes fois que Hummel et Moschelès avaient été ses modèles préférés et qu'il en procédait directement; et, en effet, la place de Moschelès est marquée à côté de Hummel; les fortes qualités de race et d'éducation qui font les grands artistes sont les mêmes malgré l'individualité distincte des deux talents.

L'érudition musicale de Moschelès était immense, il connaissait à fond toutes les écoles; il pouvait démontrer *ex professo* et en citant des exemples, par quels traits distinctifs s'accusent aux différentes époques le progrès et la transformation de l'art du compositeur. Il savait merveilleusement s'assimiler les qualités de style qui conviennent aux œuvres diverses des maîtres du clavecin et du piano. Bach, Hændel, Scarlatti, Clementi, Mozart, Haydn, Beethoven, Weber et les modernes n'avaient pas de secret pour lui; mais il gardait son style très-caractéristique, style plein de force et de noblesse, chaud, coloré, nerveux, dramatique, où passe souvent le grand souffle de l'inspiration. Ses belles études, op. 70, 95, et ses douze grandes études de concert, op. 111, ses trois beaux caprices, la Légèreté et la Force, op. 50, sont des modèles de facture où l'idée typique est développée avec une habileté de mains que possèdent seuls les maîtres.

Ces pièces, d'un travail excellent au point de vue du mécanisme et des difficultés spéciales, sont toutes remarquables par le choix de la pensée musicale, la variété et la contexture des traits, enfin par les harmonies ingénieuses et piquantes qui en rehaussent le ton et leur donnent une couleur énergique, expressive et dramatique.

L'œuvre de compositeur de Moschelès est considérable. On cite huit concertos pour piano et orchestre; les 2e, 3e, 4e sont des modèles du genre; la noblesse du style, la richesse de l'inspiration, la couleur vigoureuse des harmonies font de ces œuvres des types admirables plusieurs fois imitées. Ajoutons que ces compositions, si remarquables par le choix des idées, l'ingéniosité des traits, sont orchestrées avec un tact parfait, en se plaçant au point de vue du piano récitant, prenant pour lui l'intérêt principal. Les timbres de l'orchestre sont distribués avec une entente merveilleuse de la sonorité; les dessins d'accompagnement, pleins d'élégance et d'esprit, se meuvent avec une grande liberté d'allures, soutiennent ou animent le piano, concertent avec lui sans jamais absorber l'intérêt ni écraser le soliste par une symphonie trop brillante.

Les concertos fantastique, pathétique, pastoral, renferment aussi de belles pages mais n'ont pas la grande ordonnance et la clarté des cinq premiers. Le sextuor et le grand septuor pour piano, violon, flûte, clarinette, violoncelle et contre-basse, peuvent être exécutés à côté de ceux de Beethoven, Hummel, Onslow et Bertini ; ces œuvres sont des pages magistrales par la netteté du dialogue musical, la conduite et le développement des idées. Les deux grands trios pour piano, violon et violoncelle, le grand duo pour deux pianos, et l'admirable sonate à quatre mains, op. 47, sont des chefs-d'œuvre qne tous les pianistes doivent connaître. Citons encore six numéros d'œuvre de sonates pour piano seul, op. 4, 6, 22, 27, sonate caractéristique, 41 et 49, sonate mélancolique.

Cette dernière n'a qu'un seul mouvement, mais je ne sais rien de plus parfait, de plus inspiré, de mieux écrit pour le piano. Mentionnons aussi parmi les œuvres de style, plusieurs sonates concertantes, piano et violon, les belles variations sur la *Marche d'Alexandre, Au Clair de la Lune,* les grandes variations sur une mélodie autrichienne, plusieurs arrangements sur des airs nationaux irlandais, écossais, danois, rondos, caprices, polonaises, des variations concertantes pour piano, violon, violoncelle et clarinette, op. 17 et 46, cinquante préludes dans tous les tons majeurs et mineurs, des allegros de bravoure dédiés à Cramer, etc.

Virtuose de premier ordre, Moschelès se distinguait par une exécution magistrale, beaucoup de naturel et de vérité dans l'expression. Exécutant plein de verve mais toujours maître de lui, visant moins à l'effet qu'au bien dire, il commandait l'attention par la noblesse de son style, sa belle sonorité, sa manière simple et large de phraser. Rien n'était laissé à l'imprévu, ni dans les grandes lignes, ni dans les moindres détails de l'interprétation; la supériorité de l'artiste était aussi réelle dans les passages brillants que dans les contours légers des ornements.

Physionomie distinguée, aux lignes régulières et bien dessinées, les traits de Moschelès accusaient fortement le beau type israélite, le front haut, le regard franc et fier, la bouche ferme et souriante offraient dans l'ensemble quelque ressemblance avec Mendelssohn. En regardant Moschelès, on se sentait attiré vers lui par une sorte de puissance magnétique, et ceux-là mêmes qui ignoraient la haute valeur musicale de l'artiste, éprouvaient pour l'homme aimable, bon, accueillant, une vive sympathie. Moschelès est mort à Leipsick le 10 mars 1870. Son nom restera dans l'histoire de l'art parmi les plus purs et les plus dignes d'admiration, à côté de ceux de Clementi et de Hummel, et dans le grand rayonnement des Bach, des Hændel et des Scarlatti.

XX

ZIMMERMAN

Un nom célèbre et un nom aimé que je ne puis écrire sans un profond sentiment d'émotion, sans un rajeunissement de souvenirs qui a tout à la fois sa tristesse et son charme. Mais si l'on sent quelque impression mélancolique à écrire l'histoire de ceux qui ne sont plus, et dont on a vu la vie active, admiré le rôle militant, la consolation arrive bien vite quand on peut constater que le temps n'a pas entamé leur mémoire, qu'il a plutôt dégagé la figure de l'homme et l'œuvre de l'artiste.

Zimmerman a laissé comme professeur une réputation populaire entre toutes. Nul maître n'a exercé une plus salutaire influence sur le progrès musical. Sa parole et ses conseils faisaient autorité. Musicien érudit, expérimenté, homme d'esprit et de goût, sa nombreuse et brillante clientèle lui donnait ses grandes entrées dans tous les salons où l'étude de la musique était en honneur, et l'on peut affirmer que par le prodigieux rayonnement de ses nombreux élèves et des artistes formés à son école, Zimmerman a été un des grands initiateurs du piano. Large et remarquable influence due à l'habileté de l'enseignement et à l'éclectisme dans le choix des œuvres adoptées par le maître.

Tel a été le rôle spécial de Zimmerman, le caractère particulier de son action. Il aurait pu laisser un nom glorieux au théâtre ou sur le livre d'or des virtuoses ; son instruction musicale, la richesse de son imagination lui permettaient de choisir sa voie ; il a préféré le rôle modeste, mais précieux, d'instituteur de la jeunesse, et grâce à ses soins dévoués, une pléiade d'artistes célèbres, compositeurs et exécutants, a grandi pour continuer ses traditions. On peut l'appeler la génération de 1830, ce n'est pas un reproche dangereux. Cette génération, quoi qu'en pensent quelques esprits étroits, a produit un nombre considérable de personnalités de haute valeur, dans les sciences, les arts et la littérature. Combien de « démodés » de cette époque vivront encore quand les petits maîtres du jour auront fait leur temps !

Zimmerman (Pierre-Joseph-Guillaume), né à Paris en 1785, était fils d'un facteur de pianos. Admis au Conservatoire comme élève en 1798, il étudia le piano sous la direction du célèbre compositeur Boieldieu, dont les œuvres instrumentales étaient fort appréciées et qui préludait à sa grande réputation dramatique en écrivant des sonates, des concertos et des fantaisies pour le piano, enfin des romances très-populaires. Zimmerman obtint en 1800 un brillant premier prix de piano en concourant avec Kalkbrenner, élève de Louis Adam. Il fit de fortes études d'harmonie avec Rey et Catel. En 1802, il eut le premier prix dans la classe de ce maître. Un peu plus tard, il devint l'élève de Cherubini, dont il devait garder. les grandes traditions et le style sévère.

En 1816, Zimmerman fut nommé professeur d'une classe de piano ; en 1826, il obtint au concours la place de professeur de contre-point et fugue ; mais il céda généreusement ses droits à son émule, Fétis, satisfait d'être sorti vainqueur de cette épreuve. Il continua sa classe de piano, position plus modeste dans la hiérarchie de l'enseignement, mais qui laissait à l'habile théoricien, au savant contre-pointiste, une influence immédiate sur la génération militante des pianistes compositeurs. Il avait déjà des devoirs envers le cercle qui l'entourait, toute une clientèle et aussi une école faisant autorité.

Zimmerman a eu ses heures de succès comme pianiste. Ce n'était pas sans une certaine vanité d'artiste qu'il me disait avoir pris part comme virtuose en vogue aux concerts de la cantatrice célèbre, la Catalani. Mais, très-recherché comme professeur, consacrant ses loisirs à la composition ou aux exigences du monde, il dut renoncer de bonne heure à la vie active du virtuose, pour se vouer uniquement à l'enseignement.

Causeur spirituel, esprit distingué, homme de goût,

Zimmerman était d'un naturel aimable et fin. C'était pour nous, ses élèves affectionnés, un grand et fréquent plaisir que de l'entendre évoquer ses souvenirs si intéressants au sujet des artistes célèbres et contemporains. Quelquefois un trait incisif le vengeait des jalousies que lui suscitaient sa grande popularité et le luxe artistique qui l'entourait.

Je citerai un mot typique qui donne la mesure de sa vivacité d'esprit et de la nature de ses réparties. Il s'agissait d'un élève oublieux, qu'il accusait, peut-être injustement, d'ingratitude : « — Ah ! me dit-il, il a un juste sentiment de la pédale, mais il n'a pas la pédale du sentiment. » Les pianistes comprendront sans autre explication la délicatesse et la portée du mot.

L'existence à la fois laborieuse et brillante de Zimmerman a eu cependant ses points noirs. La maison si parfaitement dirigée par Mme Zimmerman était un des centres artistiques les plus recherchés de Paris. Les intelligences supérieures de tout ordre s'y donnaient rendez-vous ; la nombreuse famille du maître s'épanouissait dans ce milieu exceptionnel. C'est au sein de ce bonheur que la mort vint frapper la fille aînée de Zimmerman, Mme J. Dubuffe, âme d'élite, cœur d'artiste, imagination de poëte. Plus tard, le départ de la maison paternelle d'un fils que Zimmerman eût désiré voir continuer son œuvre et reprendre ses traditions fut aussi une cause de douleur que j'eus un instant l'espoir d'amortir.

Très-généralement aimé, Zimmerman eut pourtant

à souffrir de l'ingratitude de quelques élèves. Sous une apparence impassible, il en fut péniblement atteint. Une autre déception vint affliger ses dernières années. Fort des services rendus à l'art musical, auteur d'un ouvrage en trois actes, *l'Enlèvement*, dont le livret seul avait causé la chute, d'un grand opéra intitulé *Nausica*, de plusieurs messes et symphonies, d'une encyclopédie musicale, il désirait vivement entrer à l'Institut, dont les portes s'étaient ouvertes pour le savant théoricien Reicha. Mais, l'immense réputation du professeur, les preuves incontestées de sa haute science ne purent vaincre certaines hostilités. Zimmerman se montra très-affecté de son insuccès et surtout d'avoir été abandonné par ses vieux amis Onslow et Auber.

Il trouva des consolations dans le cercle brillant qui grandissait autour de lui. Il fallait avoir des liens sérieux avec la famille Zimmerman ou une très-haute notoriété artistique pour être admis sur le programme des fêtes musicales qui se donnaient square d'Orléans. Duprez, à son retour d'Italie, Thalberg, Chopin, Liszt, Sivori, de Bériot, Kalkbrenner, Lablache, Tamburini, Mario, Rubini, Levasseur, Mmes Rossi, Falcon, Sontag, Viardot, Frezzolini, prenaient une part active à ces concerts souvent improvisés. Aussi quel empressement, quelle affluence d'illustrations, quelle admiration parfois fatigante ! Je me souviens qu'à l'une de ces soirées, Auber, en vaine de moquerie, me demanda en entendant Doelher exécuter une pièce de concert : — Savez-vous ce qu'il joue en ce moment ? — Mais, cher maître, une étude de concert. — A cette heure, les études devraient être couchées.

Le mot était injuste; en tous cas, les réunions intimes, moins nombreuses mais aussi brillantes, n'ont jamais prêté à des critiques de ce genre. Mme Zimmerman et ses filles en faisaient les honneurs à une foule d'artistes et de littérateurs. On jouait des charades; les gages donnés, les rébus non devinés, se rachetaient par des pénitences variant suivant la nature des coupables. Gautier, Dumas, Musset étaient condamnés à réciter leurs dernières poésies; Liszt ou Chopin devaient improviser sur un thème donné; Mmes Viardot, Falcon et Eugénie Garcia avaient aussi leurs dettes mélodiques à acquitter, et je me rappelle avoir moi-même réglé plus d'un gage.

En 1848, Zimmerman prit sa retraite de professeur de piano au Conservatoire. Il avait encore toute son énergie et une activité incomparable; mais il croyait sentir une sourde hostilité contre son enseignement, et cela de la part d'artistes formés à son école. J'ai reçu ses confidences à ce sujet, comme aussi l'impression de son vif mécontentement en plusieurs circonstances où le jury avait cru devoir négliger sa classe au profit de la classe rivale. Or, Zimmerman, qui pourtant ne détestait personne, avait une antipathie vivace contre l'artiste très-débonnaire, son ex-répétiteur, devenu son émule dans les concours. Harcelé par de petites taquineries, il demanda sa retraite dans la force de l'âge et fut nommé inspecteur des classes de piano. Il m'annonça lui-même sa décision en m'engageant à me présenter.

« Je resterai neutre, me dit-il, car Ch. V. Alkan, Émile Prudent, Louis Lacombe et toi, vous êtes mes élèves. » J'ai dit ailleurs pourquoi mon nom fut préféré. Quant à Zimmerman il dut rompre un instant la neutralité qu'il s'était imposée pour me couvrir de son témoignage à propos d'une délicate question d'élèves. Après ma nomination, il vint souvent dans ma classe où il retrouvait l'autorité toujours présente de ses traditions.

Il n'en était pas de plus sûres et de plus charmantes en même temps, malgré leur sévérité relative. Musicien de grand savoir, d'un goût délicat, très-éclectique, n'ayant aucun parti pris d'hostilité contre les tendances novatrices, Zimmerman tenait ses élèves au courant de toutes les œuvres de valeur réelle, sans souci du nom de l'auteur ni de la provenance d'école. Il se faisait même un point d'honneur de mettre au jour les noms d'artistes méritants mais ignorés ; sa classe et ses salons ont donné un point d'appui à nombre de réputations.

Ch.-V. Alkan, Massé, Charlot, G. Bizet ont reçu des leçons de contre-point et de composition de Zimmerman. Citons encore parmi ses élèves les plus connus les frères Déjazet, Louis Cholet, les frères Codine, Fessy, vaillants pianistes et compositeurs de mérite, Graziani, Honoré, Demaric, Collignon, Ambroise Thomas qui joue Chopin d'une façon si merveilleuse ; Prudent, Goria, Lefébure, morts tous trois prématurément ; Henri Potier, A. Petit, Piccini, Lécureux, musiciens d'élite ; Ravina aux œuvres si gracieuses ;

Louis Lacombe, compositeur et pianiste de grand style. A la rigueur, je puis également me citer parmi ceux qui ont tenu le plus à honneur de continuer les traditions d'enseignement de Zimmerman. Je dois aussi une mention particulière à Mlle Joséphine Martin, l'élève affectionnée du maître, qui non-seulement a formé son talent de virtuose, mais encore dirigé ses études d'harmonie et de composition. Quant à Gunselman, Mariscotti, ils ont été également les élèves de Zimmerman tout en restant les miens.

Zimmerman, ainsi que nous l'avons dit, malgré le nombre considérable de ses disciples, n'a pas voulu se désintéresser des œuvres d'imagination. Son opéra de *l'Enlèvement*, donné en 1830 à la salle Ventadour, chanté par Mme Pradher, Féréol et Chollet, contenait de réelles beautés; mais le poëme divertit malheureusement le public, qui fit une ovation au nom du musicien et siffla celui du librettiste.

Zimmerman a encore écrit deux messes solennelles avec orchestre et laissé en manuscrit l'opéra de *Nausica*. La science du grand contre-pointiste et de l'élève affectionné de Cherubini a marqué sa trace dans les morceaux d'ensemble, les chœurs et l'orchestration. Quant à l'œuvre de piano, elle comprend de nombreuses variations, divertissements, rondos sur des thèmes d'opéras en vogue, sur les romances populaires de l'époque : variations et rondos sur les opéras d'*Emma* et *le Serment* d'Auber; des variations sur les romances si connues : *S'il est vrai que d'être deux*, *Il est trop tard*, le *Bouquet de romarin*, la *Gasconne*, des contredanses variées, deux recueils d'études très-mélodiques dédiées à la princesse Marie, une excellente sonate dédiée à Catel, deux concertos, le premier dédié à Cherubini; enfin, l'*Encyclopédie du Pianiste*, cours théorique et pratique où Zimmerman a condensé le fruit de sa longue expérience, véritable code musical du virtuose et du compositeur. La deuxième partie comprend un cours d'harmonie, de contre-point, de haute composition, et l'ensemble de la méthode reste une preuve victorieuse de l'excellence de l'enseignement de Zimmerman.

Décoré de la Légion d'honneur, au milieu de sa brillante carrière, et à une époque où l'on n'était pas prodigue de cette distinction, retiré de l'enseignement et de la vie militante du professorat, en 1848, comme nous l'avons dit, Zimmerman ne survécut que cinq ans à son départ du Conservatoire, c'est-à-dire jusqu'au mois de novembre 1853.

Zimmerman avait la physionomie aimable et douce, avec un reflet de bienveillance ; ses yeux, au regard clair et vif, étaient ombragés d'épais sourcils; le nez droit, la bouche souriante, formaient un ensemble qui accusait une ferme volonté et un rare esprit d'observation. C'était à la fois un excellent maître et un ami dévoué; aussi la date de ses funérailles fut-elle une journée de deuil pour tout le monde artistique. Je vois encore la foule recueillie dont la tristesse s'associait à la douleur de la famille de Zimmerman et à celle de ses illustres gendres, Gounod et J. Dubufe. Le culte de cette mémoire est resté vivace dans le cœur des nombreux artistes qui doivent à Zimmerman le talent et la renommée. Plusieurs l'ont précédé ou suivi de près dans l'éternité ; seul un groupe survit encore, un peu clair-semé, mais toujours vaillant ; Ch.-V. et Nap. Alkan, Pothier, Lacombe, Ravina, Joséphine Martin. Je m'y ajouterai, ne fût-ce que pour faire nombre et pour donner à ce portrait le caractère qui lui convient, celui d'un pieux souvenir et d'un dernier hommage.

XXI

Ferdinand RIES

A part quelques grands talents qui commandent une admiration immédiate et complète, quelques rares physionomies qui laissent une impression immuable, dont le reflet se trouve fixé pour l'éternité de son vivant même, sans que la postérité doive faire aucune retouche à l'image, sans que l'histoire porte aucune atteinte à la gloire acquise, les figures d'artistes, comme les œuvres d'art, demandent un lointain, une perspective, l'optique et l'épreuve du temps.

Il est à la fois trop facile et trop dangereux de juger les contemporains, quand ce jugement ne s'impose pas d'une façon absolue comme une ombre tranchée, une silhouette lumineuse, un profil vigoureux se détachant à l'horizon de la critique. Lorsque cette exception n'est pas, pour ainsi dire, fatale, l'éloignement devient une nécessité; c'est dans la perspective que se fondent et s'harmonisent les figures relativement moyennes; elles y gagnent une certaine égalité de jugement qu'elles n'ont pas encore connue, toujours ballottées entre les appréciations contraires; les éloges outrés s'atténuent, les critiques injustes s'émoussent; c'est un rayonnement doux où tout s'apaise. L'artiste et son œuvre apparaissent ainsi plus nettement dans leur cadre véritable, avec leurs liens et leur filiation, leurs tenants et leurs aboutissants; les causes premières, d'une prise si difficile au moment même où elles agissent, s'éclairent avec le temps. Et qu'il monte ou qu'il descende dans l'ordre des réputations, l'artiste soumis à cette dernière épreuve n'a pas le droit de se plaindre : sa mémoire trouve enfin son véritable équilibre, son point stable et définitif.

Il nous semble que l'heure est venue pour Ferdinand Ries. La perspective réduit à de justes proportions cette figure souvent trop grandie, souvent aussi trop diminuée, et dont il convient de dire à présent qu'elle appartient à la lueur discrète de la forte moyenne artistique. Ce qu'on lui a prêté de particulièrement éclatant relevait plutôt de Beethoven et peut se délimiter facilement; ce qui lui est personnel, inhérent, correspond à une inspiration moins haute que pure, moins sublime que distinguée, à une flamme de conviction qu'il ne faudrait pas confondre avec le feu du génie. De nobles œuvres, voilà ce que Ries a laissé. La noblesse en est le trait principal et l'éloge suffisant.

Ferdinand Ries était le fils d'un musicien distingué attaché au service de l'électeur de Cologne. Encore tout

enfant, Ries manifesta un goût prononcé, des dispositions exceptionnelles pour la musique : aussi son père
commença-t-il dès l'âge de cinq ans son éducation de
virtuose. Ries étudia successivement le violoncelle, le
piano, l'orgue et le violon. Quant à ses premières
études d'harmonie, il les fit presque sans maître par la
lecture et l'analyse d'ouvrages théoriques et pratiques.
Il eut ensuite l'ingénieuse pensée de mettre en partitions les quatuors de Haydn. Ce travail instructif grava
dans sa mémoire la pensée du grand compositeur ; de
plus, une lecture incessante, attentive, raisonnée, lui
fit pénétrer les finesses et les procédés du maître, lui
livra les secrets du métier. En 1801, Ries, après avoir
réduit pour piano les oratorios de *la Création* et des
Saisons, se rendit à Munich, où il prit quelque temps
des leçons de Winter, compositeur savant, mais sans
originalité, dont les opéras se sont démodés rapidement.
Quand Winter quitta Munich pour aller monter à Paris son opéra de *Castor*, Ries partit aussi, mais pour
se rendre à Vienne.

Il avait une lettre de recommandation pour Beethoven, dont son père, l'ami d'enfance, était resté admirateur fervent. Son but était de continuer ou plutôt de
reprendre en sous-œuvre son éducation musicale faite
jusque-là sans suite, sans plan, sans direction arrêtée.
Accueilli par Beethoven avec une grande bonté, Ferdinand Ries vécut pendant quatre ans dans l'intimité
de son protecteur, qui le prit à demeure, en fit son
élève de prédilection, et même le seul auquel il accor-
dât des leçons fréquentes et suivies. Ces conseils et ces

exemples réunis exercèrent une influence rapide sur le style, le goût et les aspirations de l'élève.

Sous la direction de Beethoven, Ries devint encore un virtuose transcendant. On retrouvait dans son exécution chaude et colorée, le brio, la fougue, l'éclat de son illustre maître. Ries n'appartenait pas comme pianiste à l'école de Clementi ; il avait certaines audaces harmoniques, certains effets de sonorité, bagage du romantisme de l'époque, qui suffirait à le séparer de cette école de style lié, aux continuelles demi-teintes, dont Field et Cramer ont continué la tradition. Sous l'influence de Beethoven, si l'exécution de Ries n'avait pas acquis l'autorité du maître, du moins en reproduisait-elle les qualités énergiques, le goût des contrastes accuentés.

Ce fut d'ailleurs une éducation singulière, très-intime et souvent très-pénible, tour à tour affectueuse et violente, sur laquelle les notices biographiques publiées par Ries et Wegeler, de Bonn, fournissent des détails parfois douloureux. Esprit sombre et chagrin, inquiet, soupçonneux, aigri par la souffrance, les ennuis de famille, une misanthropie naturelle, Beethoven avait des caprices et des bizarreries compensés par des élans de tendresse et d'un rare dévouement à son élève.

Quand à ses études d'harmonie, Ries, sur le conseil de Beethoven, les continuait avec le célèbre contre-pointiste Albrechstberger.

Les rigueurs des guerres du premier empire engagèrent Ries à quitter l'Allemagne pour la Russie ; mais avant de réaliser ce changement de séjour, il passa deux ans à Paris (1807 à 1809). Plusieurs compositions

de haut style publiées à cette époque le firent apprécier
des cercles artistiques et classer parmi les maîtres les
plus habiles. En quittant Paris, il visita successivement
Cassel, Hombourg, Copenhague, Stockolm, Saint-Pétersbourg, Kiev, Riga, Revel, secondé par son ancien
maître le violoncelliste Romberg. Le voyage en Russie
fut pour les deux artistes une suite de brillants succès.
Mais déjà la Russie était atteinte par la guerre, et
Ries, changeant de projets, quittait notre continent
en feu pour chercher un refuge en Angleterre.

Cette fois, il s'agit d'un séjour prolongé. Ries se
maria à Londres avec une femme d'une grande beauté
que j'ai vue plus tard à Paris chez Rosenhain ; nature
fine, distinguée, artistique, femme d'esprit, qui fut aussi
pour Ries une compagne dévouée. Ries resta dix ans
en Angleterre, donnant de nombreux concerts et de
plus nombreuses leçons, également recherché comme
professeur et applaudi comme compositeur. Ce fut une
période de travail continuel et d'ailleurs fructueux,
d'où Ries sortit avec sa fortune et aussi sa réputation
solidement établies. La patrie l'appelait. Il quitta Londres et vint se fixer avec sa famille à Godesberg, près
Bonn, dans une propriété délicieuse où il pouvait, libre
de tout souci, se livrer à sa fièvre de composition.

Dans cette retraite Ries écrivit *la Fiancée du Bri-
gand*, opéra en trois actes, qui obtint en Allemagne
un réel succès. En 1831, Ries, fit un voyage à Londres et en Écosse pour monter un opéra-féerie, *Lyska*,
et diriger des festivals. De retour en Allemagne,
il entreprit un voyage en Italie ; il visita toutes les

grandes villes de la péninsule, puis, à son retour habita alternativement Aix-la-Chapelle et Francfort. Directeur de l'orchestre et du chant aux fêtes musicales d'Aix-la-Chapelle, Ries conserva quelque temps ces fonctions, mais finit par s'en démettre pour faire de nouveaux voyages, à Bruxelles, Londres et Paris. Ce fut à Londres qu'il écrivit son bel oratorio de *l'Adoration des rois mages*, qui fut exécuté sous sa direction au festival d'Aix–la–Chapelle, en 1837.

Fixé en dernier lieu à Francfort, où il avait accepté la direction de la Société de Sainte-Cécile, Ries, arrivé à l'apogée de sa carrière, pouvait espérer de longs jours au milieu d'une famille unie et d'amis dévoués. La considération et la fortune, une réputation incontestée, le bien-être et le bonheur, enfin une individualité artistique qui avait été discutée du vivant de Beethoven, Ries avait conquis tout cela quand la mort vint le prendre dans la force de l'âge, le 13 janvier 1838, à cinquante et un ans. Un mal latent et incurable brisait cette noble et laborieuse carrière au moment même où le succès semblait devoir couronner les efforts de Ries pour atteindre les hautes régions musicales.

Le nombre des compositions de Ries est très-important. Il comprend 200 numéros, six symphonies, op. 23, 80, 90, 110, 112, 148 ; cinq ouvertures ; des quintettes et quatuors pour instruments à cordes ; huit concertos pour piano et orchestre, les 3e, 4e et 8e sont des œuvres magistrales ; un grand septuor pour piano, violon, violoncelle, deux cors et contrebasse ; un quintette pour piano et instruments à cordes ; deux sextuors pour piano et instruments divers ; un ottetto pour piano, violon, alto, clarinette, cor, basse, violoncelle et contrebasse ; plusieurs quators et trios pour piano, violon et basse ; des œuvres nombreuses de sonates concertantes pour piano et violon, piano et violoncelle, piano et cor, une grande sonate à quatre mains op. 160 ; dix numéros d'œuvres de sonates pour piano seul ; enfin un nombre considérable de rondos, fantaisies et airs variés, et de pièces vocales à plusieurs voix. Cette liste très-incomplète, montre la rare et constante énergie de Ferdinand Ries, producteur infatigable et compositeur convaincu.

L'honneur incomparable d'avoir été l'élève de prédilection de Beethoven a été pour Ries une cause de succès, mais lui a aussi suscité des motifs de tristesse. Les envieux, les malveillants ont reproché au disciple du grand symphoniste de s'être trop assimilé le style de son illustre maître, d'être une pâle copie de sa manière, en un mot de plagier ses procédés sans avoir le feu sacré, l'étincelle de génie. Blâme outré jusqu'à l'injustice. Ce qu'il faut dire c'est que Ferdinand Ries n'était pas doué de cette imagination primesautière qui fait l'initiative géniale. Ses idées musicales, toujours distinguées, correctement exprimées, d'un goût et d'un style parfaits, n'atteignent que rarement les grands élans de l'inspiration.

Les œuvres d'orchestre ou de chambre montrent souvent l'action d'un travail opiniâtre ; la main très-habile de l'artiste n'a pas toujours la sûreté ni les audaces d'allures que donnent seules les longues études scolastiques ou l'intuition, plus puissante encore. Ries a écrit un plus grand nombre d'ouvrages que son contemporain Hummel; il n'en reste pas moins après lui dans la hiérarchie des compositeurs virtuoses. Mais ce qu'il faut lui reconnaître, c'est un ensemble de qualités solides, nobles et pures, puissantes dans un cercle déterminé, et par là même suffisamment personnelles, très-comparables d'ailleurs à sa virtuosité brillante, colorée, tirant du piano une sonorité remarquable pour l'époque, mais sans effets d'étonnement, sans surprises pour le public, virtuosité dont la pureté et la sincérité faisaient le charme.

Quant à l'imitation de Beethoven, que des critiques sévères ont durement reprochée à Ries, ce point délicat demande une distinction. Il n'est pas douteux que Ries ait subi l'influence du grand symphoniste son maître et qu'on en retrouve quelquefois le reflet, mais il n'y a dans son œuvre, ni pastiche, ni plagiat, de parti pris; Ries est plutôt un fils qu'un copiste de Beethoven. Combien sont rares les artistes vraiment originaux ne procédant que d'eux-mêmes, ne suivant aucune trace! Créer sans modèle est un phénomène dont on cite bien peu d'exemples. « On est toujours le fils de quelqu'un », a dit Beaumarchais; rien n'est plus vrai surtout dans les arts. Il y a une première période d'imitation qui est souvent la même pour les grands artistes, les génies transcendants, que pour les talents de taille moyenne comme Ferdinand Ries : la force d'expansion, l'originalité ne se dégagent que plus tard.

Chez Ries, le tempérament personnel a fini par s'affirmer dans les limites et sous la forme qu'il convenait, sans efforts et sans affectation ; Ries est devenu suffisamment original sans cesser d'être naturel ; qualité précieuse et exemple méritoire dans un siècle où la recherche des procédés nouveaux, fiévreux et sans bonne foi a produit tant d'œuvres tourmentées, parfois aussi tant de simples pastiches.

Un autre reproche, tout de sentiment, qui atteindrait l'homme et non l'artiste, a été adressé à Ferdinand Ries. D'après Fétis, il aurait manqué de respect et d'égards envers la mémoire de l'homme de génie qui l'avait accueilli avec une bonté toute paternelle. Ferdinand Ries a publié en effet, avec M. Wegeler, de Bonn, des notices biographiques sur Beethoven ; les aspérités de caractère du grand maître n'y sont pas atténuées ; quelquefois même, il faut le reconnaître, elles y sont particulièrement soulignées. L'élève de Beethoven aurait encore adressé une lettre à Fétis pour le féliciter à l'occasion de quelques critiques sévères dirigées contre les défauts de goût, simples taches au soleil, qu'une attention jalouse et minutieuse peut seule découvrir dans l'œuvre du grand symphoniste.

Ce sont là des faits regrettables, mais les félicitations de Ries pas plus que les critiques de Fétis, n'ont entamé la mémoire de Beethoven. On peut affirmer du reste que, malgré quelques imprudences, Wegeler et Ries n'ont eu d'autre pensée que de publier leurs impressions, leurs souvenirs personnels sur des faits intimes de la vie de Beethoven. Le caractère dominant de leur petit ouvrage biographique est un témoignage d'admiration pour l'homme de génie, à l'âme généreuse, tendre, impressionnable, mais aigrie, ignorante des compromis de l'existence. Aussi bien l'ingratitude s'accorderait-elle mal avec la bonté, la bienveillance naturelle de Ferdinand Ries, dont tous ses amis ont rendu témoignage.

Homme du monde, quoique travailleur infatigable, Ries avait une physionomie distinguée, des traits réguliers et bien dessinés, accusant une volonté énergique ; le front était couronné de cheveux épais et crépus, les yeux ombragés d'épais sourcils ; la bouche souriante et le menton à fossette donnaient souvent au masque un pli de malice ironique, mais l'homme était bon, généreux et n'a laissé que des regrets. Quant à l'artiste, ç'a été tout ensemble son premier bonheur d'entrer dans le rayonnement de Beethoven et sa fatalité de ne s'en dégager qu'incomplétement aux yeux de la postérité ; mais tout en faisant la part de cette gloire illustre dans la réputation de Ferdinand Ries, il faut reconnaître à l'élève de Beethoven les qualités personnelles dont il a fini par avoir l'entière possession : la conviction, la bravoure, la sincérité et cette noblesse qui restera son caractère distinctif.

XXII

Camille STAMATY

L'influence du milieu, de l'éducation, du hasard lui-même sur le germe des facultés que tout artiste apporte en venant au monde n'est pas contestable. Il faut aussi faire la part du travail, de la direction donnée à l'enseignement, part quelquefois considérable; mais aucune de ces circonstances favorables au développement des jeunes talents ne tient lieu des dispositions innées, des vocations sincères, marque distinctive des organisations spéciales. Pour ces natures d'élite, la loi de progrès se trouve dans une force intérieure et irrésistible, souvent inconsciente, qui agit à leur insu, leur fait choisir leur route personnelle, ouvrir leur propre sillon, tandis que les natures d'ordre inférieur, obéissent à l'impulsion étrangère, même en s'y croyant soustraites. S'il y a dans les arts un côté de métier que fait acquérir le travail, il y a un côté d'inspiration nécessairement et uniquement inné. On devient praticien, on naît artiste.

L'originalité, la distinction, l'expression, la sensibilité, qualités perfectibles, sont avant tout des qualités naturelles. Le Conservatoire, cette belle école normale de la musique, ne peut malgré toute la science et tout le dévouement de ses maîtres « manufacturer » des artistes. Nous perfectionnons les tempéraments déjà doués, nous cultivons les organisations assez délicates pour promettre de véritables musiciens; mais nous ne créons pas des artistes. Notre grande école française, qui a développé tant de virtuoses et de compositeurs n'en a pas inventé un seul, et beaucoup ont grandi sans son aide, que la vocation a soutenus au début de leur carrière.

Camille Stamaty était de ces derniers. On peut dire que chez lui la vocation s'est développée elle-même sans autre secours extérieur que l'audition des chefs-d'œuvre de l'art musical. Le père de Stamaty, d'origine grecque, comme l'indique le nom, fut naturalisé Français et nommé consul de notre pays à Civita-Vecchia. La mère du futur virtuose, femme charmante et d'une rare distinction, chantait avec beaucoup d'art la musique des grands maîtres italiens, français et allemands : Haydn, Mozart, Gluck, Cimarosa, Piccini, Nicolo, Grétry, Boïeldieu, Méhul étaient les compositeurs préférés qu'elle aimait à interpréter. Le goût musical du jeune Stamaty ressentit l'heureuse influence de l'audition fréquente de ces délicieuses cantilènes et une prédilection particulière pour la belle musique prit possession de ce tempérament délicat et fin.

En 1848, la mort de M. Stamaty obligea sa jeune

femme à rentrer en France. Après un séjour de quelques mois à Dijon, elle vint se fixer à Paris où l'attiraient non-seulement des affections de famille et de sincères amitiés, mais surtout les soins que réclamait l'éducation littéraire de son fils, car il est à noter que Camille Stamaty n'avait encore fait de l'étude de la musique qu'une distraction secondaire; à quatorze ans seulement il eut un piano à sa disposition spéciale. Madame Stamaty, conseillée par sa famille, était loin d'encourager ce qu'on pouvait soupçonner de la vocation musicale de son fils, et rêvait pour lui une carrière plus calme que celle d'artiste. Elle eût désiré le voir diplomate, ingénieur, ou employé administratif.

Il faut admettre que Stamaty était heureusement doué pour l'art musical et que ses progrès, malgré le peu de temps donné à l'étude, furent singulièrement rapides, car Fétis, dans l'article biographique consacré à Stamaty, parle d'un thème varié composé et publié vers cette époque. Mais jusque-là le jeune virtuose n'ambitionnait d'autre succès que ceux que recherchent les gens du monde en écrivant des valses et des quadrilles : satisfaction d'amour-propre, réputation de compositeur, acquise à peu de frais, mais bornée comme l'enceinte des salons où elle naît dans l'espace d'une soirée. Par bonheur, Stamaty ne se contentait pas de ces succès faciles; il travaillait avec assiduité aux heures de loisir que lui laissaient ses études littéraires, et son goût déjà formé le portait de plus en plus vers les œuvres de style.

Fessy, l'un des meilleurs musiciens formés par les

soins de Zimmerman, dirigea plusieurs années l'éducation musicale de Stamaty. On ne pouvait choisir un maître plus capable ni qui comprît mieux la nature des qualités de son élève; il lui fournit toutes les occasions d'entendre les virtuoses en renom et l'encouragea à faire de la musique son occupation principale et sa carrière. Camille Stamaty n'en était pas encore là; son emploi à la Préfecture ne lui laissait que quelques heures à consacrer au piano; mais il acquit assez de virtuosité et de connaissances spéciales pour que la transition devînt facile.

Enfin, une rencontre fortuite avec Kalkbrenner décida Stamaty à quitter l'existence calme et monotone de bureaucrate. Dans une soirée où Camille Stamaty exécutait un quadrille varié, de sa composition, Kalkbrenner fut charmé de l'exécution élégante du virtuose et de la distinction de ses idées. Étonné de trouver chez un amateur une organisation musicale et des aptitudes aussi remarquables, il offrit ses conseils, se portant garant de l'avenir du jeune homme qu'il choisit comme disciple, et dont il fit bientôt son répétiteur.

Le jeune compositeur n'eut pas à regretter cette détermination, toujours grave en elle-même. Au moment où l'amateur veut devenir un artiste, il lui faut compter avec la sévérité naturelle des véritables dilettantes; on le juge au même titre et quelquefois avec plus de rigueur que les hommes de métier et de pratique journalière, qui ont depuis longtemps appris leur nom au public. Onslow, Meyerbeer, Mendelssohn, out dû vaincre à coups de génie la défiance injuste qu'inspirait leur titre d'amateurs. Stamaty devait l'emporter, avec des qualités moindres, mais grâce à une volonté aussi énergique, une somme d'efforts aussi courageusement dépensée.

Kalkbrenner prit d'ailleurs en grande affection son élève, qui se soumit avec la docilité d'un enfant au régime exclusif d'exercices spéciaux à mains posées. Les plus habiles virtuoses, en y comprenant Chopin, qui ont demandé des leçons à ce maître célèbre, ont dû se plier aux exigences de son mode d'enseignement, si parfait, du reste, au point de vue du mécanisme. Stamaty devint le bras droit, le suppléant toujours choisi. Kalkbrenner donnait peu de leçons en dehors de ses cours, et le professeur qu'il désignait était invariablement Stamaty, à qui peu d'années créèrent une des belles clientèles de Paris.

Le jeune maître reçut aussi les précieux conseils de Benoist et Reicha pour l'harmonie, le contrepoint et l'orgue. Pendant un séjour de quelques mois à Leipsick, il se lia avec Schumann et Mendelssohn et reçut de ce dernier des leçons de haute composition. La nostalgie du pays, l'appel de nombreux élèves, interrompirent ce voyage en Allemagne, qui n'était pas simple fantaisie de touriste, mais une véritable excursion artistique pour étudier sur place les grands maîtres de l'harmonie, s'imprégner de leur foi vivace et revenir fortifié ainsi pour les grandes luttes. Mais, ce qu'il n'avait pas eu le temps de faire en Allemagne, Stamaty l'accomplit en France avec une résolution et une persévérance qui firent de lui un virtuose érudit, sachant interpréter les maîtres anciens et modernes dans le style spécial qui convient à chaque époque et à chaque école.

Érudition d'autant plus méritoire que, soit excès de travail, surexcitation du système nerveux, soit cause morbide spéciale, la santé de Stamaty fut, dès l'âge de 19 ans, plusieurs fois éprouvée par de longues et violentes crises de rhumatismes articulaires. Cet artiste de vocation, si amoureux de son art, se trouvait alors condamné à un repos absolu, tout travail lui était interdit pendant de longues semaines ; mais, ces douloureuses épreuves passées, il revenait à ses études avec un redoublement d'énergie.

En mars 1835, C. Stamaty se produisit comme compositeur et virtuose dans un concert où il exécuta son concerto de piano (op. 2). Ce morceau d'un style élevé et correct affirmait la science du jeune maître. Cet heureux début acheva d'établir sa réputation, et il devint le professeur de prédilection des nombreux adeptes de l'école Kalkbrenner. Ajoutons qu'il réunissait toutes les qualités propres à inspirer la confiance des mères de famille : distinction, réserve, talent correct et pur ; il parlait peu et exigeait beaucoup ; enfin il avait dans toutes ses manières comme un reflet de puritanisme, gardant cette tenue sévère que conservent indéfiniment les personnes pieuses ou élevées dans les établissements religieux.

A partir de cette époque, C. Stamaty produisit chaque année des compositions spéciales pour piano qu'il exécutait dans ses concerts à côté des œuvres de ses maîtres préférés. La nombreuse clientèle du jeune professeur affluait à ces belles séances musicales autant par sympathie pour le talent du maître que pour s'associer à la pensée charitable qui le guidait : Stamaty donnait la plupart de ses auditions au profit d'œuvres de bienfaisance et plus spécialement de l'œuvre de Saint-Vincent-de-Paul dont il était un des membres actifs et dévoués.

En 1846, Stamaty eut la douleur de perdre sa mère. Fils tendre et respectueux, il fut vivement frappé de cette mort inattendue. Renonçant pendant quelque temps à toute occupation artistique, il se rendit à Rome et y séjourna une année entière. Cette période de recueillement loin du bruit de la vie mondaine lui rendit un peu de calme, tout en lui laissant un fonds de tristesse et de mélancolie que plus tard les joies de la famille vinrent adoucir.

En 1848, Stamaty associait à son existence une compagne aimante et dévouée, qui, sans être artiste, comprenait l'art et sut en transmettre le goût élevé à ses enfants. Le talent si fin, si délicat de Mlle Nanine Stamaty en est un charmant témoignage.

La réputation du compositeur grandissait. Sa haute notoriété, sa parfaite honorabilité le désignaient pour la Légion d'honneur. Cette marque de haute distinction lui fut accordée en 1862. Les pianistes-professeurs étaient à l'ordre du jour : la même année, je recevais la même distinction; en 1861, Ravina avait été nommé chevalier; en 1863, c'était le tour de mon collègue et ami Félix Le Couppey.

Camille Stamaty était un pianiste de style, mais non un virtuose transcendant à l'exécution chaude, colorée, brillante. Il reflétait dans une tonalité un peu effacée les belles qualités de Kalkbrenner, sans en rendre tout à fait l'expression communicative, les audaces heureuses. En revanche, comme compositeur, Stamaty a été le représentant le plus autorisé de l'enseignement de Kalkbrenner, le continuateur de sa méthode si parfaite au point de vue du mécanisme, de l'indépendance des doigts et de l'irréprochable égalité du jeu.

Un grand nombre d'artistes éminents ont reçu de lui les traditions de cette belle école. Deux noms priment les autres : Gottschalk et Saint-Saëns. Le maître qui a su diriger l'éducation musicale de ces compositeurs célèbres prend place au rang des plus habiles. Ajoutons que Stamaty sut conserver à ses élèves le cachet personnel qui caractérise le talent de chacun d'eux : qualité rare, et, au fond, le grand art du professorat. Combien de maîtres substituent leur sentiment à celui du disciple, et n'en font qu'un décalque plus ou moins fidèle de leur propre talent !

Stamaty avait une nombreuse clientèle dans les deux faubourgs aristocratiques, Saint-Germain et Saint-Honoré. On appréciait en lui le savoir et le talent de l'artiste, la réserve et la fermeté du maître, la distinction parfaite, la vie exemplaire du galant homme, Stamaty était un chef de famille modèle ; ce qui achevait de lui attirer les sympathies générales, c'était l'affirmation sincère de sa foi catholique par la pratique de tous les devoirs du chrétien.

Nature austère, Stamaty a vécu dans la grande tourmente parisienne, un peu comme Mme Farrenc, dont il partageait les convictions arrêtées, la prédilection pour les maîtres anciens, l'antipathie contre le maniérisme, le pathétique et le genre expressif trop accusé. On peut dire que chez lui le physique et le moral étaient en harmonie. La physionomie n'offrait aucune particularité saillante, aucun trait anormal comme souvent on se plaît à en rencontrer chez les artistes en renom,

L'ovale allongée de la figure encadrée de favoris soyeux présentait des lignes régulières, des contours bien dessinés. Le nez fin, la bouche souriante, le front découvert donnaient un ensemble distingué. Le regard un peu clignotant semblait parfois caustique et moqueur. Il n'en était rien pourtant: Stamaty avait en horreur l'ironie et la médisance.

Sans entrer dans l'analyse minutieuse de l'œuvre entier du compositeur, nous dirons que ce maître de talent a pris une place à part dans le genre tout spécial des études de piano. *Le Rhythme des doigts* est le traité de mécanisme le plus complet, le mieux raisonné, le plus logique que nous connaissions. La mesure, l'indépendance des doigts, l'accentuation y sont étudiées sous toutes les formes, avec les combinaisons les plus variées. Les *études progressives*, chant et mécanisme (op. 37, 38, 39), offrent aux élèves des recueils importants de pièces caractéristiques où l'accentuation, la vélocité, la bravoure sont traitées progressivement, avec un soin méthodique et une rare ingéniosité.

Les Études concertantes (op. 46 et 47), deux cahiers qu'on peut étudier simultanément avec les œuvres précédentes, font grand honneur à la science harmonique et à l'inspiration mélodique de leur auteur; dans ses *Esquisses* (op. 17), et ses *Études pittoresques* (op. 21), Camille Stamaty affirme aussi son mérite dans l'étude de genre proprement dite. Enfin ses six *Études caractéristiques sur Oberon* et ses douze transcriptions « Souvenirs du Conservatoire » forment un ensemble de dix-huit grandes études de style qui complètent, par la mise en œuvre au piano des chefs-d'œuvre dramatiques et symphoniques, l'enseignement profond et rationnel de Stamaty.

Mentionnons encore deux sonates pour piano seul, en *fa* mineur et *ut* mineur, un trio (op. 12), d'une excellente facture, le concerto (op. 2), enfin la célèbre transcription *Plaisir d'amour*, la Promenade sur l'Eau, une Gigue Ecossaise, une Sicilienne dans le style ancien, la Marche Hongroise, la Petite Fileuse, la Valse des Oiseaux, la Valse des Etoiles, plusieurs fantaisies et variations sur des airs d'opéra. Tout cet œuvre a été apprécié du vivant même de Stamaty, par des juges impartiaux, Berlioz, d'Ortigue, Monnais, qui tous ont rendu justice aux qualités pratiques, à la belle et noble inspiration de la plupart de ces compositions.

On voit d'après cette rapide nomenclature que les exigences de l'enseignement n'avaient pas éteint chez Stamaty cette fièvre de production que tous les artistes d'imagination conservent jusqu'à la dernière heure.

Pour eux, en effet, le professorat n'est pas seulement une carrière honorable, mais un apostolat, une mission où le maître est tenu lui-même de tendre toujours vers un idéal supérieur. Stamaty avait au plus haut degré cette volonté artistique indispensable aux maîtres qui veulent fonder une école. Il a conservé cette précieuse qualité jusqu'à sa mort prématurée le 19 avril 1870. Aussi tous ceux qui l'ont connu gardent-ils le souvenir de sa noblesse de cœur, de l'élévation de son esprit en même temps que de la droiture de son jugement. Sa vie digne et si bien remplie est un grand exemple et son nom respecté doit prendre place à côté de ceux qui ont honoré l'art par la vertu et le talent.

XXIII

Ferdinand HILLER

« L'art se meurt, l'art est perdu », répètent sur
tous les tons les esprits chagrins, la critique misanthrope. « On ne sait plus penser, on ne sait plus écrire,
le réalisme de parti pris obscurcit l'imagination des
artistes, étouffe dans leur germe les plus riches organisations. » Voilà le thème favori, mais peu varié des
pessimistes, que des regrets, justifiables sans doute,
mais trop exclusifs, une contemplation absorbante du
passé, rendent aveugles et injustes pour les belles productions modernes. Le travail de création qui s'accomplit de nos jours ne dénote-t-il pas au contraire une
puissance d'action dont le spectacle doit nous consoler
de bien des tristesses?

Le nombre des musiciens passionnés pour le grand
art et fidèles à ses pures traditions est resté considérable; les erreurs d ceux qui s'égarent à la recherche
de subtilités puériles en choisissant leur idéal en dehors

du vrai, ne font que mieux ressortir la persévérance de ce groupe vaillant. Nous en fournissons une preuve éloquente, en inscrivant le nom de Ferdinand Hiller sur cette liste de virtuoses célèbres qui maintiennent la continuité de la chaîne en reliant les gloires du passé aux promesses de l'avenir.

Vapereau et Fétis donnent pour patrie, à Ferdinand Hiller, Francfort-sur-le-Mein, et fixent la date de sa naissance au 24 octobre 1811. Une de mes élèves, Mlle Rattier, qui a publié un intéressant ouvrage biographique (*Études sur la musique et les musiciens*), indique comme date 1812, et comme lieu de naissance Wendischossig. Quoi qu'il en soit de ces deux indications, le fait certain est que F. Hiller appartient à cette grande famille israélite qui a poussé des racines si vivaces dans le monde artistique. Ses études musicales, commencées par les soins de sa mère, furent ensuite confiées à des maîtres habiles, parmi lesquels l'excellent professeur Aloys Schmitt. Hiller, comme la plupart des pianistes célèbres, fut virtuose précoce, et, dès l'âge de dix ans, se produisit dans les concerts ; mais ses parents eurent la sagesse de ne pas exploiter le talent naissant de leur fils. F. Hiller mena de front ses études littéraires et musicales ; puis il se rendit à Weimar, le paradis artistique de l'Allemagne.

Élève de prédilection de Hummel, ce fut là que F. Hiller s'imprégna des hautes connaissances musicales et des merveilleuses qualités d'improvisation de ce maître illustre. Aucun artiste contemporain ne possède au même degré qu'Hiller le grand style, les traditions de cette école remarquable entre toutes par sa belle entente de la sonorité, le brillant et le fini des traits, la manière large et tout à fait vocale de faire chanter l'instrument.

Vers 1828, Hiller vint se fixer à Paris, où il resta sept ans, travaillant sans relâche, se produisant comme virtuose et compositeur, trouvant chez nous cet accueil sympathique dont Rosenhain, Moschelès, Chopin, Heller ont eu tant de témoignages ; cette réception cordiale, chaleureuse que la société parisienne accorde si généreusement aux artistes étrangers, quand elle leur reconnaît une valeur réelle, une individualité accusée et la volonté de s'associer sincèrement, sans parti pris d'hostilité, au progrès de la science et de l'art. F. Hiller devint, dès son arrivée, un des maîtres les plus recherchés et l'ami des artistes éminents qui jouissaient déjà de la faveur publique ; Kalkbrenner, Liszt, Herz, plus tard Chopin et Alkan, devinrent ses intimes et ses partenaires dans l'exécution des compositions à deux pianos ou à quatre mains.

Hiller a professé quelque temps à l'école Choron, où je devais dans le principe entrer comme élève ; mais, absorbé par la composition et ses études de virtuosité, il donnait fort peu de leçons ; sa famille lui avait fait une position indépendante qui lui laissait toute liberté d'action. Dans les deux hivers de 1830 et 1831, il s'affirma comme compositeur : une suite de concerts donnés au Conservatoire et des séances de musique de chambre lui permirent de produire deux symphonies, deux concertos, une ouverture pour le *Faust* de

Gœthe, un chœur, deux quatuors pour instruments à cordes et piano. Ces premières œuvres, marquant nettement les hautes tendances du compositeur, lui conquirent la sympathie de Cherubini, peu prodigue de compliments, mais dont l'esprit droit, juste, ferme, le jugement sûr avaient une si grande autorité. Dès cette époque, Hiller fut un des rares privilégiés admis dans l'intimité de l'infatigable travailleur, amoureux de la forme, qui s'appliquait encore, dans sa verte vieillesse, à faire disparaître de ses partitions les incorrections que lui seul était capable d'y reconnaître.

Compositeur de premier ordre, savant musicien, Hiller est de plus, comme son maître Hummel, un virtuose transcendant, un improvisateur de grand style. Peu de pianistes possèdent cette belle, grasse et profonde sonorité qui fait du piano un instrument chantant, un orchestre en miniature aux timbres variés. Rendre la touche sensible, la faire parler sous l'action pénétrante des doigts, voilà réellement l'art de jouer du piano. Cette méthode, à la fois simple et rationnelle, qui exclut les mouvements inutiles et demande à la seule pression manuelle toutes les nuances de tact et de sonorité, Hiller la possède au suprême degré. Ses doigts, souples et agiles, pétrissent le clavier, le rendent docile, malléable, apte à produire tous les effets, sans recours aux attaques violentes, à la gymnastique exubérante des virtuoses excentriques qui brutalisent le piano sans raison. Hiller reste ainsi l'un des rares et des plus célèbres représentants de la belle école de Clementi, de Hummel, de Cramer, de Moschelès, école qui a su condenser les qualités diverses des maîtres du clavecin et du piano, réunir dans une synthèse admirable tous les progrès accomplis et tous les perfectionnements consacrés par l'usage.

J'ai plusieurs fois entendu Hiller dans les soirées intimes de Rossini, plusieurs fois également aux concerts invités des salles Erard et Pleyel ; j'ai pu apprécier sa belle exécution, son style noble et simple. Il commande à la sonorité avec un tact parfait, et sait, suivant le caractère de la phrase, la contexture des traits, varier le toucher, tirer des effets harmonieux ou puissants, donner l'accent et le mouvement ; il possède cet art merveilleux des nuances vocales, des timbres de l'orchestre, qui appartient exclusivement aux virtuoses symphonistes, sous-entendant toujours les voix ou les instruments dans les œuvres plus spécialement écrites pour le piano. Les sonates de Haydn, Mozart, Beethoven, Weber, Schubert, Schumann, Mendelssohn visent l'orchestre dans leurs principaux effets et la majeure partie des détails. Notre regretté ami et élève Georges Bizet jouait du piano comme Hummel, Hiller, Chopin, avec cette exquise perfection et ce tact particulier aux virtuoses maîtres dans l'art du chant.

La grande supériorité d'Hiller s'affirmait surtout dans les œuvres concertantes, dans cette musique dite de chambre, au répertoire si varié, qui renferme des trésors inépuisables pour les artistes. Hiller avait dans la tête et sous les doigts d'admirables spécimens de tous les maîtres, et sa vaste érudition n'était comparable qu'à sa grande simplicité, qualité rare par ce

temps de montre et de charlatanisme. J'ai aussi gardé
un précieux souvenir des improvisations d'Hiller. Les
musiciens de mon âge qui ont eu comme moi, de 1832
à 1840, la bonne fortune d'assister aux séances de
musique de chambre données par Baillot dans les salons de l'ancienne maison Pleyel, n'ont pu oublier
quelle perfection ce grand artiste, si vaillamment
secondé par ses amis, ses élèves, ses émules, Vidal,
Sauzay, Norblin père, Vaslin, apportait à l'exécution
des chefs-d'œuvre concertants. Ferdinand Hiller parti-
cipa plusieurs fois à l'interprétation de ces œuvres
magistrales. L'expression de son style sobre et pur
se fondait merveilleusement dans l'ensemble de ce
quatuor dont Baillot était l'âme, le poëte inspiré. Mais
cette admiration rétrospective ne doit pas nous rendre
injuste pour le présent ; les belles traditions se sont
conservées ; ajoutons même que le culte tout particulier de l'art concertant compte un plus grand
nombre de fidèles

Plusieurs sociétés de quatuors ont pris à cœur
d'initier leurs auditeurs aux œuvres des différentes
écoles et des diverses époques; les dernières compositions de Beethoven, de Schubert et de Schumann
ont de nos jours d'admirables interprètes qui se
vouent de préférence à la vulgarisation de ces compositions encore peu connues mais vivement appréciées par les dilettantes. Alard, Maurin, Armingaud,
Massart, Dancla, Sauzay, Marsick, Léonard, Sivori,
Franchomme, Jacquart, Rabaud, Lebouc, Delsart,
Planté, Diémer, Fissot, Delahaye, tant d'autres encore

sans oublier les noms célèbres de Saint-Saëns, Rubinstein, Ritter, Jaell, etc., ont consacré leur science et leur virtuosité à suivre les exemples de leurs illustres devanciers et, comme eux, se sont faits les ardents propagateurs de la musique de chambre.

En 1836, Hiller a quitté la France pour retourner dans sa ville natale et y prendre la direction d'une académie de chant devenue célèbre. L'année suivante, dans un voyage en Italie, il fit représenter à Milan son opéra de *Romilda*; de retour à Leipsick, il y donna un grand oratorio, *la Destruction de Jérusalem*, qui excita l'enthousiasme. Cette belle et large composition de grand style fut exécutée dans toutes les villes importantes d'Allemagne et classée à côté des œuvres religieuses et bibliques de Mendelssohn. Lors d'un second voyage fait en Italie, Hiller se maria à Florence et séjourna quelque temps à Rome, où il se lia avec le savant abbé Baini très-familier, dit Fétis, avec le style religieux de l'ancienne école. Enfin, renonçant à ses pérégrinations, il dirigea pendant deux ans les sociétés chorales et instrumentales de Leipsick et de Dresde, puis accepta la direction de l'académie musicale de Dusseldorf.

En 1851, Hiller s'est fixé à Cologne, où il avait été appelé comme maître de chapelle et aussi pour organiser et diriger un conservatoire de musique.

Hiller, par la grande notoriété de son nom, son savoir incontesté, sa science profonde, avait toutes les qualités nécessaires pour mener à bien cette mission; de plus, il sut grouper autour de lui des maîtres habiles, des virtuoses émérites, tout en se réservant l'enseignement des classes supérieures de composition, de musique d'ensemble et la haute direction de l'école qu'il avait créée.

Ajoutons qu'Hiller joint à ses connaissances multiples de toutes les branches de l'art musical, une rare habileté de chef d'orchestre (1). Son érudition, son entente parfaite de l'instrumentation, des effets particuliers à obtenir des masses chorales, son goût irréprochable, son sang-froid, en font un chef d'orchestre hors ligne. Aussi a-t-il été choisi pour diriger toutes les grandes fêtes musicales de Bonn, Leipzick, Dresde, Munich, Dusseldorff, Cologne, etc.

Hiller, en fixant sa résidence à Cologne, n'avait pas dit adieu à la France, à Paris, qu'il aime et où il a laissé de durables souvenirs, des amitiés vivaces. En 1853, 1855, et peu de temps avant la guerre de 1870, nous avons eu plusieurs fois le plaisir de rencontrer Hiller chez celui que Meyerbeer appelait « Jupiter Rossini », dieu de l'Olympe qui se plaisait à descendre des hautes régions pour s'humaniser avec les représentants de la jeune école, se disant pianiste de 3ᵉ ordre et auditeur à ma classe du Conservatoire. Planté, Diémer, Delahaye, Lavignac et mon fils interprétaient à tour de rôle les petites merveilles musicales échappées à sa plume féconde et écrites spécialement pour le piano : *le Cauchemar*, — *les Mendiants*, — *Préludes de l'avenir*,

---

(1) Nous avons pu en juger au Théâtre-Italien de Paris, où il fut appelé, un hiver, à diriger l'orchestre de la salle Ventadour.

et cent autres facéties d'un maître de génie qui mettait sa griffe sur les petites choses comme sur les grandes.

Des musiciens plus sévères qu'autorisés reprochent à Hiller de tourmenter sa mélodie, d'être plus fantaisiste qu'original, de ne pas posséder un style assez déterminé; une manière vraiment personnelle. Ce jugement nous semble loin d'être impartial. Pour nous, les œuvres chorales et orchestrales de Hiller, cantates, psaumes, oratorios, symphonies, ouvertures, musique de chambre et sonates, sont des œuvres de grand mérite, d'une forte individualité, où l'on sent le tempérament énergique d'un maître, et cela non-seulement par le choix des idées, mais aussi par la belle facture et le développement proportionnel donné aux pensées principales.

Dans ses opéras et compositions dramatiques, Hiller n'a pas toujours atteint la même supériorité, partageant ainsi le sort du plus grand nombre des symphonistes; il faut cependant lui reconnaître, malgré ses succès d'estime ou insuccès de théâtre, une grande habileté dans l'art d'écrire pour les voix, une parfaite connaissance des ensembles et un véritable sentiment scénique.

L'œuvre de Hiller est considérable et des plus variées : 3 grands opéras, 4 oratorios, des ouvertures, des chœurs, des cantates, compositions de haut style qui affirment, avec la flexibilité de son talent, l'élévation idéale de ses aspirations. Leur fortune inégale n'atteint pas leur valeur, la popularité, le succès étant souvent tardifs, la justice ne venant souvent pour les maîtres qui ont ouvert des voies nouvelles que dans l'exaltation de la mort.

Hiller a écrit plusieurs beaux concertos, des trios pour piano, violon et basse, un nombre important de quatuors, six recueils d'études de différents degrés de force pour le piano, pour le violon, des études rhythmiques, des caprices dédiés à Chopin et vingt-cinq études de difficulté transcendante (1) dédiée à Meyerbeer, des fantaisies, rondos, thèmes variés et grand nombre de *pièces caractéristiques* dans le style des maîtres anciens et aussi des romantiques modernes : danse des fées, danse des gnomes, le chant des fantômes, *ghazel*, *guitare*, *gavotte*, *sarabande*, caprice fantastique, *all' antico*, impromptu si finement interprété par Mᵐᵉ Montigny-Remaury.

A l'exemple de Schumann et Stephen Heller, F. Hiller n'a pas dédaigné les jeunes pianistes. Il a écrit à leur intention de charmantes pièces faciles sous ce titre : *Après l'étude.* .

F. Hiller a dépassé la soixantaine, mais il est resté ardent, actif, comme au temps de sa jeunesse. Professeur de composition, directeur du Conservatoire de Cologne, chef d'orchestre des solennités musicales dont il est l'ardent promoteur, il demeure au poste de combat, luttant pour la bonne cause, la vraie musique, les pures traditions. Il a du reste plus d'une fois défendu, avec sa plume vaillante et finement taillée, les ques-

---

(1) Excellent ouvrage, dit Fétis, d'un genre neuf et remarquable par le caractère déterminé de chaque étude.

tions controversées d'esthétique, et il fait, à ses heures, de la critique musicale, en y portant le tact, l'habileté, la conviction d'un habile écrivain et d'un grand artiste.

Il nous sera facile d'esquisser le portrait physique de notre célèbre confrère. Nous avons, malgré l'absence prolongée et la séparation causée par les douloureuses péripéties d'une guerre néfaste, gardé un fidèle souvenir du virtuose qui a été si longtemps l'hôte de la France. Hiller est de taille moyenne et de forte corpulence ; sa tête énergique, aux traits bien accusés, affirme une volonté persistante, le front découvert et proéminent est celui d'un penseur, le regard ferme, pénétrant, indique clairement la vivacité de l'esprit. Nous souhaitons de grand cœur une prolongation de carrière au musicien illustre que nous avons assez connu pour apprécier sa valeur, au maître éminent, resté, nous en sommes certain, l'ami sincère de la France, malgré les événements cruels qui ont séparé deux grands pays faits pour s'unir et vivre en frères dans le monde idéal de l'harmonie, la religion universelle du beau, du grand et du juste.

XXIV

Louis ADAM

Le nom de Louis Adam mérite de figurer parmi ceux des pianistes célèbres, sinon au premier rang, — celui des créateurs et des grands chefs d'école, — du moins à la place honorable et dans la catégorie particulièrement intéressante des maîtres dont l'enseignement rationnel et méthodique a exercé une salutaire influence sur les progrès de l'art français. Titre modeste aux yeux des contemporains, mais dont la valeur s'accroît avec le temps et qui devient la plus sûre recommandation auprès de l'histoire, la marque des réputations durables. Sans exalter outre mesure la mission des professeurs, on peut dire qu'elle dépasse de beaucoup l'action des virtuoses sur la perfection du goût. Il arrive d'être habile virtuose, de charmer, d'éblouir, sans avoir le sentiment exact, parfois même sans posséder la conscience bien nette des effets obtenus et surtout de leurs causes : signe trop fréquent d'une organisation anti-professorale. La plupart des pianistes célèbres, — ceux du moins dont le nom a survécu, adopté pour ainsi dire par la postérité, — ont été des compositeurs de mérite et des maîtres habiles ; mais un certain nombre de grands virtuoses sont restés de purs spécialistes, sans vocation prononcée pour l'enseignement.

Ces exceptions fâcheuses font de plusieurs noms autant de météores dans l'histoire de l'art, autant de points lumineux mais isolés ; elles rendent plus précieuse la mémoire des artistes complets qui ont su réunir toutes les qualités nécessaires à l'enseignement transcendant : qualités d'érudition multiple et de science profonde embrassant tant de questions variées, les principes du chant, pour savoir comment le son peut se moduler et doit être conduit, l'harmonie pour les analyses des œuvres enseignées, l'explication des nuances indiquées, la justification de la prédominance des notes mélodiques ou harmoniques, leur importance et leur valeur dans le discours musical ; qualités de virtuosité, pour que le maître puisse joindre l'exemple au précepte ; qualités de vocation, pour qu'il voie dans le travail patient des leçons une véritable mission, ennoblie par son but. Ce rare ensemble de dons innés et de qualités acquises, aucun maître ne l'a plus complétement réalisé que Louis Adam. Une mémoire aimée, des traditions utiles, un sillon laborieusement tracé, mais profond, voilà ce qu'a laissé derrière lui ce doyen de l'enseignement : patrimoine de gloire dont il convient de mettre la richesse solide en parallèle avec l'éclat passager des réputations de « purs » virtuoses, brillamment acclamées, oubliées plus vite.

Adam (Louis) est né le 3 décembre 1758, à Miettersbeltz (Bas-Rhin), d'après Fétis ; une autre biographie donne pour date 1760. Il reçut les premières notions musicales et les principes élémentaires du clavecin d'un parent, amateur distingué, et aussi de Hepp, un des bons organistes de Strasbourg. Passionné pour l'étude, il apprit seul le violon et la harpe. Quant à son éducation supérieure, il la puisa surtout dans la lecture et l'analyse raisonnée des œuvres des grands clavecinistes. Aucune biographie ne mentionne le nom de son professeur d'harmonie, et pourtant, à dix-sept ans, L. Adam s'était déjà essayé avec succès dans plusieurs compositions instrumentales de réelle valeur.

En 1796, il quittait l'Alsace pour se produire à Paris comme compositeur et virtuose. Il eut la bonne fortune de faire entendre aux Concerts spirituels, alors très en vogue, deux symphonies pour piano, harpe et violon. Ce genre de pièces concertantes, qui avait tout l'attrait de la nouveauté, produisit un grand effet et commença la réputation du jeune maître. Les succès du professeur furent aussi incontestables dès le début : Louis Adam vit préférer ses leçons à celles des pianistes les plus célèbres, grâce à l'alliance d'un profond savoir et d'une parfaite éducation, ensemble toujours si nécessaire et alors trop rare.

En 1797, Louis Adam était nommé professeur de piano à l'École nationale de musique. Il devait y continuer son enseignement pendant quarante-cinq ans. C'était déjà, pendant ma jeunesse, un nom vénéré que celui du doyen des professeurs du Conservatoire ; deux fils ajoutaient encore à son éclat ; l'un dessinateur habile, l'autre, Adolphe Adam, l'émule d'Auber, presque son rival dans ces œuvres spirituelles à la fois, distinguées et populaires qui s'appellent *le Chalet, le Postillon de Lonjumeau, le Brasseur de Preston, Si j'étais roi, les Pantins de Violette*, etc. Pendant que les fils affirmaient ainsi leur talent dans des genres divers, mais également artistiques, le père se consacrait avec une rare ardeur de dévouement à sa classe de piano du Conservatoire, y maintenant les grandes traditions, l'étude approfondie, l'analyse raisonnée des maîtres anciens qui l'avaient formé lui-même : Bach, Hændel, Scarlatti, Haydn, Mozart et Clementi. Ces saines doctrines de style et de virtuosité, non content de les répandre, il les consignait aussi dans sa belle Méthode spécialement écrite pour le Conservatoire, code musical que l'on pourrait encore appeler l'art de jouer du piano, malgré soixante ans écoulés depuis sa publication.

Plus d'un demi-siècle, Louis Adam a formé plusieurs générations d'artistes : il a dirigé, de 1797 à 1818, une classe d'hommes ; de 1818 à 1843, la classe des jeunes filles. A cette époque, l'enseignement du piano n'avait pas encore pris le développement extraordinaire qu'il a de nos jours : deux classes élémentaires pour les chanteurs et les harmonistes, et deux préparatoires de second degré, tenues par d'anciens premiers prix ; puis les deux classes supérieures dirigées par Louis Adam et Zimmermann ; cet ensemble suffisait aux exigences de l'enseignement.

Louis Adam a compté parmi ses élèves-hommes :

F. Kalkbrenner, Chaulieu, Henri Lemoine, Hérold ;
parmi ses élèves-femmes : Mmes Beck, Renaud d'Allen,
Bresson, Coche, Delsarte, Vierling, Wartel, Massart.
Mme Massart, qui a été aussi pendant dix ans une de
mes élèves, dirige maintenant au Conservatoire cette
même classe de Louis Adam, continuée avec tant
d'éclat par Henri Herz.

Signalons à ce propos l'extension considérable donnée
depuis trente ans à l'enseignement du piano. On a
successivement augmenté le nombre des professeurs :
les classes du deuxième degré ont actuellement pour
maîtres : Mmes Rety, Chène, Tarpet, pour les femmes ;
Descombes et Anthiome, pour les hommes. Les classes
supérieures de piano (hommes) ont pour professeurs
G. Mathias, le successeur de Laurent, et moi-même, qui
ai repris en 1848 la classe de mon maître Zimmerman.
Les classes de femmes (premier degré) ont actuellement
pour titulaires, Mme Massart, MM. Félix Le Couppey et
Delaborde ; au total dix classes de piano, cinq professeurs pour l'enseignement préparatoire, et cinq pour
l'enseignement supérieur, cent cinquante élèves pianistes, sans compter les auditeurs. Quant à l'enseignement spécial des chanteurs et harmonistes, il a
disparu, car il y a deux enseignements distincts, harmonie et accompagnement pour les pianistes, harmonie
seule pour les instrumentistes qui ne peuvent accom-
pagner la base chiffrée et la partition.

Bienveillant et serviable avec ses jeunes collègues,
L. Adam ne manquait jamais une occasion de leur être
utile. Il m'a témoigné, dans certaines circonstances, un

bon vouloir et une affection d'autant plus méritoires que je n'avais pas été formé à son enseignement; mais recommandé souvent à ses élèves comme répétiteur, j'ai pu en constater par moi-même la haute et sérieuse valeur.

L'œuvre qui gardera le plus longtemps l'empreinte de Louis Adam et rendra son souvenir présent à toutes les générations de pianistes, c'est, sans contredit, la Grande Méthode théorique et pratique de piano faite pour le Conservatoire. Cet important ouvrage, qui résume d'une façon si claire et si complète le savoir et l'expérience du célèbre professeur, reste, quoique publiée depuis soixante ans, un des cours les mieux ordonnés qui aient trait à l'enseignement du piano. Les élèves y trouvent non-seulement les préceptes et les conseils qui doivent guider leurs études, de très-nombreuses formules de mécanisme, un choix gradué de pièces des maîtres, mais encore d'excellents préceptes de doigté, posant les règles générales et les exceptions. La sonorité, l'expression et le style, ont également des chapitres spéciaux d'un grand intérêt. Les dernières pages de cette belle méthode, aujourd'hui la propriété des éditeurs du *Ménestrel*, sont consacrées à un résumé succinct des connaissances que doit posséder un pianiste, bon musicien, harmoniste, accompagnateur.

Louis Adam a également écrit plusieurs sonates, en recueil ou séparées. Ces œuvres sont d'un excellent travail et participent d'Emmanuel Bach, de Clementi et de Dussek; M. Achille Lemoine les a conservées sur son catalogue, ainsi que les variations sur l'air populaire du *Roi Dagobert*. Ce thème varié a obtenu une vogue égale à celle des variations sur le *Clair de lune*, de Chaulieu, Hérold et Moschelès ; et des célèbres variations de Mozart sur *Ah! vous dirai-je, maman*.

Louis Adam, comme plus tard son fils, Adolphe Adam le brillant compositeur, le spirituel écrivain, n'a pas été heureux dans la gestion de sa modeste fortune. Les artistes hommes d'affaires sont de rares exceptions. En 1827, Louis Adam, qui avait passé le cap de la soixantaine, crut faire un heureux placement en achetant un immeuble dont il payait les deux tiers. Survint la Révolution de 1830, qui fit déserter la noblesse et la haute finance. Beaucoup d'artistes durent s'expatrier et chercher à l'étranger de nouvelles ressources. Perdant pendant plusieurs années sa riche clientèle et le revenu de ses économies improductives, Louis Adam se vit dans l'impossibilité de payer les échéances de son acquisition, et dut la revendre à perte, c'est-à-dire en sacrifiant le fruit de quarante années de travail.

Le vaillant artiste, pour faire honneur à sa signature, renonça au repos et se remit courageusement à l'œuvre. Plus tard, Adolphe Adam, en s'improvisant fondateur et directeur du Théâtre-Lyrique, engloutit aussi 100,000 francs d'économies, puis abandonna ses droits d'auteur pour désintéresser ses créanciers. Les directeurs de théâtres ne suivent pas tous cet exemple de probité rigide. Combien, au contraire, tout en ruinant leurs actionnaires et leurs bailleurs de fonds, savent faire de brillantes fortunes !

J'ai connu Louis Adam bien longtemps avant de devenir son très-jeune collègue; en 1827, époque de mon admission au Conservatoire, le célèbre professeur avait déjà près de soixante-dix ans. Sa belle physionomie reflétait la bonté de son cœur; le regard d'une grande douceur, la bouche ouverte et souriante, les traits réguliers respiraient la sympathie et commandaient le respect. Suivant l'usage du temps, Louis Adam abritait sa calvitie d'une perruque épaisse; on ne s'était pas encore habitué à la vue des crânes dénudés, acceptée aujourd'hui même chez les jeunes gens. Rossini, dont la figure aux pures lignes de camée, se fût si bien prêtée à la calvitie, avait une nombreuse collection de perruques où la progression de la pousse des cheveux était assez soigneusement observée pour faire illusion.

En 1827, Louis Adam avait été fait chevalier de la Légion d'honneur. En 1843, il prenait sa retraite de professeur au Conservatoire, il avait alors quatre-vingt-cinq ans. Nous avons eu la douleur de le perdre en 1848, à quatre-vingt-dix ans. Cette longue carrière reste un grand exemple laissé à la famille artistique. Dans cette vie de travail et de dévouement, il y a eu des fatigues et des épreuves : ni défaillance, ni tache d'aucune espèce. Musicien de haute valeur, laborieux à l'excès, modeste pour son propre mérite, bienveillant pour ses émules et ses disciples, ayant l'esprit ouvert aux progrès de l'art, Louis Adam demeure une des figures les les plus sympathiques et les plus hautes du professorat de la génération qui nous précède.

XXV

Théodore Dœlher

Il y a des noms d'artistes que la Providence semble avoir prédestinés au succès, voués à un avenir heureux et brillant, soigneusement préservés des épreuves pénibles. Pour ces favorisés du sort, il n'existe pas d'influence néfaste ; ils ignorent toujours les dures leçons de l'adversité et même les obligations d'un travail opiniâtre. Leur carrière offre une continuité de triomphes et une facilité de bonheur également sans mélange. Dœlher appartient à ce groupe d'artistes privilégiés, qui se sont élevés à la réputation, ont pris une place éminente dans le monde des virtuoses compositeurs, sans jamais connaître les tourments de la lutte pour l'existence matérielle, l'âpreté des critiques, l'agitation fiévreuse qu'amènent les insuccès et les rivalités jalouses.

Théodore Dœlher est né à Naples le 20 avril 1814. Son père, chef de musique d'un régiment, lui donna les premières notions de lecture musicale, et lui fit commencer le piano dès l'âge de sept ans. Ses aptitudes

spéciales et son heureuse organisation le firent progresser si rapidement, qu'il devint en quelques mois l'é-
mule de sa sœur aînée, en avance sur lui de quelques
années d'études. Benedict, le disciple favori de Weber,
eut occasion d'entendre le jeune Dœlher pendant son
séjour à Naples, et, charmé des dispositions extraordinaires de l'enfant, il accepta de diriger son éducation
musicale. A treize ans, le maître produisit son élève dans
un grand concert donné au théâtre du Fondo. La précoce virtuosité du pianiste charma l'auditoire; on reconnaissait déjà dans l'exécution de Dœlher les qualités
distinctives qui devaient valoir plus tard tant de succès
au virtuose formé : la grâce naturelle, la délicatesse,
l'élégance. Le public lui fit un brillant accueil et prodigua
les applaudissements à son début.

Dœlher père et sa jeune famille résidèrent quelque
temps dans la principauté de Lucques. Le talent de
Théodore Dœlher inspira au duc régnant un bienveillant
intérêt qui ne devait jamais se démentir. Mais, désireux
de donner à son fils des maîtres en renom et une forte
éducation musicale, le père du jeune virtuose quitta le
service du prince et vint s'établir à Vienne, où il confia
son fils à Charles Czerny, le professeur de piano le plus
autorisé. Théodore Dœlher, en même temps que ces précieux conseils, recevait aussi les excellentes leçons d'harmonie et de composition de Sechter, savant théoricien,
organiste et compositeur de mérite.

Dœlher n'avait pas dix-huit ans lorsqu'il fut pensionné
du duc de Lucques comme pianiste virtuose attaché à
sa musique de chambre. Les petites principautés ita-

liennes étaient alors pour les artistes de véritables oasis, où, libres des soucis de l'existence, ils pouvaient composer à loisir et essayer les forces de leur talent. Rome, Ferrare, Florence, Venise, Milan, ont été des sanctuaires de l'art avant de se transformer en préfectures ou en centres industriels. Le duc de Lucques prit, du reste, son pensionnaire en grande affection, et Dœlher fut souvent le compagnon du prince dans ses pérégrinations à travers l'Italie. Mais le désir de se produire sur un plus vaste théâtre, l'ambition de connaître les grands artistes étrangers, d'étudier leur style, de comparer les diverses écoles et d'en pénétrer les secrets, firent entreprendre au jeune maître un long voyage à travers l'Europe. L'Allemagne, la Hollande, le Danemark, la Belgique, la France, l'Angleterre furent successivement et à plusieurs reprises visités par le brillant et sympathique virtuose.

Entre temps, Dœlher revenait passer quelques mois dans sa chère ville de Lucques, où il retrouvait un entourage d'amis dévoués et lettrés, le charme de la vie princière et aussi les loisirs nécessaires pour se perfectionner dans l'étude de son art. Le duc, toujours empressé de seconder les ambitions de son protégé, lui accordait de longs congés que Dœlher utilisait en donnant de nombreux concerts, prenant pour étapes Francfort, Leipsick, Hambourg, Copenhague, Berlin, Amsterdam, Rotterdam, la Haye, Utrecht, Liége, Gand, Anvers, Bruxelles, puis Paris et Londres, où un accueil chaleureux attendit toujours l'artiste distingué, le compositeur élégant et de bon goût.

C'est en 1838 que se place l'arrivée de Dœlher à Paris.

La réputation de Thalberg brillait alors de tout son éclat; ce célèbre pianiste venait de révolutionner l'art de jouer du piano, en faisant du clavier un instrument chantant, d'une sonorité puissante. Dœlher, qui n'avait pas les qualités toutes spéciales du maître viennois, mais possédait en revanche et au suprême degré la grâce et la délicatesse, eut l'habileté pratique et l'esprit de ne pas changer ses qualités individuelles, tout en s'appropriant plusieurs des procédés en vogue. Ce léger sacrifice fait au goût du jour n'altéra pas d'une façon sensible le caractère personnel du pianiste napolitain, et le virtuose sut conserver à son exécution une saveur à part. Dœlher se fit entendre à la Société des concerts du Conservatoire et y obtint un grand succès. Les salons et les cercles artistiques ne tardèrent pas à mettre en lumière ce nouveau talent; il eut le rare bonheur d'être adopté par tous ceux qui voulaient opposer une réputation naissante aux gloires déjà enviées de Thalberg, de Liszt et de Chopin; mais il en profita avec beaucoup de tact et de mesure, ne se posant en rival d'aucun de ses émules, n'ambitionnant aucune suprématie et se contentant d'être lui-même.

Homme du meilleur ton, façonné par ses relations et sa jeunesse passée à la cour de Lucques aux habitudes élégantes du grand monde, Dœlher était accueilli avec un affectueux empressement dans la haute aristocratie. Le charme pénétrant de son talent délicat et fin, de sa personne distinguée et réservée, lui valut de rapides conquêtes. Les chroniques du temps, — il y a déjà presque un demi-siècle! — racontent quelles sérieuses affections le jeune virtuose sut inspirer, quels liens le rattachèrent à des femmes célèbres par leur beauté et leur esprit. Ajoutons que Dœlher eut la suprême habileté des victoires modestes, maintenues dans le demi-jour; il sut triompher discrètement, sans aucun scandale qui affichât les noms prononcés tout bas ou plutôt murmurés.

J'ai plusieurs fois entendu Dœlher dans les concerts publics et les soirées intimes. Son exécution élégante, correcte, spirituelle et charmante, manquait pourtant de puissance et d'entrain. Dœlher n'avait pas la sensibilité de Chopin, les audaces de Liszt, la sonorité de Thalberg, tout en participant de ces trois grands artistes et aussi de Henri Herz, pour lequel il professait un vif attachement. Il valait par des qualités moindres, toutes de délicatesse et d'expression, mais intéressantes et de nature à séduire un public de dilettantes.

La réputation grandissante de Dœlher, son amour des voyages, son vif désir de connaître l'Angleterre et de faire consacrer à Londres sa renommée de virtuose, le décidèrent à passer le détroit en 1839. Le public des concerts et la haute fashion anglaise lui firent un accueil enthousiaste. Reçu, fêté dans les salons les plus aristocratiques comme le triomphateur du jour, l devint bientôt, grâce à ce magnétisme personnel, qu'il joignait toujours à l'action de son talent artistique, le commensal et l'ami des grandes familles. Puis, tout à coup, fatigué de cette vie militante, presque blasé par l'abondance et la facilité des triomphes, l'enfant gâté quitta l'Angleterre et revint à sa belle retraite de

Lucques, où le protecteur de son enfance l'avait patiemment attendu.

Ce ne fut qu'une étape. Après une année passée dans cette résidence tranquille, au sein d'une vie douce, consacrée exclusivement à l'art, Dœlher reposé et fortifié reprenait le cours de ses voyages ; le duc lui accordait un nouveau congé en y joignant des lettres de créance pour les souverains alliés ou parents, lui aplanissant toutes les difficultés, l'introduisant directement dans la société la plus haute. Dœlher visita ainsi de nouveau, et à plusieurs reprises, l'Allemagne, la Hollande, la Belgique, et revint même en France avant de se rendre en Russie, où l'attendaient de nouveaux triomphes et où devait s'affirmer son bonheur.

Parti pour Saint-Pétersbourg en 1844, Dœlher y trouva, comme à Londres, cet accueil empressé dont l'aristocratie a le secret quand elle veut adopter un artiste et s'attacher un talent nouveau. Ce fut, du reste, moins un voyage qu'un séjour, les grands succès du virtuose, mais plus encore l'attachement profond qu'il inspira à la princesse Schermeleff, son admiratrice passionnée, le retinrent plusieurs années en Russie. Plus heureux en cette circonstance que son illustre maître en virtuosité, F. Liszt, Dœlher, après un long temps d'épreuves et une série de péripéties romanesques qui affirmèrent l'affection vivace, le dévouement de sa fiancée, devint le mari de Mme Schermeleff. Par malheur, ce dénoûment d'un roman en plusieurs chapitres ne devait donner au célèbre artiste qu'un petit nombre d'années de bonheur. Revenu à Lucques pour s'y vouer en amateur au culte de l'art, Dœlher, atteint d'une maladie de poitrine, vit s'évanouir rapidement son beau rêve. Le mal fit de rapides progrès ; le changement d'air, les cures d'eaux, les traitements les plus énergiques n'y apportèrent que des atténuations passagères. Théodore Dœlher, après une agonie de quelques années, mourut à Rome, le 21 février 1856, à l'âge de 42 ans.

Cette carrière trop courte est intéressante à plus d'un titre. Il faut bien le reconnaître et le dire hautement à l'honneur de la société moderne, le goût des gens du monde s'est formé, l'artiste de savoir et de talent est non-seulement recherché, fêté dans les salons, mais entouré d'égards, d'attentions délicates que lui attirent son charme individuel s'il est homme d'esprit, l'autorité de son art s'il est homme de valeur. Au xvie et au xviie siècle, les distances sociales entre les nobles de race et les roturiers de génie existaient encore d'une façon choquante ; mais à partir de Louis XV, les femmes célèbres qui dirigeaient en souveraines les salons où la littérature et les beaux-arts étaient en honneur, ont fait disparaître ces inégalités ; une tradition s'est établie, rarement interrompue par les excentricités ou les maladresses de quelques artistes. Ce sera l'honneur de Dœlher de l'avoir solidement renouée, grâce à sa distinction et à ses mérites personnels.

Comme compositeur, Dœlher s'est affirmé, dans les fantaisies célèbres sur *Guido*, *Anna Bolena*, *Guillaume Tell*, *Mahomet*, *don Sébastien* ; maître habile, ingénieux, élégant, tout en suivant le courant des procédés mis à la mode par Thalberg. Le concerto op. 7 a la noblesse de style qui convient au genre ; il est de plus d'un excellent travail par la structure et le caractère brillant des traits. Cette composition procède beaucoup d'Henri Herz, dont Dœlher avait les distinctions exquises. Douze nocturnes, œuvres gracieuses et chantantes, prouvent la richesse d'idées mélodiques du maître napolitain ; le nocturne en *ré* bémol dédié à la princesse Belgiojoso a obtenu un succès de vogue. L'andantino est aussi une œuvre pleine de charme. Les morceaux de salon, op. 6, 15, 18, 22, 35, sont des arrangements très-réussis sur des motifs d'opéra. Les tarentelles, op. 39, 46, et le galop op. 61, la polka de salon op. 50, la valse op. 47, ont eu leur heure de mode et de grand succès. Les études de concert, op. 30, prennent place à côté de celles de Chopin, Henselt, Taubert, Herz, Rosenhain. Il faut être virtuose de bon style pour interpréter ces belles pages où le jeune maître a prouvé sa richesse d'imagination et la pureté irréprochable de sa manière. Les cinquante études de salon restent au répertoire de l'enseignement moderne comme d'excellents spécimens de goût, de phraser, et offrent en même temps d'utiles formules de mécanisme.

On le voit par cette analyse succincte d'une partie de l'œuvre de Dœlher, ce maître a su justifier la popularité délicate qui s'est attachée à son nom. Il appartient au groupe des compositeurs virtuoses qui ont surgi vers 1830 ; il mérite de rester dans leurs rangs ; et le double souvenir du galant homme et du vaillant artiste a survécu grâce à cette réunion d'un beau talent et d'une nature essentiellement aimable.

L'ovale allongé de la physionomie de Dœlher, ses traits réguliers et fins rappelaient le type de Chopin, moins le caractère morbide. Le nez bien dessiné, le regard doux, presque timide, la bouche légèrement arquée, formaient un ensemble distingué parfaitement en harmonie avec l'élégante et exquise courtoisie dont Dœlher avait pris l'usage à cette petite cour de Lucques, où fleurissait l'étiquette tempérée par la bonne grâce.

J'ai gardé de mes trop courtes relations avec Dœlher chez Zimmermann, Henri Herz et Brandus le plus affectueux souvenir et je ne crois pas qu'il y ait une exception dans la mémoire de tous ceux qui ont pu également le connaître. Peu de réputations ont rayonné avec plus de douceur sur les contemporains, ont excité plus de sympathies et suscité moins de rivalités envieuses. A tous ces titres Dœlher gardera sa place à mi-côte, en vue, sinon auprès des maîtres. S'il n'a pas été chef d'école, créateur d'un genre particulier, promoteur d'un style original, novateur audacieux, il a su du moins conserver son individualité distincte. Nature délicate, cœur généreux et bon, imagination séduisante, le souvenir de Dœlher restera toujours jeune, accompagné du double prestige du talent acquis et du charme inné. Bellini du piano, il a, comme le chantre inspiré de *la Norma*, une suavité d'accent, un parfum mélodique qui en font un des poëtes du piano.

XXVI

Madame de MONTGEROULT

Dans ce siècle troublé où le mouvement continuel
des révolutions bouleverse toutes les classes de la société,
confond tous les rangs, et ne laisse qu'à un petit groupe
de familles privilégiées le cachet distinctif de l'aristocratie : l'oisiveté brillante et luxueuse, — oisiveté qui
est fonction sociale, quand elle est bien comprise,
quand son éclat reste un des éléments essentiels de la
richesse nationale et de la prospérité publique, — il
devait surgir, à côté des générations d'artistes sorties du
peuple et de la bourgeoisie, une autre génération improvisée dans les rangs de l'ancienne noblesse. Les
exemples en sont fréquents, depuis un demi-siècle,
dans le monde de la virtuosité comme dans celui du
théâtre. Ces déclassés involontaires, trahis par la fortune, cherchent courageusement par le travail, l'étude,
le maniement de la plume ou le talent du virtuose à
conquérir une valeur et des titres personnels. Nous
n'avons pas à faire l'historique de cette noblesse en

partie double, étude pourtant instructive et moralisatrice; mais nous tenons à constater que l'art musical compte parmi ses adeptes les plus éminents des noms de souche nobiliaire deux fois illustrés par la naissance et le talent.

Mme de Montgeroult, comtesse de Charnay, née Hélène de Nervode, appartenait à l'une des nombreuses familles qui, fuyant la Terreur, cherchèrent à l'étranger à refaire par le travail leur fortune perdue, en conservant à leur nom l'éclat sans tache d'une existence honorable et ne relevant que d'elle-même. C'était le début des grands exemples donnés par l'aristocratie et souvent par ses représentants les plus élevés. Le duc d'Orléans, le futur roi Louis-Philippe, s'honorait en demandant au professorat et non à des subsides étrangers les moyens d'existence pendant son séjour en Suisse. Noble tradition que Daniel Manin devait suivre plus tard, quand il subsista, à Paris, du produit de ses leçons de langue italienne.

Mme de Montgeroult était née à Lyon le 2 mars 1764. Sa famille vint se fixer à Paris, où la jeune fille reçut une éducation brillante et les leçons de musique d'un professeur célèbre, Hulmandel, compositeur et virtuose très à la mode dans la haute société parisienne, vers 1776. Le maître prit un vif intérêt à l'éducation de sa jeune élève et lui donna les grands principes, le style élégant et correct qu'il avait puisés lui-même dans les leçons de Charles-Philippe-Emmanuel Bach. L'enseignement d'Hulmandel, plus tard celui de Clementi et de Dussek, communiquèrent au talent d'exécution de l'élève

une force, une virilité remarquables, sans altérer toutefois cette fine fleur d'élégance qui est le privilége et
comme l'attribut naturel des femmes virtuoses.

Les agitations populaires, les épisodes sanglants,
préface de notre grande mais terrible révolution, obli-
gèrent le maître et l'élève à émigrer, Hulmandel en
Angleterre, la famille de Charnay en Allemagne. Le
royalisme ardent de Hulmandel le désignait comme
suspect; ses biens furent confisqués et vendus; il revint
toutefois à Paris, sous le Consulat, et obtint quelques
restitutions.

Pendant ce temps, Mme de Montgeroult s'établissait
en Allemagne; elle publiait à Berlin, dès 1796, une
sonate qui affirmait déjà ses rares qualités d'érudition,
sa connaissance du style des maîtres. A cette époque
douloureuse de l'existence de Mme de Montgeroult, alors
encore Hélène de Nervode, se place une touchante anecdote que notre ami regretté, Édouard Monnais, sous
le pseudonyme de Paul Smith, a racontée d'une façon
délicate dans les *Esquisses de la vie d'artiste.*

Mlle de Nervode, avant de se rendre à Berlin, avait,
paraît-il, pris une modeste retraite dans une petite ville
allemande et chez un organiste du nom de Schramm.
Ce brave homme ignorait la qualité d'émigrée et la
grande virtuosité de sa pensionnaire, mais avait en haute
estime son intelligence, sa distinction et son exquise
bonté. Aussi finit-il par lui confier ses préoccupations
et ses épreuves. Pris d'un violent accès de goutte, il se
voyait dans l'impossibilité de tenir les orgues à une
solennité religieuse très-prochaine; un rival dangereux

ambitionnait sa place ; il craignait de tout perdre en avouant son infirmité, et le ciel restait sourd à ses prières pour retrouver l'usage de ses doigts ankylosés.

La Providence fit cependant un miracle en mettant à sa place au jour redouté, Mlle de Nervode, la « dame de bon secours ». En galant historien, Edmond Monnais donne un tour romanesque à l'aventure et prête à la jeune organiste des séductions naturelles qui lui manquaient. Si elle s'imposa aux auditeurs habituels de Schramm, ce fut par la grâce naturelle de son talent et l'ingéniosité même de sa charité : rien de plus. C'est peut-être en s'inspirant de cette historiette que, plus tard, M. et Mme Pradher, touchés par la misère d'un chanteur des rues, donnèrent un soir, en plein boulevard, une séance musicale à sa place et pour son compte. L'auditoire émerveillé témoigna son enthousiasme par une recette extraordinaire et magnifique. J'affirme l'authenticité de l'aventure, qui rentre du reste dans le courant généreux et un peu théâtral de l'époque.

Mais des temps meilleurs approchaient pour les exilés : à la tourmente révolutionnaire succédait le Directoire, ce gouvernement amoureux des fêtes et des plaisirs, que notre spirituel Auber définissait d'un mot : « le régent de la République ». Mme de Montgeroult obtint sa radiation de la liste des exilés, et rentra en France pour se vouer à l'enseignement du piano, n'ayant plus que des ressources minimes. Son grand talent de musicienne, sa brillante virtuosité, sa distinction, sa position d'émigrée, tout concourut à lui aplanir les premières difficultés et à en faire un professeur très en vogue pendant une longue période de vie active.

Mᵐᵉ de Montgeroult dirigea plusieurs années les études de piano du jeune Pradher et donna aussi des conseils à Boëly. Le premier de ces artistes obtint plus tard, au concours, à l'âge de 21 ans, en 1802, la place de professeur de piano au Conservatoire, succédant à Hyacinthe Jadin. Pradher, — dont le nom devrait régulièrement s'écrire Pradère, — enseigna au Conservatoire jusqu'en 1827. C'est à son école que se sont formés les frères Herz, Jacques et Henri, le très-populaire Rosellen, et notre cher collègue Félix Le Couppey, qui continue avec tant d'autorité et de succès les traditions de son maître. Quant à Boëly, je me rappelle encore sa visite à la classe de Zimmerman, où j'étais alors élève ; on m'avait fait apprendre à son intention six études écrites par lui dans le style de Clementi et de Cramer. Le maître, que son admiration rétrospective pour les compositeurs défunts n'empêchait pas de se complaire à l'exécution de ses propres œuvres, se montra satisfait, et m'invita à l'audition de fugues de Bach, à l'église de Saint-Germain-l'Auxerrois ; Boëly possédait le grand style de l'orgue, le jeu correct et large, et j'ai gardé un précieux souvenir de cette audition.

Comme compositeur, Mᵐᵉ de Montgeroult a eu de hautes visées. Elle a publié dix sonates en quatre numéros d'œuvre, trois fantaisies, plusieurs petites pièces caractéristiques, six nocturnes à deux voix ; mais les sonates, quoique bien écrites, n'accusent pas une individualité prononcée. Les idées, correctement exposées, manquent d'originalité, et l'on reconnaît dans la nature des traits et le développement des motifs, les procédés des maîtres particulièrement chers à Mme de Montgeroult : Clementi, Cramer et Dussek. En revanche, nous louerons sans réserve l'importante méthode publiée sous le titre de « Cours complet pour l'enseignement du piano ». Mme de Montgeroult, femme d'un mérite supérieur, virtuose remarquable, était douée surtout de cet esprit d'observation et d'analyse qui fait les véritables professeurs et détermine l'autorité de leur enseignement.

C'est par la méthode de Mme de Montgeroult que j'ai commencé, il y a plus de cinquante ans, l'étude du piano. Cette date pourrait faire croire que la partie théorique et les considérations esthétiques en sont entièrement surannées. Il n'en est rien cependant, et, pour ne citer qu'un exemple entre mille, nous ne pouvons mieux faire que de transcrire quelques lignes des conseils donnés par l'auteur dans la préface de son cours. Ses axiomes sur le « bien dire » devraient être présents à la pensée des virtuoses tapageurs qui semblent n'avoir qu'un but l'étalage de leurs forces musculaires, brisant cordes et marteaux pour faire montre de talent :

« L'art de bien chanter est le même à quelque instrument qu'on l'applique ; il ne doit pas faire de concessions et de sacrifices au mécanisme particulier de son interprète, qui doit plier son mécanisme aux volontés de l'art :

» Quoique le piano ne puisse rendre tous les accents de la voix, il en est cependant un grand nombre qu'un artiste habile peut parvenir à imiter; mais il en est d'autres qui tiennent au tact, à l'art de conduire le son, au goût, à la sensibilité, à la connaissance approfondie des défauts et des qualités inhérentes à l'instrument qu'on veut faire parler. »

On ne peut mieux dire. La préface entière a la même netteté et le même bon sens; quant à la méthode, elle conduit progressivement des principes élémentaires aux plus grandes difficultés. Le cours, divisé en trois volumes, renferme non-seulement de nombreuses formules de mécanisme et tout l'arsenal des traits qui forment la base d'une bonne exécution, mais encore les principes d'accentuation, d'ornementation et de goût, étudiés avec un sentiment parfait et l'esprit d'électisme qui convient à une méthode pratique condensant et résumant les progrès accomplis. Les chapitres spéciaux traitant de la sonorité, des notes de goût, de l'expression, sont écrits avec un soin minutieux, et offrent des bases excellentes à l'observation des maîtres, comme à celle des élèves.

A l'imitation du *Gradus* de Clementi, la 2e et la 3e partie de la méthode de Mme de Montgeroult contiennent cent et quelques études spéciales de mécanisme et de style qui offrent des types variés, des combinaisons ingénieuses pour vaincre les difficultés d'exécution et de rhythme que l'auteur croit utile de posséder. Enfin des thèmes variés dans le style ancien, des canons et des fugues complètent cette belle et précieuse méthode qui n'existe malheureusement que dans les bibliothèques d'amateurs, les planches ayant été fondues.

Je n'ai sous les yeux aucun portrait de Mme de Montgeroult et je ne l'ai pas connue personnellement; mais, en résumant les souvenirs d'anciens amis qui l'ont vue dans ses derniéres années, je puis dire que l'éminente virtuose n'avait pas été une reine de beauté; son grand talent lui avait seul valu sa supériorité sur toutes les artistes femmes, ses contemporaines. Elle avait un regard vif et pénétrant, et cette distinction de race, cette politesse exquise, charme inné de l'ancienne aristocratie.

Elle a dominé incontestablement la virtuosité féminine de son temps; cependant, tout en lui rendant justice, nous devons évoquer le souvenir d'une autre pianiste célèbre, Mme Bigot, née à Colmar en mars 1786, qui a rivalisé de talent avec Mme de Montgeroult et a été la plus brillante de ses émules. Mme Bigot possédait une exécution incomparable; son jeu expressif, coloré, captivait au suprême degré et j'ai souvent entendu Auber l'admirer avec une conviction vivace que rien ne rendait suspect. Cet hommage rétrospectif m'est resté dans l'esprit, ainsi que la fidélité d'Auber à la mémoire de son maître de piano Ladurner. La sensibilité était le caractère dominant de Mme Bigot; elle tenait à son organisation délicate, un peu maladive, et surtout au sentiment profond, à l'intuition géniale qu'elle avait pour les œuvres de grand style. Haydn, Viotti, Cramer, Chérubini, Beethoven, Baillot professaient, pour cette charmante jeune femme d'un tempérament si poétique, une admiration poussée jusqu'à l'enthousiasme. Quant à Clementi, dont l'esprit d'économie touchait à l'avarice, il allait faire sa correspondance chez Mme Bigot pour économiser le feu et le papier.

Réputations brillantes, faites de talent et de vaillance, qui ont ému et charmé nos pères, mais qui reposent maintenant dans le calme de l'oubli ou dans le souvenir de rares dilettantes. Mme de Montgeroult est morte à Florence, le 20 mai 1837, à l'âge de 72 ans; sa jeune et sympathique émule, Mme Bigot, avait succombé en septembre 1820, à l'âge de 34 ans, aux brusques ravages d'une maladie de poitrine d'abord négligée. Mais, si les interprètes meurent, l'art est immortel; il se transforme seulement avec les générations d'artistes. Mmes Duverger, Pleyel, Farrenc, Massart, Szarvady, Monttigny-Rémaury, Jaell, Viard, G. Pottier, etc., ont hérité des belles qualités et des grandes traditions de leurs éminents prédécesseurs. A ces noms justement célèbres, nous pourrions ajouter ceux des brillants premiers prix formés à notre école nationale du Conservatoire. Chez la plupart de ces élèves couronnées, les succès obtenus sont une promesse de renommée, mais pour en faire une réalité glorieuse, elles doivent prendre modèle sur les exemples donnés par leurs aïeules, elles doivent s'inspirer de leur ardent amour de l'étude, de leur foi vive et de leur persévérance infatigable : les qualités mêmes que résume le nom de Mme de Montgeroult, et qui glorifient l'art en exaltant la femme.

XXVII

LEFÉBURE-WÉLY

Le temps est loin où les détracteurs intéressés de notre pays pouvaient nier son génie producteur. Nos compositeurs et nos virtuoses sont accueillis à l'étranger avec une faveur qui témoigne à la fois des sympathies qu'inspire leur talent et de l'ascendant général exercé par le style et le goût français. Les critiques de Rousseau sur notre peu d'oreille et notre pauvre organisation musicale n'ont plus aucune raison d'être ; il existe une école du grand art autre que celle des opérettes, dont certains critiques d'outre-Rhin voudraient nous imposer le « génie » exclusif. L'art musical français à tous ses degrés, dans toutes ses branches, possède ses traditions établies et ses maîtres indiscutables. Notre école d'orgue compte aussi beaucoup de noms illustres comme compositeurs spéciaux et virtuoses. La forte race des Couperin, des Lalande, des Rameau, des Daquin, des Balbatre, des Marchand, des Sejean, des Benoist a gardé de glorieux représentants dont plusieurs, nous le croyons fermement, ont surpassé leurs prédécesseurs en savoir et en habileté. Lefébure-Wély appartient à cette glorieuse lignée dont s'honore l'école française.

Élevé avec tendresse et dévouement dans ce milieu musical, Lefébure fit des progrès si rapides et devint si familier avec le toucher des orgues que, dès l'âge de huit ans, il pouvait s'essayer à suppléer son père dans ses fonctions d'organiste à Saint-Roch. Bientôt la tâche lui incomba tout entière, son père étant frappé de paralysie du côté gauche. Pendant sept ans de maladie continue, Lefébure père n'eut pas d'autre suppléant que son fils. En 1831, son mal l'emportait, et Lefébure fils devenait titulaire du grand orgue, grâce à son habileté déjà reconnue et au patronage de la reine Marie-Amélie, fidèle paroissienne de l'église Saint-Roch.

Cette bienveillance de la reine ne devait jamais se démentir; la compagne de Louis-Philippe accepta même, plus tard, d'être la marraine d'un enfant de son organiste privilégié.

En 1832, Lefébure-Wély était admis au Conservatoire dans la classe de piano de Zimmerman et dans la classe d'orgue de Benoist. En 1834, il obtenait aux concours de fin d'année le second prix dans les deux classes, et les deux premiers prix lui étaient décernés l'année suivante. Harmoniste de sentiment, mais ayant la tête et les doigts meublés d'innombrables formules, le brillant lauréat de notre école nationale voulut achever son éducation par des études de composition idéale. Berton, Adolphe Adam, Halévy, lui donnèrent leurs conseils, et, sans nul doute, Lefébure-Wély eût ajouté son nom à la série des prix de Rome, si son mariage avec une élève de prédilection de Mme Damoreau (Mlle J. Court) n'eût modifié tout à coup sa carrière. L'abbé Ollivier, évêque d'Évreux, ancien curé de Saint-Roch, le plus aimable et le plus mondain des évêques, vint lui-même bénir l'union de son ancien organiste.

Le chef de famille ne songeait plus à la villa Médicis. L'époux heureux ne pensait pas à quitter le foyer domestique pour une vie plus libre, mais plus aventureuse ; des devoirs nouveaux s'imposaient à lui ; il fallait, pour dorer un peu ce bonheur tranquille, mener de front le grand art et les publications légères. L'organiste se fit aussi compositeur de musique facile, élégante, à succès. Les éditeurs de ses nombreuses petites pièces caractéristiques : *les Cloches du monastère, la Chasse à courre, la Retraite, les Lagunes, le Rêve de Graziella,* peuvent témoigner de quelle vogue ont joui ces bluettes spirituelles où souvent l'inspiration s'unissait à une verve mélodique étincelante.

Les artistes rigides, les puritains farouches jaloux de ces succès de bon aloi et justifiés par les difficultés de la tâche, par la distinction, la correction, la pureté toujours soigneusement conservée dans le domaine de la fantaisie, blâmèrent hautement Lefébure-Wély de ces sacrifices à la Muse facile. Il laissait dire, et, entre temps, écrivait une sonate, des symphonies, des recueils d'études pour prouver qu'il n'abandonnait pas les travaux sérieux.

Lefébure-Wély improvisait à l'orgue d'une façon incomparable. Aucun virtuose ne possédait, comme lui, les ressources de l'instrument-géant qui unit à la toute-puissance de l'orchestre, à la variété des timbres, les accents émus de la voix humaine et des masses chorales. Toujours docile à sa volonté énergique et passionnée, sa riche et féconde imagination se pliait à toutes les nuances de sentiment, et l'on peut dire, sans la moindre exagération que Lefébure-Wély avait au suprême degré le génie des orgues, soit à l'église, soit au salon. Ses admirateurs fervents, Cavaillé-Coll, Alexandre, Debain, Mustel peuvent témoigner de l'immense habileté du jeune maître, et de sa prodigieuse ingéniosité pour mettre en lumière toutes les qualités des instruments confiés à sa main savante. Après quelques heures de prise de possession, les orgues nouvelles n'avaient plus de secrets pour lui; les combinaisons de timbre, les accouplements de jeux, tout était deviné, saisi; l'instrument, rebelle pour tout autre, était dompté ; l'organiste gouvernait l'immense machine sonore en véritable maître d'équitation qui assouplit les montures les plus indociles.

A Saint-Roch, à Saint-Sulpice, à la Madeleine, j'ai eu souvent des auditions toutes personnelles de Lefébure-Wély. Le grand organiste, qui avait le sentiment de sa force et se savait écouté par un ami doublé d'un artiste, improvisait et faisait montre de puissance créatrice avec une ardeur fervente, une chaleur de cœur que je n'ai jamais oubliées. Je rappellerai aussi une circonstance publique, les obsèques de Mozin, où Lefébure, vivement ému, inspiré par une tristesse à la fois profonde et féconde, improvisa avec tant d'âme, une telle supériorité de style, qu'Auber admira l'improvisation comme un morceau étudié.

Nous arrivons au grand reproche adressé à Lefébure-Wély par les rigoristes, absolument attachés aux anciennes formules : celui de n'avoir pas su se contraindre à un style sérieux, sévère, plus en harmonie avec la simplicité grandiose de nos églises. Pour ces admirateurs exclusifs de l'école allemande et flamande, la chaleur d'imagination ne doit jamais faire oublier à l'improvisateur, fût-il homme de génie, le recueillement du sanctuaire, l'austérité qui convient à la musique religieuse, ce qu'on peut appeler, sinon l'influence, du moins la loi du milieu. Nous répondrons que cette perfection extrême, immuable, touche de près à l'aridité et à l'ennui. Il faut être de son temps. C'est ce qu'ont parfaitement compris Cherubini, Lesueur, Paer, Rossini, Auber, Halévy, Adam, Thomas, Gounod, etc., en écrivant pour l'église des œuvres émues, très-pures qui, sans participer de la foi gothique, ont un grand souffle religieux.

L'*Harmonium* (orgue de salon et d'accompagnement pour les chapelles), avait en Lefébure-Wély un propagateur actif et dévoué. Sur ses conseils et ses indications, des perfectionnements nombreux introduits dans la facture de ces orgues en miniature en ont fait un instrument riche d'effets nouveaux, très-sonore, d'une grande variété de timbre, chantant, *expressif* sous la pression des doigts et l'action d'une ingénieuse soufflerie. Entre tous les virtuoses qui se sont voués à populariser l'harmonium, Lefébure a su conserver une incontestable supériorité, par l'élégance et le charme de ses idées, et l'art merveilleux de tirer parti des nombreux effets de l'instrument. Sa virtuosité, transcendante et tout à fait exceptionnelle comme organiste improvisateur, n'avait altéré sous aucun rapport sa belle exécution de pianiste. Son toucher léger, délicat et fin, mettait à néant l'affirmation assez généralement répandue que l'étude journalière des orgues alourdit le jeu, fait perdre le brio et le sentiment du tact. Ce sont, croyons-nous, les pianistes médiocres devenus organistes sans une suffisante étude préalable du piano, qui ont accrédité ce préjugé populaire.

Ne comptons-nous pas, de nos jours, plusieurs habiles et célèbres organistes qui sont des pianistes de premier ordre ? Il suffit de citer les noms de Camille Saint-Saëns, d'Henri Fissot, de Widor, de Franck, d'Alkan, de Th. Dubois, de Besozzi, de Bazille, de Cohen, de tant d'autres encore ! Reconnaissons seulement que les orgues anciennes, d'une si belle sonorité, laissaient à désirer sous le rapport du mécanisme ; les claviers ne parlaient pas aussi facilement que ceux de facture moderne ; il fallait une dépense de force et d'action sur les touches que peuvent économiser nos organistes actuels.

La riche organisation, le savoir et les succès de composition de Lefébure-Wély eussent été impuissants à lui faire obtenir l'admission d'un ouvrage de l'Opéra-Comique sans la protection du duc de Morny, qui avait une réelle affection pour le célèbre organiste. On sait que le célèbre homme d'État du second empire s'oubliait, à ses heures de détente diplomatique ou parlementaire, à écrire des opérettes et des vaudevilles. Il s'était fait aussi le patron de la musique en chiffres. Soit complaisance, soit conviction, Lefébure-Wély se disait un des fervents adeptes du système Galin-Paris-Chevé. Ses *Recruteurs* durent à cette mutuelle sympathie leur apparition sur la scène de l'Opéra-Comique. L'œuvre bien montée, chantée parfaitement, n'obtint qu'un succès d'estime, malgré de charmantes inspirations. L'épreuve parut suffire à Lefébure-Wély ; il se remit à lancer dans le courant musical ces nombreuses productions légères que la mode accueillait toujours avec le même empressement.

Le nombre des compositions de piano et d'orgue de Lefébure-Wély est considérable. Citons de mémoire, parmi les pièces de salon qui font encore les délices des jeunes pensionnaires : *l'Heure de la Prière, les Cloches du Monastère, Fleur de Salon, le Golfe de Baïa, Séguidille, la Retraite militaire, la Chasse à courre, la Garde montante, le Rêve de Graziella, les Binioux de Naples, l'Heure de l'Angelus, la Fête des Abeilles, les Lagunes, Fleur délaissée, les Babillardes, Titania, les Pifferari* ; mais à côté de ces œuvres légères, un Menuet, une Polonaise, une fantaisie de concert sur *Armide,* etc.

Les trois grands recueils d'Études pour piano, dédiés à Auber, op. 23, et op. 24 à Cherubini, sont des œuvres d'imagination et de science, où la valeur du compositeur s'est affirmée. Quant aux Études de salon, petites ièces de genre portant toutes des noms caractéristiques, elles renferment de jolies idées, et prouvent la souplesse de talent du jeune maître.

A côté des nombreux arrangements à quatre mains

sur les opéras en vogue, succès éphémères, morceaux de commande où l'on trouve toujours, malgré la rapidité du faire, le cachet du musicien habile, de l'homme de goût, il faut citer et louer particulièrement *l'École concertante*, à quatre mains.

Ces douze morceaux symphoniques, de style très-varié, sont écrits avec un goût irréprochable. Les idées, distinguées, sont rehaussées par une mise en œuvre ingénieuse et une grande richesse d'harmonie. Ni placages, ni doublures inutiles ; les deux parties, également intéressantes, concertent de la manière la mieux équilibrée. C'est un dialogue suivi, une causerie musicale où s'unissent la science et l'esprit. Citons aussi deux œuvres remarquables : les Symphonies op. 163 et 171, arrangées à deux pianos et à quatre mains, par l'auteur lui-même ; morceaux insuffisamment connus des pianistes contemporains, et qui devraient figurer plus souvent sur le programme de nos concerts.

Lefébure a encore écrit plusieurs œuvres saillantes : une sonate concertante pour piano et orgue, un quatuor, un quintette, trois symphonies pour orchestre, exécutées au Concert Pasdeloup ; plusieurs pièces vocales pour l'église : *Ave Maria, Pie Jesu, Ave verum.* Un grand nombre de ces morceaux sont restés inédits, malgré leur valeur musicale incontestable.

L'organiste-compositeur, qui a tant de fois et si admirablement interprété la Méditation de Gounod sur le prélude de Bach, a écrit aussi plusieurs arrangements de même nature sur le *Noël* d'Adam, l'air de *Stradella*, l'*Hymne à la Vierge* ; mais l'immense succès du morceau de Gounod a laissé dans l'ombre toutes les imitations du même genre.

Lefébure a publié plusieurs traités spéciaux pour le grand orgue et l'harmonium, ainsi qu'un grand nombre de pièces détachées, instrumentales et vocales, pour la musique d'église. Ce résumé montre le courage de l'homme et la richesse d'imagination du compositeur. Le travail le rendait heureux. Je l'ai vu souvent dans cette période d'activité fébrile : il se laissait vivre avec cette confiante sérénité que donnent la santé, la jeunesse, les joies du foyer domestique ; mais déjà il était frappé!... les émotions, les veilles, le travail avaient fait germer une maladie de poitrine.

Le mal, combattu d'abord avec succès par le traitement des Eaux-Bonnes et un séjour dans le Midi, revint plus intense ; une toux persistante résistait à tous les remèdes ; la compagne dévouée et les amis du compositeur ne pouvaient plus se faire aucune illusion. J'ai vu Lefébure-Wély à son lit de mort : il avait toute sa connaissance, mais ne se trompait pas sur son état, malgré mes protestations et mes assurances de guérison prochaine. La phthisie était alors à sa troisième période. Quelques jours plus tard, le 31 décembre 1869, Lefébure-Wély succombait.

L'ancien organiste de Saint-Roch repose au Père-Lachaise, près du tombeau de Rossini. Le mausolée élevé à sa mémoire par les soins désintéressés de M. Baltard, de l'Institut, et du statuaire Chevalier, est bien en rapport avec le talent poétique, correct et fin du vaillant artiste. Le chiffre de la souscription ouverte par l'initiative des amis et admirateurs de Lefébure-Wély pour lui élever ce monument a dépassé 7,000 francs. L'abbé Lamazou, vicaire de la Madeleine, et notre illustre directeur, Ambroise Thomas, ont associé les regrets de la religion et ceux de l'art dans une double allocution où ils ont rendu justice au merveilleux talent du virtuose et du compositeur, dont la riche imagination et les doigts inspirés éveillaient sous les voûtes de nos églises comme un écho des harmonies célestes.

Lefébure avait une physionomie très-distinguée. Ses traits fins, bien dessinés, d'une régularité parfaite, reproduisaient le type aristocratique. Ses belles jeunes filles, dont le talent sympathique nous a maintes fois charmé dans l'exécution des symphonies à deux pianos et à quatre mains, de leur père, avaient la même perfection idéale des lignes du visage. Spirituel, aimable, affectueux, Lefébure-Wély ne jalousait le bonheur d'aucun artiste; malgré ses nombreux succès, il était resté simple, sans prétention, heureux de voir s'épanouir sous ses yeux une famille aimée dont il était l'âme. Lefébure a reçu, jeune encore, la croix de la Légion d'honneur et celle de Charles III.

Cette belle et florissante famille a été frappée sans relâche. L'aînée des filles, mariée depuis peu d'années, un fils de vingt ans, enfin Mme Lefébure, femme de cœur et vaillante artiste, ont à peu d'intervalle suivi dans l'éternité le compositeur éminent qui a laissé parmi nous une place encore inoccupée. Tout s'unit donc, la fortune et le malheur, pour donner au nom de Lefébure-Wély une auréole durable. Au premier rang, comme organiste, il restera classé, comme compositeur, parmi les maîtres qui ont su allier le charme de la pensée, la distinction, le naturel à la science aimable et spirituelle. Il appartient à l'école d'Auber et d'Adam. Dans un cadre plus étroit, dans un ordre d'idées plus modeste, il s'est attaché à la grâce, à l'esprit, à cette ingéniosité d'arrangement et à ces inventions harmoniques qui donnent à la musique française le piquant, l'imprévu, le brio. Compositeur peut-être léger, mais du moins bien en dehors du dangereux courant qui entraîne trop souvent l'école moderne à la recherche d'un idéal purement abstrait, prétentieux et très-souvent dangereux ! On lui a reproché d'être aimable : nous le louerons d'avoir été naturel. Ce n'est pas un médiocre compliment en ce temps de pathos musical et d'amphigouri concentré.

—————

XXVIII

GORIA

La célébrité est une classification générale qui com-
porte plus d'un degré, un terme large qui embrasse toute
une série de nuances et de distinctions. Il y a d'abord le
génie pur, le don divin qui fait les grands maîtres, les
créateurs. L'originalité dans la conception des idées et
aussi dans la forme dont elles sont revêtues est encore
une qualité exceptionnelle, très-proche du génie ; l'histoire compte les tempéraments vigoureux qui ont eu
l'élan, le coup d'aile, et sinon la victoire complète, du
moins la volonté de vaincre et de créer à leur tour, en
sortant des routes frayées. Ce sont les deux classes les
plus hautes, celle des hommes de génie et celle des pré-
curseurs. Les artistes d'imagination et de goût, mais sans
individualité fortement accusée, sont moins clair-semés.
C'est la troisième catégorie, et aussi la plus nombreuse.
Il n'est donné qu'à peu de privilégiés d'être créateurs,
d'ouvrir des voies nouvelles, de tracer un sillon où pas-
seront des générations entières ; mais beaucoup de vail-

lants travailleurs, à défaut d'individualité géniale, se restreignent à l'imitation d'un modèle qui répond à leur idéal secret. Ils se forment à son image, s'enrôlent dans son école, reprennent, parfois agrandissent sa tradition; ce sont des continuateurs et non des plagiaires, souvent d'un grand talent, toujours d'un réel mérite dans un rang secondaire. Tel fut Goria, virtuose séduisant, compositeur habile, musicien d'imagination, mais dont l'esprit s'est rarement élevé aux grandes conceptions artistiques. S'il n'a eu ni la puissance, ni peut-être le désir de créer il a su du moins s'assimiler avec beaucoup d'habileté et de tact les procédés des maîtres qu'il avait pris pour types de perfection.

Goria (Alexandre-Édouard) naquit à Paris le 21 janvier 1823. On n'a aucun détail particulier sur sa famille ni sur sa première enfance. Le seul point à noter est le caractère spécial de son éducation. Sa vocation fut passive et nullement passionnelle. A l'inverse de la plupart des petits prodiges, natures frêles et délicates, douées d'une sensibilité précoce et maladive, Goria était un bel enfant, joufflu, robuste, aimant la récréation et n'éprouvant pas un attrait irrésistible pour les études musicales. En revanche, il était bien doué; une grande facilité d'exécution, des mains exceptionnelles, la souplesse et l'agilité instinctive des doigts en firent rapidement un pianiste suffisamment virtuose pour être présenté au Conservatoire. Entré à notre grande école nationale, à l'âge de huit ans, en novembre 1830, il passait l'année suivante de la classe de Laurent à celle de Zimmerman. Ses progrès extraordinaires lui valurent l'affection de notre maître, qui avait une grande sympathie pour les enfants, et comptait toujours dans sa classe un groupe de jeunes virtuoses, désolation des vétérans, qui ne manquaient jamais de s'écrier : Encore un petit prodige qui va nous enlever le prix !

Les succès de Goria n'eurent rien que de normal et de régulier. En 1834, il obtenait le second prix de piano ; en 1835, le premier. Il continuait ses études musicales au Conservatoire jusqu'en 1839, et suivait le cours de Dourlen, artiste de valeur, maître sévère mais précieux, dont l'affection persistante faisait oublier les boutades parfois originales et violentes.

Le temps était venu pour Goria de se produire dans le monde militant des artistes et d'aborder la vie doublement active du virtuose et du compositeur. Les premiers essais de Goria trouvèrent des éditeurs empressés, grâce à l'intervention de Zimmerman, qui, non content de produire son disciple affectionné dans ses intéressantes réunions, l'aidait encore très-puissamment en fondant les premières assises de sa clientèle. Ajoutons à l'éloge de Goria, que la réputation acquise n'al=téra en rien son attachement et sa reconnaissance envers le maître qui l'avait si généreusement aidé de ses conseils et de sa haute influence. Aussi je me souviens avec un vif plaisir que Zimmerman, après sa retraite du Conservatoire, confia de préférence à ses anciens élèves, Goria, Lefébure et au grand maître Vieuxtemps le premier essai, le manuscrit même de Gounod, l'auteur de la mélodie devenue populaire adaptée au prélude de Sébastien Bach. Le violoniste Herman s'adjoignit presque au début à ces interprètes de l'adorable mélodie si bien encadrée dans le canevas harmonique du grand maître allemand qu'il est actuellement impossible de les disjoindre. Le succès de cet arrangement fut tel que Gounod dut, pour répondre à l'engouement général, accroître les effets et les proportions sonores de son œuvre, soit à l'église, soit au théâtre, ce qui permit à Berlioz, dans une boutade acrimonieuse, de me dire au courant d'une représentation à bénéfice : « Je ne désespère pas d'entendre le prélude de Bach arrangé en cinq actes. »

Recherché, fêté dans les salons et les concerts, Goria conquit rapidement la renommée de virtuose habile, et partagea avec V. Alkan, E. Prudent, Ravina, Lacombe, Franck, Forgues, etc., tous disciples de Zimmerman, l'honneur de représenter l'école française du piano. La clientèle du professeur suivit la progression de la renommée du jeune maître. Goria se produisait beaucoup dans les réunions musicales, et refusait rarement les nombreuses invitations qui lui étaient adressées, mais, comme la plupart des artistes qui jouissaient alors de la faveur toute spéciale des dilettantes de salon, il donnait chaque année un concert à son bénéfice, et la dette de gratitude contractée autour de lui s'acquittait ainsi avec une extrême régularité.

Goria unit, jeune encore, sa destinée à celle d'une femme charmante, instruite et d'une grande beauté. La Providence paraissait réserver au brillant artiste de longs jours et un bonheur durable; mais quelques années allaient suffire à ruiner ces rêves de jeunesse.

La part de l'homme lui-même est certainement considérable dans ce rapide écroulement. Disons pourtant qu'elle a été exagérée par des critiques chagrins. La forte prestance et l'enveloppe un peu fruste de Goria cachaient, malgré la lourdeur apparente, un esprit original, dont les vives reparties, les saillies humoristiques, étonnaient souvent. Beaucoup de ceux qui ont connu imparfaitement Goria, l'ont jugé prétentieux, important, plein de son mérite. Cette appréciation fâcheuse s'explique par des causes futiles : la grande taille de Goria, une réaction naturelle contre la gaucherie de cette corpulence encombrante, une réelle timidité que le virtuose cherchait à déguiser sous un air d'aplomb, dont l'exagération n'était qu'une maladresse de plus.

Ajoutons que Goria était indulgent et bon ; dans les inimitiés qui l'ont suivi jusqu'au tombeau, son cœur excellent n'a jamais eu aucune responsabilité. Par malheur, les qualités intimes et le mérite artistique ne tiennent pas lieu de prudence, de tact et de jugement : Goria en fit la cruelle expérience à ses dépens, dans son trop mémorable voyage en Espagne.

Les succès retentissants de Prudent et de Gottschalk, de l'autre côté des Pyrénées, lui avaient inspiré le désir de voir ce beau pays où les artistes de valeur ont toujours reçu le plus sympathique des accueils. Muni de nombreuses lettres de recommandation, assuré de concerts fructueux, Goria se rendit directement à Madrid où la haute société lui fit une réception enthousiaste. Fêté dans les salons, il ne tarda pas à annoncer un grand concert dont les billets furent enlevés en quelques heures. Le soir, il y avait salle comble et la brillante assistance se préparait à faire ovation au pianiste français, quand un incident vint bouleverser les dispositions bienveillantes du public.

Pendant son voyage et depuis son arrivée à Madrid, Goria avait pris des notes, non pas des notes musicales, des motifs de chants populaires, mais un relevé d'observations plus ou moins humoristiques, plus ou moins discrètes, embrassant les usages, les mœurs du pays, se rapportant à la beauté des femmes, ne s'arrêtant pas devant les détails de la vie intime, le tout résumé dans une lettre adressée à l'officier pianiste Viennot, ami intime du virtuose. Cette lettre spirituelle, mais intempestive au moment où l'artiste faisait appel aux sympathies du peuple espagnol, fut malheureusement communiquée au directeur d'un journal encore petit, déjà célèbre, et qui allait devenir bientôt le premier organe de la presse légère. Elle fut imprimée, sans qu'on calculât l'effet désastreux que devait produire la publication de ce factum d'écolier en vacances.

Le journal arrivé à Madrid fut lu quelques minutes avant le concert, quand le public était déjà dans la salle. Il passa de main en main, de loge en loge : un orage s'apprêtait ; prévenu à temps, Goria dut quitter immédiatement Madrid, le cœur brisé par cette épreuve inattendue. Ce fut un double désastre, matériel et moral, dont Goria ne devait jamais se relever. Les palpitations de cœur dont il souffrait devinrent plus intenses. Son esprit était sombre ; plusieurs fois menacé et provoqué, il lui semblait avoir toujours un duel en perspective, et, n'étant nullement batailleur par tempérament, il vécut ainsi quelques années inquiet, préoccupé, attristé. On évitait, d'ailleurs, de parler à Goria de cette déplorable aventure : c'était mettre en cause l'inconséquence de son ami intime, et sa générosité naturelle, qui n'a jamais été contestable, en souffrait vivement.

Le nombre des arrangements, fantaisies et transcriptions écrites par Goria sur les motifs choisis dans les opéras modernes est considérable : il prouve la grande facilité du compositeur et la popularité de son nom, qui avait une valeur commerciale. A l'apparition de chaque nouvelle œuvre lyrique, les éditeurs s'empressaient de demander à l'artiste préféré des amateurs de musique brillante une fantaisie de concert et de salon. Ces pièces de piano rapidement charpentées pour les besoins de la vente, presque improvisées, sont correctement écrites, car Goria avait fait de bonnes études harmoniques ; mais, tout en louant l'habileté de l'arrangement, le choix heureux des motifs mis en œuvre et leur variété, il faut faire des réserves sérieuses au point de vue de la facture. Le virtuose tient avant tout à faire montre des motifs choisis ou imposés, les transitions et les soudures sont trop apparentes ; les traits et variantes sont bien sous les doigts, mais l'originalité de conception et de plan fait souvent défaut.

Goria procède évidemment de Thalberg et de Prudent, dont il était l'ami et l'émule. Mais ses compositions de concert et de salon n'ont ni le mérite de facture ni l'ingéniosité habile des deux maîtres qu'il avait pris pour type. Nous devons pourtant citer avec éloge comme des morceaux très-réussis pour les salons et nullement démodés les fantaisies suivantes : *Souvenir du Théâtre-Italien*, fantaisies sur *Belisario*, le *Trovatore, Marie Stuart, Semiramide*, le *Pardon de Ploërmel*, les *Monténégrins*, le *Pré aux Clercs* et son beau finale de *Lucrezia Borgia*.

Les premiers succès populaires de Goria ont été : Première et deuxième étude en *mi* bémol, charmantes bluettes, imitées des procédés de Thalberg, puis plusieurs morceaux, valses, rêveries, une sérénade de concert pour la main gauche seule, et plusieurs études de salon. Ces pièces élégantes, de difficulté moyenne, que Goria exécutait avec une rare perfection et un brio merveilleux, firent adopter sa musique par la foule nombreuse des amateurs qui visent à l'effet et recherchent le succès sans vouloir s'imposer un travail trop sérieux.

Les transcriptions de *Sombres Forêts, Una Furtiva Lagrima, les Plaintes de la jeune fille* et *Marguerite au rouet*, de Schubert, sont parfaitement réussies. Signalons encore sa transcription variée de *la Pavane*, air de danse du xvie siècle. Goria a aussi, suivant le goût prédominant de l'école moderne, écrit un certain nombre de pièces caractéristiques et pièces de genre ; citons de mémoire un beau caprice *Allegrezza, l'Attente, Amitié, le Calme, Addio*, pièces expressives, d'un beau sentiment musical ; villanelle, saltarelle, *Sorrente, la Chasse*, et sa chanson mauresque, œuvres plus légères, mais qui ont un réel cachet d'originalité, sans parti pris d'imitation. La verve de la jeunesse étincelle dans la plupart de ces jolis morceaux où l'inspiration vraie s'affirme avec bonheur : mais nous devons une mention toute particulière, dans cette nomenclature rapide de l'œuvre de piano laissée par Goria, à la série d'études de style et de mécanisme, publiées sous le titre : *le Pianiste moderne*, op. 72. Nommons encore avec éloges les six grandes études artistiques, op. 63, adoptées par le comité des études du Conservatoire.

Si notre cher et regretté confrère eût pris toujours le temps d'écrire des œuvres semblables, son nom fût devenu populaire dans l'enseignement comme ceux des maîtres autorisés de l'école moderne. Parmi les deux recueils d'études que nous venons de mentionner, citons celles qui ont pour titre : *Danse villageoise*, *Idylle*, *Marche tcherkesse*, *Toccata*, *les Arpéges*, enfin *Jour de printemps*, *le Tournoi* et *la Fuite*, caprices poétiques où le brillant pianiste s'est élevé à la hauteur des compositeurs de genre les mieux inspirés.

Goria se distinguait entre tous les virtuoses de notre génération par la belle sonorité qu'il tirait du piano. Sans brutaliser l'instrument et par la seule pression intelligente du clavier, il obtenait une ampleur de son qui n'appartenait qu'à lui. Il se servait de la pédale avec beaucoup d'art et de tact, et savait aussi opposer les contrastes heureux de douceur et de grâce aux effets puissants qu'il possédait mieux qu'aucun pianiste. J'ai bien souvent dans l'intimité et dans les concerts entendu Goria et applaudi à ses succès. En l'écoutant on était sous le charme de sa virtuosité élégante, facile, pleine

de goût, mais il fallait oublier sa prestance de géant
qui faisait dire au spirituel et caustique Ravina que
Goria était tambour-major dans le régiment des pianistes.

Goria n'avait ni la physionomie d'un Adonis, ni les
traits étirés des virtuoses poitrinaires; il était bien réellement au pôle opposé; sa charpente vigoureuse supportait de larges épaules et une forte tête aux contours
épais. Les traits arrondis, empâtés et mous, n'affirmaient
ni la volonté, ni l'énergie, mais beaucoup de bonhomie.
Seuls, le regard assuré, la démarche altière, les moustaches toutes militaires, lui donnaient une apparence
martiale qui contrastait avec son caractère doux, presque
débonnaire.

Le 6 juillet 1860, Goria succombait, à trente-sept ans,
aux suites d'une congestion cérébrale et d'un anévrisme;
sa jeune femme devait le suivre quelques années plus
tard, atteinte elle-même d'une cruelle et douloureuse
maladie. Les amis de l'artiste enlevé si prématurément,
— et il en avait de sincères, — en ont gardé un souvenir durable. Comme compositeur, il n'a pas marqué
une trace profonde, mais ses morceaux de salon, élé-
gants, brillants, à effet, resteront au répertoire. Comme
virtuose, il a soutenu l'honneur de l'école moderne.
Vaincu de la vie artistique, insuffisamment armé pour
la bataille, on peut dire de Goria qu'il a succombé
jeune, mais qu'il est tombé au premier rang.

————————

XXIX

CZERNY

Les maîtres savants, modestes, habiles et dévoués, qui consacrent leur vie à l'enseignement, sans autre ambition que celle d'élever le niveau des études, sans autre désir que celui d'initier la jeunesse aux beautés de l'art, remplissent une mission égale au rôle des plus grands virtuoses. Les exécutants hors ligne ne sont pas toujours les meilleurs professeurs, tandis que beaucoup d'artistes de valeur ont renoncé à des succès éclatants et certains pour se dévouer tout entiers à un devoir plus modeste. Louis Adam, Zimmerman, Pradher, Mme Farrenc, Henri Herz, Kalkbrenner, et enfin Czerny ont bien mérité de l'art, non-seulement en lui prêtant l'appui de leur science, mais encore en lui sacrifiant leur renommée de virtuose, en renonçant à ce que nous appellerons la mise en scène de leur talent.

Charles Czerny, le maître célèbre, le compositeur si populaire dans l'enseignement technique et pratique du piano, était né à Vienne le 21 février 1791. Son père, musicien modeste, originaire de Nimbourg, en Bohême, s'était fixé à Vienne depuis 1785. Peu fortuné, sans attaches parmi les célébrités musicales, Wenceslas Czerny dut se consacrer lui-même à l'éducation de son enfant. Grâce à cette direction constante et à l'étude des grands maîtres anciens, Séb. et Ém. Bach, Scarlatti, Hændel, Clementi, le jeune Czerny acquit une exécution brillante et un bon style. Un peu plus tard, le virtuose s'éprit d'une véritable passion pour les œuvres de Beethoven, qui, en mainte circonstance, lui témoigna de vives sympathies. La lecture attentive de nombreux traités didactiques et la mise en œuvre des préceptes donnés par les maîtres de la composition suffirent à l'intelligent musicien pour lui permettre d'écrire un grand nombre de morceaux qu'il eut la sagesse de conserver longtemps en portefeuille.

Obligé dès l'âge de 14 ans de prendre une part active à la vie laborieuse de son père, Czerny n'eut plus exclusivement la virtuosité pour but. Il commençait son long apprentissage du professorat, carrière en apparence sacrifiée, mais où il devait s'illustrer par ses nombreux ouvrages théoriques et pratiques, comme par les élèves formés à son enseignement : Liszt, Thalberg, Dœlher, Stephen Heller, pour ne citer que les plus célèbres. Volontairement et strictement confiné dans le cercle de la vie pédagogique, il eut du reste dès le début une consolation et un encouragement mérités, les sympathies et la confiance des grandes familles viennoises, polonaises et hongroises. A trente ans, il occupait déjà une des principales situations dans le corps enseignant. Le succès de ses remières compositions acheva de populariser son nom ; tous les éditeurs se disputaient ses arrangements. Ajoutons qu'une rétribution très-minime soldait souvent des pièces écrites à la hâte et sans aucun souci de la perfection.

Le nombre des compositions de Czerny, fantaisies, sonates, concertos, rondos, airs variés, pièces à quatre mains et concertantes pour piano et instruments divers, atteint un chiffre vraiment fabuleux : près de 1,100 ; et plusieurs centaines sont restées en portefeuille. Mais cette facilité prodigieuse, dont Czerny a souvent abusé, fait que l'œuvre si considérable du maître viennois n'a pas, au point de vue de la correction, toute la valeur que l'on serait en droit d'attendre d'un maître aussi renommé pour ses belles et nombreuses collections d'études. Celles-ci, au contraire, d'un goût parfait, offrent aux élèves d'innombrables formules de traits ingénieux, variés, brillants et toujours d'un excellent travail.

Distinguons cependant parmi les petites pièces faciles, récréatives, amusantes pour les commençants, les sonatines et rondos publiés par S. Richault portant les numéros d'œuvre, 49, 72, 207, 231, 104, 163, 167, 313. Le catalogue de Richault donne une nomenclature complète, et mon *Vade mecum* un choix parmi ces nombreuses pièces qui, si elles ne brillent pas toutes sous le rapport de l'originalité, sont bien sous la main et la plupart doigtées avec soin.

Dans un ordre de difficultés un peu plus élevé citons les variations op., 14 qui ont eu un grand succès, op. 296, *la Douceur*, rondo élégant, 322 et 323 deux rondos brillants et caractéristiques dans le sentiment musical des différentes nationalités de l'Europe, op. 181 à 192. Nommons encore le thème allemand op. 9, la cavatine de *Zelmira* et les rondinos op. 21 et 22.

Les op. 749 et 750, cahiers d'études faciles, progressives et brillantes, méritent encore d'être recommandés, ainsi que l'op. 299, études de vélocité, et l'op. 834, nouvelle école de vélocité ; l'*Art de délier les doigts*, op. 699 ; le perfectionnement, le style, op. 755 et 756, l'École d'exécution moderne, op. 837 sont encore d'excellents ouvrages. L'École des ornements, l'École du *legato* et du *staccato* contiennent d'excellentes études spéciales. Quant aux petites études pour la main gauche, elles sont loin d'avoir le mérite des grandes, c'est un ouvrage écrit à la hâte. N'oublions pas les nombreux recueils d'exercices très-faciles, progressifs et difficiles, op. 777, 139, 453, 599, les populaires Exercices journaliers, op. 337, l'École du virtuose, op. 365, deux bons cahiers de traits brillants et de formules de mécanisme se prêtant à être accentuées et nuancées, enfin quatre recueils de passages doigtés, choisis dans les œuvres des maîtres anciens et modernes et caractérisant leur style.

La grande méthode de Czerny, en trois parties, est une œuvre qui justifie la réputation du professeur, si célèbre en Allemagne, si populaire en France. L'auteur y a condensé en nombreux exemples, en précieux conseils, sa longue expérience de l'enseignement, expérience commencée à quatorze ans et continuée jusqu'à soixante-dix.

Parmi les œuvres d'un mérite réel de facture, il faut mentionner tout particulièrement l'École du style sévère op. 89, caprice à la fugue, la grande sonate d'étude, op. 268, le nouveau *Gradus ad Parnassum*, l'École de la main gauche, grandes études de beau style et d'un bon travail. L'étude en trille sous forme de rondo est une excellente pièce spéciale très-bien faite. 1er, 2e et 3e concertinos, op. 27, fantaisie dédiée à Beethoven, les neuf grandes sonates, op. 7, 13, 57, 65, 76, 124, 143, 144, 145, les concertos avec orchestre, op. 28 et 214. Nous devons encore signaler les belles et bonnes réductions à quatre mains des symphonies de Beethoven, quatre grandes fantaisies à quatre mains, inspirées des romans de Walter Scott, huit scherzi dédiés à Chopin, op. 555. Cette énumération très-succincte des œuvres les plus connues de Ch. Czerny laisse dans l'ombre une quantité d'ouvrages intéressants, mais il faut nous réduire et faire un choix.

Fétis, dans l'article consacré à Czerny, inscrit aussi à l'actif du compositeur 24 messes avec orchestre, 4 requiems, 300 graduels ou motets, quatuors, quintettes et même des symphonies, l'ensemble formant un total de 400 œuvres manuscrites non gravées. Nous pouvons y ajouter les nombreuses réductions, pour piano, d'opéras, d'oratorios, de symphonies, d'ouvertures, la traduction en allemand de l'*Art du chant* de Thalberg (1), des

---

(1) Czerny a fait une remarquable simplification à 2 et à 4 mains des douze premières transcriptions (1re et 2e séries), de l'*Art du chant* de S. Thalberg; les douze dernières (3e et 4e séries), ont été simplifiées à 2 et à 4 mains par G. Bizet, qui, lui aussi, excellait dans l'art de transcrire au piano les chefs-d'œuvre des maîtres.

traités de contre-point et de composition de Reicha, travail colossal qu'on a peine à comprendre en songeant qu'il répond seulement aux loisirs du professeur, qui pendant longtemps, a donné chaque jour douze heures de leçons.

Aucun maître, d'ailleurs, n'a écrit un pareil nombre d'études spéciales au point de vue purement pédagogique ; petites et grandes études de la vélocité, l'*Art de délier les doigts* ; petites et grandes études de la main gauche, école des ornements, école du style sévère, nouveau *Gradus ad Parnassum*, études spéciales pour le trille, les gammes chromatiques, les tierces, etc. On compte plusieurs milliers d'études élémentaires, progressives, de moyenne force et difficiles, publiées par Czerny. Ses exercices journaliers, son École du virtuose, ses Exercices de passages doigtés, extraits des œuvres de tous les maîtres anciens et modernes, forment un arsenal de traits ; ses sonates spéciales, ses *allegri* de bravoure, résumant les grandes difficultés d'exécution, complètent cette école du mécanisme, étudié sous tous ses aspects avec une habileté incomparable et la sûreté de main que donnent soixante ans de professorat.

Czerny, sollicité par de nombreux éditeurs, a recommencé plusieurs séries d'études du même degré de force, sans toutefois se copier. Tout en reconnaissant l'ingéniosité des variantes, nous ne pouvons approuver ce procédé mercantile qui donne à l'œuvre déjà parue une publication rivale de même nature. Les maisons Richault, Brandus, Leduc ont toutes les trois des collections importantes d'études visant le même genre de difficulté :

l'agilité, le mécanisme, l'accentuation délicate ou bril-
.nte.

Czerny m'a fait l'honneur de me dédier deux recueils
d'études de perfectionnement, style moderne. Cet ouvrage,
écrit avec soin, contient plusieurs pièces charmantes et
'une réelle élégance. Czerny savait et pouvait toujours,
quand il y mettait le temps, écrire avec une grande
ùreté des œuvres de valeur.

Mais l'extrême facilité naturelle a été son écueil.
L'éditeur Richault m'a affirmé que le compositeur viennois avait toujours sur son bureau plusieurs ouvrages
commencés. Il passait de l'un à l'autre, allait d'une
sonate à un recueil d'études, laissant seulement à la page
écrite le temps de sécher. On comprendra sans peine que
ce tour de force d'exécution ait exercé une influence
parfois désastreuse sur la nature des idées ou sur la
pureté de la forme; des œuvres aussi improvisées, et en
même temps aussi décousues, brillent rarement par
l'inspiration et la logique des combinaisons. Si l'immense réputation de Czerny et la quantité de travai.
accumulé pendant plus d'un demi-siècle de professorat,
permettaient quelque sévérité, on pourrait le comparer
dans la plupart de ses productions hâtives à un avocat
bien doué, gardant la parole pendant des heures entières,
éblouissant ses auditeurs, mais n'arrivant pas à émouvoir parce qu'il parle sans conviction pour le seul plaisir
de l'oreille.

Cette exubérante passion d'écrire qui dominait Czerny,
et l'entraînait à jeter ses idées musicales à tous les vents,
sans choix préliminaire, sans autre mise en œuvre qu'un

travail superficiel, fait du maître viennois à la fois le plus fécond et le plus inégal des compositeurs pianistes. La grande majorité de ses œuvres est déjà sortie du courant musical. A part les recueils d'études spéciales, quelques sonates, les excellentes transcriptions symphoniques et vocales, les compositions pour piano de Czerny sont démodées et portent les marques d'une vieillesse précoce. C'est, du reste, un sort commun à la foule innombrable des arrangements écrits pour satisfaire les goûts du public, éphémères et frivoles comme lui. Les œuvres durables visent un autre but, mais s'élaborent plus lentement.

Producteur excessif, Charles Czerny a encore eu un homonyme dont le bagage musical est venu frauduleusement s'ajouter au sien, Joseph Czerny, comme lui pianiste, compositeur et de plus éditeur. Profitant de la similitude de nom et de la célébrité conquise par le maître viennois, ce contrefacteur médiocre fut pris à son tour d'une fièvre de composition, malgré la faiblesse de son éducation musicale, et publia sous le nom de Czerny un assez grand nombre de fantaisies et d'arrangements. Supplément fâcheux dont il faut en toute justice décharger la mémoire de l'infatigable compositeur.

Charles Czerny est mort à Vienne en juillet 1855, après une carrière qui n'offre aucun incident particulier, vouée tout entière à l'enseignement et à la composition. Sa vocation pour le professorat ne lui avait pas permis d'acquérir une sérieuse réputation de virtuose; c'était pourtant un pianiste brillant et de bonne école qui eût pris place sans aucun doute au premier rang des exécutants.

Sans être misanthrope, Czerny vivait peu au dehors. Il exerçait chez lui ses qualités d'homme aimable, distingué, affable, accueillant avec politesse les artistes de passage et les virtuoses qui lui étaient présentés, brusquant en revanche les visiteurs importuns qui venaient interrompre la leçon ou l'œuvre commencées. On comprend sans peine quelle économie de temps réclamait cette production colossale dont le catalogue de Czerny est le témoignage authentique.

Un pareil labeur excuse largement Czerny d'avoir fui les relations banales que subissent trop souvent les artistes obligés de sacrifier une partie de leur temps aux convenances mondaines. Faut-il, comme l'accusent quelques biographes, attribuer à un autre sentiment, celui de l'ordre et de l'économie poussés à l'extrême, l'isolement relatif dans lequel vivait Czerny? Ici encore le maître viennois aurait une excuse toute naturelle : le souvenir d'une jeunesse peu fortunée, où le travail était nécessaire pour la subsistance de chaque jour, et le désir d'une vieillesse tranquille, exempte des soucis matériels. Le bon et illustre Haydn se montrait lui-même, dans les dernières années de sa longue et laborieuse existence, très-préoccupé de savoir si ses modestes économies le laisseraient à l'abri du besoin.

Charles Czerny était d'un extérieur très-simple et d'allures un peu bourgeoises. Sa physionomie à l'ovale allongé, au nez aquilin, à la bouche grande et au menton arrondi, était fortement germanique, avec un mélange de bonhomie et d'énergie. Les yeux vifs et brillants amortissaient leur éclat sous de larges verres de lunette.

Au moral, Czerny avait de l'esprit, beaucoup de tact, et malgré sa vie solitaire, il n'était nullement étranger aux délicatesses sociales. J'ai reçu de lui, il y a vingt-quatre ans, une lettre de dédicace très-élégamment écrite, et qui n'indique pas le misanthrope atrabilaire que certains esprits chagrins ont cru voir.

L'œuvre de Czerny laisse une large part à la critique, et nous l'avons prouvé. Mais, pour apprécier avec justice le mérite de l'auteur, il faut isoler de cet immense bagage musical où le maître a usé jusqu'à l'abus de sa facilité naturelle, les œuvres choisies où l'on trouve souvent d'heureuses inspirations, une grande habileté de main et la belle facture des maîtres. Nous avons indiqué nos œuvres préférées : il en est d'autres qui valent une recherche au milieu des innombrables productions de Czerny. Le nom du compositeur viennois n'est pas de ceux qui peuvent disparaître entièrement de l'histoire musicale. Il a sans doute laissé moins de vide après sa mort qu'il n'avait tenu de place pendant sa vie ; mais la popularité lui a coûté si cher qu'il serait cruel de la lui reprocher indéfiniment. Ce sera en même temps la punition et le salut de ce talent inépuisable de survivre, non par l'ensemble de son œuvre, d'un caractère si universel, mais par certains côtés spéciaux, les moindres peut-être dans la pensée du compositeur.

XXX

LISZT

Si la gloire de Chopin peut se comparer à une étoile perdue dans les profondeurs du ciel, brillant d'une lueur adoucie, voilée, par le temps et la poésie des souvenirs, d'une auréole tremblante et mélancolique, celle de Liszt ressemble à un astre éclatant, dont le seul défaut est peut-être le manque d'éloignement et la prodigalité de rayons. Artiste prédestiné entre tous, comblé des dons de la Providence, armé en guerre pour toutes les luttes, doué d'une merveilleuse faculté d'assimilation, rempli d'aspirations audacieuses vers le beau et vers l'inconnu, soutenu par une organisation physique et morale extra-ordinaire, possédant enfin des moyens d'exécution exceptionnels, Liszt a eu toutes les bonnes fées à son berceau. Dans le domaine de la virtuosité, un seul artiste, Paganini, peut être mis sur la même ligne pour la voie suivie, et pour la perfection atteinte dans le domaine de la difficulté vaincue. Le célèbre violoniste et le pianiste illustre ont cherché les mêmes effets, provoqué le même enthousiasme par le charme inexprimable de leur poétique interprétation. Idoles du public l'un et l'autre, ils ont tous deux sacrifié plus d'une fois à ce fétichisme, et gâté leur prodigieux talent pour maintenir leur incomparable renommée. Ils ont eux-mêmes augmenté par des moyens factices l'éclat de cette lumière parfois excessive, que le temps, d'ailleurs, se chargera d'adoucir.

Né, le 22 octobre 1811, à Rading, village de Hongrie, près Pesth, Franz Liszt entra dès l'âge de neuf ans dans la grande famille des enfants prodiges. Son père, bon musicien, pianiste d'une certaine valeur, guida ses premières études avec tout le soin que méritait cette organisation d'élite. Bientôt, la famille de Liszt vint s'établir à Vienne, pour continuer dans de meilleures conditions l'éducation musicale du jeune virtuose. A la suite d'un concert, où Franz Liszt produisit une sensation profonde, son père, poussé par l'amour de l'art, obéissant peut-être aussi à la tradition de la plupart des familles, où la Providence a fait naître un virtuose, mit aussitôt en scène ce merveilleux talent, et le conduisit de concert en concert, à Paris, à Londres, dans le midi de la France, récoltant de grands succès — et de belles recettes.

Nous avons hâte de traverser cette période d'exploitation hâtive et dangereuse, pour arriver à l'époque où Liszt put dégager son individualité. Sa nature mobile, impressionnable, contemplative, le portait déjà à une grande exaltation religieuse. Mais ses études musicales n'étaient pas terminées. En 1823, sa famille venait s'étaplir à Paris, et son père cherchait à le faire admettre au Conservatoire, pour y suivre le cours de contre-point de Cherubini. Notre grande École ouvrait alors difficilement ses portes aux étrangers et Liszt ne fut pas reçu. Il avait déjà eu, à Vienne, quelques conseils de composition de Salieri ; la direction de Cherubini aurait sans doute exercé une salutaire influence sur les tendances un peu vagabondes de son talent vers l'inconnu et la bizarrerie artistique, parfois si différente de l'originalité. Il fallut se rabattre sur Reicha, autre grand maître, mais dont le mode d'enseignement différait des procédés de Cherubini. On peut douter d'ailleurs que le brillant virtuose, tout à ses études spéciales d'exécution, souvent interrompues par ses nombreux concerts, ses fréquents voyages, ait profité d'une manière suivie des conseils de Reicha.

Les triomphes du pianiste étaient du reste de nature à l'étourdir, et son organisation musicale lui avait valu de si puissants protecteurs que l'Académie royale de musique exécuta un opéra en un acte de Liszt, *le Château de l'Amour*, le 17 octobre 1825. Ce début audacieux trouva un public bienveillant mais n'obtint qu'un succès d'estime.

Les tendances religieuses continuaient à dominer dans cette âme impressionnable. Le brillant virtuose s'abandonna pendant quelque temps aux pratiques d'une dévotion exagérée, que son directeur avait peine à contenir. A la fois ardent et contemplatif, le mysticisme tournait chez lui à la passion véritable. Son père, voulant l'arracher à ce courant d'idées qui le détournait de la vocation

musicale, le conduisit pour la troisième fois en Angleterre.

A son retour de Londres, Liszt eut la douleur de
perdre ce père un peu autoritaire mais dévoué, qui avait
été son premier maître et dont la tutelle ne pêchait que
par excès d'attachement, caractère général des pères
d'enfants prodiges. Ces chers petits êtres finissent par
devenir à leurs yeux ou des instruments de fortune ou
des Messies qu'il faut adorer à deux genoux ; tous les
enthousiasmes leur sont dus. Cette mort prématurée
affligea profondément Liszt et le ramena de nouveau aux
idées religieuses. L'époque était favorable à ce courant.
Les missions, le jubilé avaient remué profondément la
France. Liszt vécut ainsi quelques années avec sa mère,
tout au travail et aux pratiques religieuses, dans une
maison appartenant à l'hospitalière famille Erard. Sa
virtuosité, déjà extraordinaire, gagna encore pendant
cette période de recueillement une puissance, une concentration hors de pair, un mécanisme incomparable lui
permettant de tout oser : il n'existait plus de difficultés
pour lui : je n'ai jamais vu un lecteur comparable, sauf
peut-être mon élève Weigand, un jeune Allemand, et
Jules Cohen, l'accompagnateur incomparable.

Soit lassitude, soit changement dans la nature des
idées, soit enfin que l'heure des passions humaines eût
sonné, Liszt brisa vers 1835 avec son isolement mystique
et rentra dans le monde militant où de véritables triomphes accueillirent sa réapparition ; il fit bientôt une
excursion en Suisse, ou plutôt un long séjour : nous
n'avons pu savoir si ces années de pèlerinage furent entiè-

rement consacrées à la contemplation de la nature, et si le grand artiste n'avait pas un autre foyer d'inspiration musicale. Mais, dès son retour à Paris, Liszt publia une série de compositions pour piano, morceaux qui firent sensation et produisirent un grand effet dans les concerts.

La religiosité était loin. Renonçant à vivre en ascète comme son ami Urhan, le célèbre alto de l'Opéra, Franz Liszt se jetait dans le monde avec la même ardeur qu'il avait mise à fréquenter les églises. Nous tournerons rapidement les feuilles du livre de sa vie intime. Il a mis lui-même au grand jour ces longues affections et les relations passagères qui contiennent ce côté personnel de son histoire. Disons seulement que, semblable à certains météores, Liszt dans sa longue course errante à travers l'Europe a entraîné plus d'un satellite à sa suite, plus d'une étoile terrestre, cortége lumineux où brillent les astéroïdes de toute grandeur. La riche et puissante organisation du poëte-musicien, les séductions irrésistibles de son esprit, le rayonnement de son immense réputation, les honneurs dont il était comblé, l'atmosphère d'adulation qui flottait autour de lui, enfin sa nature fascinatrice et passionnée lui ont valu des attachements ardents, qui ont fait à la fois le bonheur et l'instabilité de sa vie. Il n'entre pas dans le cadre restreint de ce portrait de retracer les péripéties mouvementées de cette existence brillante mais romanesque où les agitations passionnelles ont tenu une si large place. Il est toujours délicat de soulever des voiles aussi intimes, et, seul, le grand artiste pourrait faire, en pleine connaissance de cause, le choix nécessaire dans cette moisson de souvenirs. Associons seulement le nom de Liszt à celui d'une femme d'esprit supérieur qui s'était fait une place brillante et durable au premier rang de la littérature contemporaine : Daniel Stern.

De 1837 à 1848, la vie de Liszt s'est passée en voyages incessants à travers l'Europe. Séjournant quelques mois dans les grands centres, visitant Vienne, Londres, Madrid, Moscou, Berlin, Milan, Rome, Paris, Constantinople, Lisbonne, il retrouvait partout le même enthousiasme. Louis Enault, voyageant en Hongrie à la même époque, m'a dit avoir été témoin d'ovations touchant au délire. Le diapason de l'enthousiasme était si élevé, que le célèbre artiste ne savait plus où se réfugier pour échapper aux effusions de ses compatriotes. Oriflammes, bouquets, députations, harangues, arcs de triomphe, rien ne manquait à cet appareil digne d'un souverain. Liszt devait retrouver cette popularité dans vingt capitales, et il lui fallut une véritable puissance intérieure, une grande domination de lui-même pour ne pas devenir fou d'orgueil au milieu de cette adulation générale.

Dès 1844, Liszt avait été nommé maître de chapelle du grand-duc de Saxe-Weimar ; mais ces voyages ne lui permettaient pas de remplir assidûment ses fonctions. En 1848, pour éviter les agitations de la politique, il revint prendre la direction définitive de la chapelle et du théâtre. Grâce aux vives sympathies et à la protection du grand-duc, il put bientôt réaliser toutes les réformes musicales qu'il avait rêvées pour ce petit paradis terrestre de Weimar. Chant et orchestre, tout fut réorganisé en sous-œuvre. Une véritable pléïade d'artistes, disciples ardents et convaincus du maître, venaient demander ses conseils et transformaient la petite résidence en pays lumineux, en véritable foyer de l'art. Il convient d'ajouter que ce cénacle d'imaginations ardentes, désireuses du nouveau, de volontés énergiques souvent dévoyées, devait avoir pour résultat la préconisation d'un système contestable, où le simple, le vrai et le beau ne sont pas toujours en première ligne. L'école de Weimar a produit une philosophie musicale qui remplace l'inspiration mélodique par la longueur des récits, les accents déclamés par des cris, le sentiment tonal par des harmonies souvent incohérentes. Liszt a été sinon l'inventeur, au moins le protecteur et en quelque sorte le metteur en scène de Wagner. C'est grâce à l'initiative, à la persévérante volonté du grand virtuose que le *Tannhœuser* et *Lohengrin* ont été représentés à Weimar. Apôtre convaincu du drame lyrique wagnérien, Liszt a travaillé pendant de longues années à l'établissement de cette foi nouvelle, dont les partisans sont cependant restés en petit nombre, même en Allemagne.

Liszt a demeuré plusieurs années à Rome avant de retourner en Hongrie. De sérieux projets de mariage avec une princesse russe l'y retenaient, mais un divorce était nécessaire sous l'approbation de l'empereur de Russie, et l'opposition du czar mit à néant ce rêve de bonheur et de repos. Chagriné, désillusionné de la vie, Liszt parut un instant vouloir renoncer au monde pour se vouer à l'existence monastique. Cet horizon restreint ne pouvait suffire à une nature aussi ardente, et la résolution *in extremis* du grand virtuose fut moins sérieuse que ne le redoutaient ses amis. Malgré le poids des ans, le vieil homme n'était pas mort, et il revint bientôt aux splendeurs, aux adulations, au travail fébrile indispensables à sa vie.

Avant de retourner en Allemagne et en Hongrie où la faveur impériale l'a fait intendant et *comte* de la musique, Liszt a séjourné quelques mois à Paris. Nous l'avons entendu à cette époque chez notre maître et ami Halévy, ainsi que chez Rossini. C'était toujours le même grand artiste, amoureux de la gloire et du bruit, aimable, galant, ayant, suivant la circonstance, le mot fin et la repartie gauloise, ne dédaignant aucune des créations de Dieu et des beautés de la nature. Je citerai à ce propos un mot charmant adressé à une jeune et jolie femme par l'abbé Liszt, en soirée chez Rossini. Le célèbre artiste, incliné très-sensiblement sur les magnifiques épaules de Mme de X..., en toilette de bal, était plongé dans une extase fort humaine, silencieuse mais intense. La jeune femme tressaillit tout à coup en saisissant ce regard : « Eh bien, monsieur Liszt... » Mais le galant virtuose, sans se troubler : « Pardon, madame, je regarde s'il vous pousse des ailes. » Le regard était une flatterie et la réponse un compliment. Liszt ne fut pas pardonné, mais admiré. Il est fait à ce genre d'indulgence.

On voit qu'en prenant la soutanelle, Liszt n'a pas absolument renoncé au monde, à ses pompes et à ses œuvres. *Transit gloria mundi* n'est pas sa devise. Ceux qui veulent connaître à fond les côtés humains de cette merveilleuse individualité peuvent prendre le livre de « Robert Franz » pseudonyme si clair. L'ex-grande dame qui a publié ce petit volume de confessions intimes a peint le célèbre artiste avec l'amertume d'un cœur blessé, mais elle l'a saisi sur le vif, et le montre dans des proportions humaines qui sont le principal attrait du livre. Pour ceux que le musicien intéresse seul, l'article biographique de Fétis, un des meilleurs et des plus complets qu'il ait publiés, contient des renseignements artistiques et biographiques d'une autre nature et d'un ordre parfait.

Liszt excelle dans les transcriptions, réductions de l'orchestre ou du chant au piano. Il est impossible de mettre plus d'exactitude et d'ingéniosité dans la reproduction. Son travail, d'un fini et d'un précieux incomparables, tend à ne rien omettre ; les dessins variés de l'orchestre, les timbres des divers instruments, les effets de sonorité, tout cet ensemble merveilleux d'homogénéité et pourtant si compliqué de la symphonie, Listz a su le condenser, le remanier pour le piano, cet orchestre en miniature. Rien de plus habile en ce genre que ses transcriptions des symphonies de Beethoven. Listz, il y a vingt-cinq ans, a eu le courage d'exécuter une de ces symphonies à la salle du Conservatoire ; les échos du temple ont tressailli de tant d'audace, mais la tentative du grand virtuose a parfaitement réussi ; il a tenu son auditoire sous le charme puissant de son exécution et de son intelligence détaillée du chef-d'œuvre.

Les *lieder* de Schubert, Mendelssohn, Robert Schumann, Meyerbeer, Mercadante, Rossini, Beethoven forment une riche collection, très-utile à étudier ; dans le même ordre d'idées, nous citerons comme des réductions du plus grand intérêt le septuor de Beethoven, ses symphonies, celles de Berlioz, les ouvertures du *Freischütz*, d'*Obéron*, de *Jubel*, du *Roi Lear*, du *Carnaval Romain*, de *Guillaume Tell*, etc. : toutes ces transcriptions sont d'une habileté de main extraordinaire, mais aussi d'une très-grande difficulté d'exécution. Plusieurs des populaires recueils de *Rapsodies hongroises*, pièces inspirées des airs nationaux, offrent des rhythmes et des harmonies bizarres, quelque peu sauvages, pleines de couleur locale; les fantaisies, paraphrases, illustrations, réminiscences, caprices sur les opéras anciens et modernes sont en très-grand nombre. Beaucoup de ces morceaux de concerts à grand effet ne sont abordables que pour des virtuoses dont le talent d'exécution est brisé à toutes les difficultés. Les douze grandes études de concert, fugues, et la transcription au piano des études de Paganini, appartiennent aussi à cet ordre de difficultés.

Dans ses deux concertos pour piano et orchestre, Liszt a certainement fait preuve de grand savoir ; à travers l'œuvre, on rencontre de belles pensées qui semblent préluder à l'éclosion d'une réelle inspiration ; mais le parti pris d'éviter tout ce qui ressemblerait à une phrase suivie et développée de chant rejette le compositeur dans ces agitations nerveuses, dans ces complications de traits parcourant le clavier à perte d'haleine, luttant de sonorité avec l'orchestre, brodant sur des harmonies quelquefois bizarres, où l'on attend vainement une cadence parfaite. Absence de calme et de simplicité, *steeple chase* à la difficulté, qui ne répond pas à ce qu'on pouvait attendre d'une intelligence aussi élevée ; science spéculative qui s'exerce à donner des énigmes musicales à l'interprète comme à l'auditeur.

Les œuvres orchestrales et symphoniques de Liszt méritent une mention à part. Non que ces essais aient eu un grand retentissement ni exercé une influence décisive sur les tendances de notre école française, mais Liszt a servi de porte-drapeau à Richard Wagner ; il s'est déclaré un des champions les plus résolus de la science abstraite, dont la première règle semble être de chercher tous ses effets musicaux en dehors de la saine musique ; système cruel pour les oreilles habituées aux anciennes formules de l'art, à la tonalité, aux périodes, aux cadences finales, et que déroute cette course haletante vers un but qui fuit toujours. Dans ce sentiment très ou trop moderne, Liszt a écrit plusieurs poëmes symphoniques, *Orphée, Prométhée, le Tasse, Hungaria, Ce qu'on entend dans la montagne,* plusieurs messes, des préludes symphoniques, *la Divine Comédie, Héroïde funèbre, Mazeppa.* Ces compositions appartiennent toutes à la nouvelle école et leur meilleure excuse est de n'avoir produit qu'une génération de sophistes de talent ; esprits faux qui s'égarent à la recherche d'un idéal métaphysique, dont le but suprême serait de transformer l'art pur en peinture à l'aide des sons, s'attaquant à des sentiments, des sensations, des caractères intraduisibles, et réduisant le grand art dramatique ou symphonique de Haydn, Mozart, Beethoven, Weber, au genre descriptif pittoresque, à cette musique soi-disant imitative, mais très-nuageuse où la recherche des combinaisons remplace les élans de l'inspiration. Les récentes auditions d'œuvres religieuses et de fragments symphoniques exécutés à Saint-Eustache et au Théâtre-Italien, grâce à l'initiative dévouée et sous l'habile direction de Saint-Saëns, ne modifient pas notre impression. La musique de Listz résume dans son ensemble les qualités et les défauts de la nouvelle école allemande ; Listz se trouve ainsi aux côtés de Brahms, de Raff, de Saint-Saëns lui-même, et le voisinage n'a rien qui puisse le diminuer : mais, pour lui, comme pour eux, il est permis de regretter un pareil abus du talent, dépensé dans les errements d'une école où la jeunesse n'a presque rien à apprendre et peut beaucoup oublier.

En revanche, nous adresserons des éloges sans restriction aux transcriptions pour piano des Soirées vocales de Rossini, ainsi qu'à celles des mélodies de Schubert. Nous ne connaissons rien d'aussi parfait en ce genre, et la constatation a une valeur réelle par ce temps de transcriptions s'adressant à tous les degrés de force ; *la Sérénade*, *la Plainte de la jeune fille*, *la Poste*, *le Roi des aulnes*, *l'Adélaïde* de Beethoven et cinquante pièces orchestrales ou vocales affirment la supériorité de Liszt, dans ces sortes d'arrangements qui demandent non-seulement une grande habileté, une scrupuleuse exactitude, mais encore un sentiment réel de la valeur des phrases, un tact merveilleux dans la disposition de la partie récitante et des accompagnements à conserver dans leur intégrité.

Les grandes études ne sont abordables que pour peu de virtuoses ; signalons-les cependant comme de belles œuvres d'un style très-ferme. Le concerto de Liszt, exécuté à Paris par Mme Jaëll, a de très-beaux élans, des pages inspirées; malheureusement les développements touffus, les modulations étranges et les effets d'une sonorité excessive gâtent cette œuvre, qui serait sans cela une composition magistrale affirmant les audaces d'un grand artiste.

L'album, *Impressions d'un voyageur*, *le Galop chromatique*, la grande valse *di bravura*, les valses caprices d'après Schubert, les Soirées de Rossini, transcrites pour piano-solo, peuvent être jouées par les virtuoses de salon.

Mais les grandes fantaisies sur *Don Juan*, *la Somnanbule*, *la Juive*, *Robert*, *les Huguenots*, sur *la Clochette de Paganini*, sur *les Puritains*, *le Songe d'une nuit d'été*, sur la finale de *Lucie*, *Lucrezia*, *le Trovatore*, *Rigoletto*, le finale de *Don Carlos*, les Légendes de saint François d'Assise, de saint François de Paule ne peuvent être fructueusement étudiées et convenablement exécutées que par des pianistes d'une virtuosité transcendante, que ne rebutent ni la très-grande difficulté, ni les écartements de doigts, ni la dépense de force. Les paraphrases de concert du *Tanhœuser*, le chœur des fiançailles de *Lohengrin*, la prière de *l'Africaine*, les illustrations du *Prophète* appartiennent au même ordre de difficulté, musique de piano à grand effet, très-brillante, habilement écrite, très-ingénieuse et d'une sonorité puissante.

Si nous considérons l'ensemble de ces fantaisies, réminiscences et paraphrases, nous devons classer Liszt comme un arrangeur étonnant dans ces enchevêtrements de rhythme ingénieux ; mais pour dire toute notre pensée le mérite de facture, la simplicité et la noblesse du style ne répondent pas absolument à ce que l'on devait espérer d'une intelligence pénétrée de tendances aussi vives vers l'idéal. Chez Liszt, le virtuose s'est trop affirmé, les grands succès de l'exécutant ont fait négliger au compositeur la simplicité de la forme et rechercher de préférence l'excentrique, le bizarre, à défaut de l'énergie géniale. Loin de moi l'intention de diminuer un talent aussi puissant ! je veux seulement marquer l'impression nerveuse et complexe qu'a toujours produite, sur les artistes sincères, l'audition de Liszt et de ses œuvres. Je l'entends encore à une soirée chez Halévy, où le maître hongrois remporta du reste un de ses triomphes accoutumés. Ses regards fascinateurs lancés sur les invités, ses préludes un peu longs ne m'empêchèrent pas de rester sous le charme en écoutant des phrases adorablement chantées, des traits d'une exquise délicatesse ; je n'en regrettais que davantage d'être tiré de mon extase par des sonorités violentes, par des effets que réprouve la méthode ; je tremblais, non pour le pianiste, mais pour le piano, et je m'attendais à chaque instant à voir les cordes se briser, les marteaux voler en éclats.

Seul Liszt peut mettre en pratique ces attaques de clavier hardies jusqu'à la témérité, ces sonorités stridentes, obtenues à grand renfort de pédales succédant à des bruissements vaporeux, ces accents sauvages opposés à des plaintes langoureuses, ces procédés incessants de contrastes heurtés, d'effets cherchés en dehors de tout principe d'école. Que Liszt puisse appliquer un système aussi anormal, c'est la preuve d'une virtuosité exceptionnelle, mais l'imitation en serait singulièrement périlleuse. Faut-il ajouter qu'elle serait encore plus stérile, ces tours de force n'ayant aucun rapport avec les progrès du grand art ? Ce soir-là, en écoutant Liszt, j'ai acquis la conviction qu'il existe des grâces d'état pour les pianistes de grande bravoure, mais je n'en ai pas tiré la conséquence que les règles du goût doivent changer. Elles sont immuables ; elles ne consisteront jamais à malmener le piano, à le traiter fougueusement à la façon des jockeys qui surmènent leur monture. On peut réussir dans cet exercice épuisant, on peut encore mieux échouer ; mais qu'on échoue ou qu'on réussisse, une gymnastique aussi outrancière n'a rien à voir avec la virtuosité correcte.

En face d'une exception comme Liszt il ne faut pas dire aux élèves la formule ordinaire : « Écoutez et imitez » ; il faut leur dire : « Écoutez, admirez ce que peut une volonté puissante ; voyez les prodigieux résultats obtenus par le travail mis au service de moyens merveilleux, d'une facilité et d'une énergie extraordinaire, mais surtout gardez-vous bien de suivre la même voie. Tous les virtuoses, deux ou trois exceptés, qui ont pris Liszt pour modèle, pour type idéal d'exécution, ont parodié ses qualités, exagéré ses défauts et travesti ses procédés habituels en les soulignant.

Au demeurant, pour apprécier avec justesse, sans passion et en toute sérénité, l'étonnante physionomie de Liszt, il faut se dégager de tout parti pris d'admiration irraisonnée. Des adeptes fanatiques l'ont proclamé le messie d'un art nouveau ; des critiques sévères et souvent injustes, sans nier son merveilleux talent de virtuose, lui ont dénié tout esprit d'invention et l'ont classé parmi les musiciens prétentieux, incapables de trouver des idées. Amis et ennemis, sont également en dehors du vrai. Liszt est un grand artiste, une riche et puissante intelligence, aimant et comprenant l'idéal, ayant de très-hautes aspirations vers les sublimités de l'art. Mais il a eu de tout temps un parti pris d'originalité : l'horreur des formes usitées, la passion du nouveau, l'amour de l'excentrique lui ont fait déserter les grandes voies pour les sentiers rocailleux. Le génie d'une langue ne consiste pas à penser et parler autrement que tout le monde, mais bien à trouver des idées neuves, originales, exprimées avec clarté, élégance, dans un idiome noble et pur. Liszt a voulu suivre une tout autre voie : de là un certain nombre d'œuvres mal équilibrées.

Lettré, érudit, polyglotte, Liszt écrit avec une rare élégance l'allemand, l'italien, le français. Il a publié en Allemagne deux volumes sur Gœthe et Richard Wagner, où le littérateur doctrinaire affirme sa foi musicale avec une ardente conviction. Les revues spéciales, allemandes et françaises, ont eu longtemps Liszt pour collaborateur et publié de lui d'intéressants articles d'esthétique musicale. La monographie de Chopin est une belle étude écrite avec le cœur d'un ami, l'âme d'un poëte.

F. Liszt a été promu commandeur dans l'ordre de la Légion d'honneur sous Napoléon III, qui n'aimait pas la musique, mais prenait intérêt aux causeries artistiques quand Auber les animait de ses fines reparties. Liszt, invité aux Tuileries à une soirée intime, fut prié par l'impératrice de lui dire une de ses œuvres de prédilection, la marche funèbre de Chopin. Le grand virtuose l'exécuta avec un sentiment poétique si profond, une expression douloureuse si vraie, si communicative, que l'auditoire en fut touché jusqu'aux larmes. L'impératrice, qui venait de perdre sa sœur, la duchesse d'Albe, éprouva une très-vive émotion, et remercia Liszt avec effusion; l'empereur voulant aussi témoigner sa sympathie à l'artiste, chargea le ministre des beaux-arts de conférer à Liszt le grade supérieur à celui déjà obtenu. Or, ce grade supérieur était celui de commandeur de la Légion d'honneur. Parmi les compositeurs illustres, seuls, Cherubini, Rossini, Meyerbeer, Auber (1) et Halévy avaient reçu cette haute distinction. Ambroise Thomas, Charles Gounod et Verdi n'étaient encore que simples officiers de l'ordre.

Il serait injuste de terminer ce rapide portrait d'un grand virtuose, d'un grand musicien, sans parler des belles et nobles qualités de l'homme. Généreux jusqu'à la prodigalité, ne comptant jamais avec les incertitudes de l'avenir, ouvrant largement sa bourse à tous les artistes malheureux, secourant toutes les infortunes, le premier à souscrire à toutes les œuvres de bienfaisance ou à toutes les entreprises artistiques, agissant avec une largesse de souverain où de grands seigneurs font quelquefois acte de petits bourgeois, Liszt a consacré aux progrès de l'art ou au soulagement des artis-

---

(1) Nommé plus tard grand-officier de la Légion d'honneur.

tes malheureux, la majeure partie des sommes considérables recueillies dans ses innombrables concerts. Point capital sur lequel Liszt diffère singulièrement de son illustre émule en virtuosité, Paganini, dont la réputation d'avarice est restée légendaire.

Mme Erard possède un très-beau portrait de Liszt jeune homme par Ary Schæffer. Le maître hongrois y a le port et les allures d'un poëte byronien. Actuellement les lignes de la figure rappellent beaucoup le médaillon du Dante. Sous une apparence froide, hautaine, le regard a conservé la vivacité et la force de la jeunesse, la bouche est grande et souvent contractée par un demi-sourire, le nez accusé, le front fuyant, la chevelure argentée très-abondante et rejetée en arrière. La vie tout entière s'est réfugiée dans ces yeux fascinateurs qui ont gardé quelque chose de l'enthousiasme des foules, un reflet du foyer rayonnant d'où sont sorties tant d'ovations. On peut discuter le virtuose et le compositeur, nature complexe, mais l'homme d'énergie, de communication intime et directe avec le public est incomparable. Cette faculté d'action et cette facilité d'enthousiasme ont causé quelquefois ses fautes de goût, mais feront toujours sa grandeur. Liszt est de ceux à qui il faut beaucoup pardonner parce qu'ils ont été beaucoup aimés.

TABLE DES MATIÈRES

IMPRIMERIE CENTRALE DES CHEMINS DE FER. — A. CHAIX ET Cie,
RUE BERGÈRE, 20, A PARIS. — 2052-8.

CONSEILS

D'UN

PROFESSEUR

SUR

L'ENSEIGNEMENT TECHNIQUE ET L'ESTHÉTIQUE

DU PIANO

PAR A. MARMONTEL

SUIVIS DU

Vade-Mecum du Professeur de Piano

Catalogue gradué et raisonné des meilleures méthodes,
études et œuvres choisies des maîtres anciens et contemporains
du degré le plus élémentaire à la difficulté transcendante

L'OUVRAGE COMPLET NET 5 FRANCS. — DIVISÉ EN 2 VOLUMES IN-12

1er VOLUME	2me VOLUME
CONSEILS D'UN PROFESSEUR	**VADE-MECUM-CATALOGUE**
NET 3 FRANCS	NET 3 FRANCS

PARIS

AU MÉNESTREL, 2 bis, RUE VIVIENNE

HEUGEL et fils, Éditeurs des Solféges et Méthodes du Conservatoire

Droits de traduction et de reproduction réservés pour tous pays

www.ingramcontent.com/pod-product-compliance
Lightning Source LLC
LaVergne TN
LVHW051053060726

842525LV00003B/631